21 世纪高等院校现代财会系列教材

商业银行会计学

韩俊梅　岳　龙　主编

经济科学出版社

图书在版编目（CIP）数据

商业银行会计学/韩俊梅，岳龙主编 . —北京：经济科学
出版社，2011.1（2017.1 重印）
21 世纪高等院校现代财会系列教材
ISBN 978 - 7 - 5141 - 0223 - 9

Ⅰ . ①商…　Ⅱ . ①韩…②岳…　Ⅲ . ①商业银行 - 银行
会计 - 高等学校 - 教材　Ⅳ . ①F830.42

中国版本图书馆 CIP 数据核字（2011）第 009131 号

责任编辑：周胜婷
责任校对：郑淑艳
责任印制：李　鹏

商业银行会计学

韩俊梅　岳　龙　主编

经济科学出版社出版、发行　新华书店经销
社址：北京市海淀区阜成路甲 28 号　邮编：100142
总编部电话：88191217　发行部电话：88191109
网址：www. esp. com. cn
电子邮件：esp@ esp. com. cn
北京密兴印刷有限公司印装
787×1092　16 开　18 印张　400000 字
2011 年 3 月第 1 版　2017 年 1 月第 4 次印刷
ISBN 978 - 7 - 5141 - 0223 - 9　定价：38.00 元

前　言

　　商业银行会计学是以会计的基本原理为基础，结合商业银行业务特点，核算和监督商业银行各项业务活动和财务活动的一门专业会计学。随着我国新《企业会计准则》的颁布实施，金融电子化进程加快以及商业银行业务的不断创新，商业银行的会计处理发生了许多实质性的变化。为及时反映上述变化的具体内容，促进高校本、专科金融、会计等专业培养应用型人才目标的教学要求，并向广大金融工作者提供最新的商业银行会计信息，介绍实用的商业银行会计方法，我们在上一版的基础上，重新修订编写了这本《商业银行会计学》教材，以便能跟上商业银行的业务发展进程。

　　全书共分 13 章，以我国的新《企业会计准则》、商业银行会计处理的有关规定以及国际通行的结算惯例等为依据，以现行的商业银行各项业务为内容，全面介绍我国商业银行的基本理论、基本知识和基本技能，详尽反映了商业银行的基本业务（包括本币和外币）。根据商业银行的业务发展情况，修订后的《商业银行会计学》整合了原商业银行联行业务、金融机构往来和商业银行与中央银行往来部分，对商业银行贷款业务、代理业务核算、支付结算等业务按照新会计准则要求及商业银行新业务发展进行了全面修改，增加了商业银行出纳业务及理财业务核算，较准确地体现出商业银行改革的最新内容。本教材力求做到体系划分合理，行文简练，突出商业银行实务操作规范，理论联系实际，内容务实创新，成为高校和金融培训的实用教材。

　　本教材由韩俊梅、岳龙主编，副主编万静芳、杨勇。其中第一章由岳龙编写，第二、五、十章由万静芳编写，第三章由全自力编写，第七章由漆凡编写，第四、九章由杨勇编写，第六、八章由韩俊梅编写，第十一章由郑镇宁编写，第十二章由文芳编写，第十三章由郭莉编写。

　　在编写过程中得到许多金融工作者的支持，在此表达最衷心的感谢。由于作者水平有限，书中难免疏漏，我们衷心希望读者能提出宝贵的意见和建议，以便我们修订。

编　者

二〇一〇年六月

目　　录

第一章 总 论

第一节 商业银行会计概述

一、商业银行与商业银行会计

商业银行是指依照我国《商业银行法》和《公司法》设立的吸收公众存款、发放贷款、办理结算等业务的企业法人。商业银行以效益性、安全性、流动性为经营原则，实行自主经营、自担风险、自负盈亏、自我约束。商业银行依法开展业务，不受任何单位和个人的干涉。商业银行以其全部法人财产独立承担民事责任。

商业银行可以经营下列部分或者全部业务：

1. 吸收公众存款。
2. 发放短期、中期和长期贷款。
3. 办理国内外结算。
4. 办理票据贴现。
5. 发行金融债券。
6. 代理发行、代理兑付、承销政府债券。
7. 买卖政府债券。
8. 从事同业拆借。
9. 买卖、代理买卖外汇。
10. 开展中间业务。
11. 经中国人民银行批准的其他业务。

商业银行的经营范围由商业银行章程规定，报中国人民银行批准。

会计是应经济核算与经济管理的客观需要而产生的。商业银行会计是会计的一个具体分支。概括地说，商业银行会计是以货币为主要计量单位，以凭证为依据，采用确认、计量、记录和报告等会计专门方法，对商业银行业务经营活动进行连续、系统、全面地核算和监督，并进行分析预测，为商业银行管理当局和外部有利害关系的财务信息使用者提供财务状况和经营成果等决策所需信息的一种管理活动。商业银行会计不仅是商业银行经营管理活动的重要组成部分，也是商业银行一切工作的基础。

二、商业银行会计的目标

财务会计目标是财务会计最基础的理论内容。其含义是：财务会计作为一个对外报告信息系统，应满足哪些人的信息需要？能提供什么样的信息？信息的用途是什么？商业银行会计的主要目标与其他企业的会计目标是一致的，即向信息使用者提供反映其财务状况、经营成果和现金流量的有关信息——财务信息。但由于商业银行会计信息的使用者及他们所希望达到的目的与其他企业会计信息使用者有所不同，因此，商业银行会计所要提供的财务信息有其自身的特殊性。

商业银行的会计信息使用者主要包括股东、债权人、政府机构、证券管理机构、行业公会、工会及社会咨询服务机构等。此外，商业银行内部管理人员也是会计信息的重要使用者。

会计信息的各方使用者对企业会计信息关心的角度和目的各不相同。

股东所关心的是商业银行财务状况和经营成果的综合信息及商业银行有无长期获利能力；债权人所关心的是商业银行的资本结构是否合理，有无债务偿还能力或现金支付能力；财政税务机关所关心的是商业银行是否依据会计准则和税收法规处理会计事项及计算缴纳税金，商业银行是否如实申报和依法纳税；中国人民银行关心的是商业银行的经营是否遵循了《商业银行法》等法规；证券管理机构所关心的是商业银行是否遵循公司法及证券管理法规；行业公会所关心的是商业银行是否与行业内其他企业政策一致，成本、价格方面是否协调；工会所关心的是商业银行的稳定性，职工福利制度是否健全，职工工作是否稳定等；社会咨询服务机构所关心的是商业银行的财务分析资料及相关经济信息，如购并信息、重组信息等。银行内部的管理人员（包括各级行长、主任等），需要实时地了解银行资产、负债结构、"头寸多少"、经营业绩等财务信息，以便灵活调度"头寸"，维护银行信誉，增强银行实力，避免经营风险，获取更大效益。为此，商业银行会计应当提供以下信息：

商业银行应按照规定披露财务会计报告、各类风险管理状况、公司治理、年度重大事项等信息。商业银行财务会计报告由财务报表、财务报表附注和财务情况说明书组成。商业银行披露的财务报表应包括资产负债表、利润表（损益表）、所有者权益变动表及其他有关附表。商业银行应在财务报表附注中说明财务报表编制基础不符合会计核算基本前提的情况。商业银行应在财务报表附注中说明本行的重要会计政策和会计估计，包括：财务报表编制所依据的会计准则、会计年度、记账本位币、记账基础和计价原则；贷款的种类和范围；投资核算方法；计提各项资产减值准备的范围和方法；收入确认原则和方法；衍生金融工具的计价方法；外币业务和报表折算方法；合并财务报表的编制方法；固定资产计价和折旧方法；无形资产计价及摊销政策；长期待摊费用的摊销政策；所得税的会计处理方法等。财务情况说明书应当对本行经营的基本情况、利润实现和分配情况以及对本行财务状况、经营成果有重大影响的其他事项进行说明。

三、商业银行会计的特点

商业银行会计运用会计的基本原理，依据有关会计准则、制度规定并密切结合商业银行经济业务的特点和实际情况进行核算。商业银行会计除具有会计的共性之外，在会计核算的形式、方法和程序等方面，还有其独具的特点，主要表现在以下几个方面。

（一） 会计核算与业务处理相融合

与工商企业的生产经营业务和会计核算是由不同部门有关人员各自办理不同，银行的大量业务，除了一部分如发放贷款业务需要由信贷人员调查审核处理外，各项存款的收支（包括现金与转账）、同城与异地结算（汇款与托收等）业务，都是由会计、结算、出纳部门独自办理的，既完成了该项业务，又进行了会计核算处理，银行柜面的业务处理与会计核算是融合在一起的。例如，客户的存款业务，从客户提交存款凭单，银行接柜审核、凭证处理、传递，到登记账簿完成结算，这一系列程序，既是业务活动过程又是会计核算过程。

（二） 会计核算内容的社会性

商业银行的经营活动具有广泛的社会性，其发生的业务，不仅涉及国民经济各部门，还涉及一般的平民百姓。按其核算内容来讲，要以各开户单位的往来收支活动为核算主体，在办理各项业务时，必须认真贯彻执行国家的金融政策、贷款政策、现金管理制度等有关政策法规，发挥商业银行会计固有的、对整个社会经济活动进行综合反映的特殊功能。

（三） 会计处理的及时性

会计处理的及时性是商业银行会计比其他专业会计更为突出的要求。虽然所有企业、事业单位都要求账务处理必须遵循及时性原则，但其他行业会计处理的及时程度与严格性，远不能与银行会计相比。这是客户对银行服务的要求，同时也是银行加强内部管理和提高竞争力的需要。

1. 银行作为货币信用的中介，特别是社会的现金收支和转账结算的枢纽，各家银行每天都要处理数量众多的业务，而这些业务与有关开户单位、个人的资金运转密切相关，银行柜面必须随时地、不间断地把各项业务纳入核算程序进行处理。客户为了加速资金周转，往往在存入资金后马上就要支付。如果银行的会计核算处理不及时，就会影响客户的用款，从而影响银行的信誉。

2. 银行为了办理异地结算，能及时地发电和邮寄、在规定时间内完成核算处理，帮助客户进行债权债务清偿，如大城市实行同城票据交换，各行受理的托收票据和提出、提回的票据，必须与交换场次和时间（包括传递票据的路程时间）紧密配合；如有延误，就会造成资金损失和其他严重后果。

3. 银行会计必须每日结账。为了保证银行账务的正确、及时，在营业终了时必须把当天全部账务试算核对平衡。

（四） 银行核算机制的电子网络化

随着电子计算机在银行会计核算中的广泛应用，为了适应业务开拓和核算及时的需要，银行各分支行处纷纷采取计算机联机核算的方式。国有控股商业银行等规模较大的银行，在大、中城市已经实现网络化，有的并已与异地联行相联结，以便涉及两个开户行处的款项收支，通过计算机联网，能同时记入双方账户。信用卡的发展、自动取款机的设置，通过联网可以在异地支取现金或购物消费，为客户提供快捷的支付结算服务，同时实现银行各分支行处会计信息内部的快速生成和传递，这是商业银行会计所特有的，充分体现了商业银行会计数据处理、传输的及时性和先进性。

（五） 商业银行会计的核算流程有别于其他行业

其他行业除了货币资金的周转外，还有大量的物流；而商业银行是经营货币资金的特殊法人，其主要业务是货币流，而很少涉及物流。因此，商业银行会计在科目设置、凭证编制、账务处理程序及具体业务上，都有别于其他行业会计。如银行为适应业务需要和核算处理的要求，采用凭证套写化和广泛使用原始凭证代传票。

四、商业银行会计的组织机构和人员

为了实现银行会计工作的目标、要求，发挥它的职能、作用，银行必须设置一定的组织机构和配备各类会计人员从事会计工作。按照《中华人民共和国会计法》的规定："各单位根据会计业务的需要设置机构，或者在有关机构中设置会计人员并指定会计主管人员。"从商业银行的实际情况来看，除了规模较小的基层营业机构外，一般都单独设置相应的会计部门，以保证其职责的履行。

银行的会计机构是组织业务核算和经营管理的重要部门，在银行的总行、分行、中心支行、县支行以及办事处等各级行处中，都设置相应的会计机构。各级银行的会计机构、部门，根据其组织体制、工作职能和业务情况设置，基本上有三种形式。一是纯属会计工作的管理机构，如中国工商银行、中国农业银行、中国银行和中国建设银行的总行、分行和中心支行设置的会计司、部、处、科；二是市支行、县支行及办事处的会计科、股，多数既是会计管理机构，又是直接办理门柜业务的部门，有些规模较大、基层营业机构较多的支行、办事处的会计科，主要从事全辖会计管理，不对外办理业务；三是分理处、储蓄所等基层营业机构，是直接办理对外业务，从事会计核算的部门。

商业银行的会计机构是银行内部组织领导和直接从事会计工作的职能单位。各商业银行应当根据会计业务的需要设置会计机构，具备单独设置会计机构条件的，应当在有关机构中配备专职会计人员。设置会计机构，应当配备会计机构负责人；在有关机构配备专职会计人员，应当在专职会计人员中指定会计主管人员。对配备的会计人员，应当明确其工作范围、内容和权力责任，做到定岗、定人、定责任。

会计机构负责人、会计主管人员的任免，应当符合《会计法》和有关法律的规定。商业银行设置的会计机构应与其管理体制相适应。通常情况下，总行设会计司（部），分行设会计处，中心支行或支行设会计科，基层经办行设会计股。各级行处的会计工作必须在行长领导下，由会计部门具体负责。银行负责人应对本单位的会计核算工作和会计资料的真实性及完整性负责。

商业银行实行统一核算，即由全行汇总为一张财务报表。全行效益由总行负责，分级管理，即总行对各分行下达考核目标责任制，分行对支行下达考核目标责任制。支行为基本核算单位，各下级行处的会计部门、除应在行长的统一领导下进行工作外，还应接受上级行处会计部门的领导。

第二节 商业银行会计核算的基本前提、要素和一般原则

一、商业银行会计核算的基本前提

会计基本前提是指会计人员为实现会计目标，而对变化不定、错综复杂的会计环境作出的合乎情理的假定，也称会计基本假设。这些假定通常典型地反映了某种情况下人们对事实

或事物趋向的最好判断。会计的基本前提应包括哪些内容，人们在认识上还不完全一致。根据我国《企业会计准则——基本准则》的规定，可以概括为以下五项内容：会计主体、持续经营、会计期间、货币计量、权责发生制等。

（一）会计主体假设

会计核算应当以企业发生的各项交易或事项为依据，记录和反映企业本身的各项经营活动，如实反映其财务状况、经营成果和现金流量。

会计主体假设是指会计工作特定的空间范围，它为确定特定企业所掌握的经济资源和进行的经济业务提供了基础，从而也为规定有关记录和报表所涉及的范围提供了基础。商业银行以总行或其分支机构为会计主体，对其经济活动进行记录、反映和控制，确认和计量商业银行的资产、负债、收入和费用，并向有关各方提供其本身的财务状况、经营成果和现金流量。

（二）持续经营假设

持续经营是指在正常的情况下，会计主体的经营活动将按现在的形式和既定的目标持续不断经营下去，在可以预见的将来，不会面临破产，进行清算。商业银行以持续经营为基础，按既定的用途和目标使用现有的经济资源，并按承诺的条件清偿各种债务。

根据持续经营假设，会计原则应建立在非清算基础之上，从而解决了很多常见的资产计价和收益确定问题，同时也为流动资产和长期资产、流动负债和长期负债的划分提供了基础。

然而，持续经营假设并不意味着企业将永久存在下去，亦非认为清算价值永远不被采用；而仅是表示企业可以存续到足以执行现有的计划，如购入的机器可用至该机器经济寿命终了时，以及完成应履行契约的责任。当有证据表明企业将不能继续存在下去时，会计人员应放弃持续经营假设而改用清算价格对资产和负债进行计量。

（三）会计分期假设

会计分期（又称会计期间）是指在会计主体持续经营的基础上，人为地规定会计信息的提供期限，是对持续经营的必要补充。商业银行为了定期反映其财务状况和经营成果，不能待经营活动结束才编制财务报告，而应划分会计期间，分期结算账目和编制财务会计报告，及时提供会计信息。会计期间分为年度、半年度、季度和月度。年度、半年度、季度和月度均按公历起迄日期确定。半年度、季度和月度均称为会计中期。如商业银行会计年度是指自公历1月1日起至12月31日止。年度终了，办理决算。如遇12月31日为例假日，仍以该日为决算日。

（四）货币计量假设

货币计量是指会计提供的信息主要是以货币为计量尺度。在商品经济社会，只有货币才是计量一切有价物的共同尺度，因此货币成为会计核算的计量标准。商业银行利用货币作为计量标准对其资产、负债和所有者权益，以及由于经济业务引起的收入、费用和利润加以定量反映，准确揭示其财务状况和经营成果。应该指出的是，货币计量是假定货币的币值稳定不变，如果出现持续的恶性通货膨胀，货币计量这个前提就会受到动摇。

商业银行的会计核算以人民币为记账本位币。业务收支以人民币以外的货币为主的商业银行，可以选定其中一种货币作为记账本位币，但是编报的财务会计报告应当折算为人民币。在境外设立的中国商业银行向国内报送的财务会计报告，应当折算为人民币。

（五）权责发生制

现代企业财务会计以采用权责发生制（也称为应计制）为基本前提或基本假设。

权责发生制，是指属于当期已经实现的收入和已经发生或应当负担的费用，不论款项是否收付，都应当作为本期的收入和费用处理；凡是不属于当期的收入和费用，即使款项已经在当期收付，都不应当作为当期的收入和费用。商业银行的会计核算应当以权责发生制为基础。商业银行采用权责发生制计算出的损益比较真实，但不能确切反映银行实际的现金流量。

收付实现制是与权责发生制相对应的一种确认基础，它是以收到或支付现金作为确认收入和费用的依据。

二、商业银行的会计要素

会计要素是对会计对象的基本分类，是会计用以反映财务状况、确定财务成果的因素。这种分类的基础应该服从于财务报表的目标，因而也可以说是构成财务报表最基本的项目。我国《企业会计准则》将会计要素分为资产、负债、所有者权益、收入、费用和利润六类。其中前三项反映企业在某一时点上的财务状况，后三项反映企业在某一期间内的财务成果。

（一）资产

资产是指过去的交易或事项形成并由企业拥有或者控制的资源。该资源预期会给企业带来经济利益。商业银行的资产可按流动性分为流动资产、长期资产等。其中流动资产主要有现金及银行财务往来、存放中央银行款项、短期贷款、短期投资等；长期资产主要有中长期贷款、长期投资、固定资产和无形资产等。资产一般可分为流动资产、长期投资、固定资产、无形资产等。

（二）负债

负债是指过去的交易或事项形成的现时义务，履行该义务预期会导致经济利益流出企业。商业银行的负债按其流动性，可分为流动负债、应付债券和其他长期负债等。其中流动负债主要有短期存款、财政性存款、向中央银行借款、汇出汇款、应付款、应交税金等；其他长期负债主要有长期存款、长期借款、长期应付款等。

（三）所有者权益

所有者权益，是指银行所有者在银行资产中享有的经济利益，其金额为资产减去负债后的余额。所有者权益的来源包括所有者投入的资本、直接计入所有者权益的利得和损失、留存收益等。直接计入所有者权益的利得和损失，是指不应计入当期损益、会导致所有者权益发生增减变动的、与所有者投入资本或者向所有者分配利润无关的利得或损失。利得是由企业非日常活动形成的、会导致所有者权益增加的、与所有者投入资本无关的经济利益的流入。损失是由企业非日常活动形成的、会导致所有者权益减少的、与所有者分配利润无关的经济利益的流出。

商业银行的所有者权益，主要包括实收资本（或股本）、资本公积、盈余公积和未分配利润等。

（四）收入

收入有广义与狭义之分。我国《企业会计准则——基本准则》采用的是狭义的收入概念。狭义的收入是指企业在日常活动中形成的、会导致所有者权益增加的、与所有者投入资本无关的经济利益的总流入。狭义的收入主要包括营业收入、投资收益等。营业收入是指企业由于销售商品、提供劳务及让渡资产使用权等日常活动所形成的经济利益的总流入，包括销售收入、服务费收入、使用费收入和租金收入等。投资收益是指企业对外投资所获取的投资报酬，主要有：债券投资的利息收入、股票投资的股利收入。

商业银行提供金融商品服务所取得的收入主要包括利息收入、金融企业往来收入、手续费收入、贴现利息收入、证券发行差价收入、买入返售证券收入、汇兑收益和其他业务收入等。收入不包括为第三方或者客户代收的款项，如企业代垫的工本费、代邮电部门收取的邮电费。

（五）费用

费用有广义与狭义之分。我国《企业会计准则——基本准则》采用的是狭义的费用概念。狭义的费用是指企业在日常活动中发生的、会导致所有者权益减少的、与向所有者分配利润无关的经济利益的总流出。主要包括：经营成本、营业税金及附加、销售费用、管理费用、财务费用、资产减值损失。

商业银行的费用是指商业银行为销售商品、提供劳务等日常活动所发生的经济利益的流出；成本是指商业银行为提供劳务和产品而发生的各种耗费。包括利息支出、金融企业往来支出、手续费支出、营业费用、汇兑损失、其他营业支出等。不包括为第三方或客户垫付的款项。

（六）利润

利润是指商业银行在一定会计期间的经营成果，包括营业利润、利润总额和净利润。

营业利润，是指营业收入减去营业成本和营业费用加上投资净收益后的净额。

利润总额，是指营业利润减去营业税金及附加，加上营业外收入，减去营业外支出后的金额。

净利润，是指扣除资产损失后利润总额减去所得税后的金额。

在以上两组要素之间，存在着明显的钩稽关系。如果撇开利润分配和资本增减业务，在一定期间内，利润额必然与净资产的增加额，即所有者权益的期末增加数相等。亏损必然与净资产的减少数，即所有者权益的期末减少数相等。

三、商业银行会计信息的质量要求

会计信息的质量要求是财务会计报告所提供信息应达到的基本标准和要求。

对于其包括的内容，人们在认识上还不统一。一般认为，其主要包括客观性、相关性、明晰性、可比性、实质重于形式、重要性、谨慎性和及时性。

（一）客观性

客观性是指企业的会计记录和财务会计报告必须真实、客观地反映企业的经济活动。会计信息的客观性主要包括真实性和可靠性两方面含义。真实性是指会计反映的结果应当同企业实际的财务状况和经营结果相一致。可靠性是指对于经济业务的记录和报告，应当做到不偏不倚、以客观的事实为依据，而不应受主观意志的左右，力求使会计信息可靠。

客观性要求对于商业银行会计核算尤为重要，商业银行从事存款、贷款业务无一不与国民经济活动息息相关，不真实的金融信息不仅会据此信息决策的人出现失误，而且还会干扰整个国家对经济的宏观调控。因此，商业银行在会计核算时，一定要做到内容真实、数据准确、项目完整、手续完备、资料可靠。

（二）相关性

相关性是指会计信息要同信息使用者的经济决策相关联，即人们可以利用会计信息作出有关的经济决策。强调会计信息的相关性，就是要求企业会计信息要满足投资者、债权人等利益相关者进行经济决策的需要。会计的目标是提供相关的信息，如果会计信息不能满足有关各方的需要，会计工作也就失去了意义。商业银行要充分发挥会计信息的有用性，按会计准则对提供信息的要求和有关各方对信息的需求加以协调，使之更好地为其会计信息使用者服务。

（三）明晰性

明晰性（也称为可理解性）是指会计记录必须清晰、简明，便于理解和使用。要在保证会计信息的客观性与相关性的前提下，力求使会计信息简明易懂。商业银行要按规定的报告项目提供会计信息，防止烦琐复杂，更要防止过分简略，对不易表述的问题，应在财务情况说明书中做出详细而明确的解释。

（四）可比性

可比性是指企业提供的会计信息应当相互可比。可比性包括两个方面的内容：①同一企业不同时期发生的相同或相似的交易或事项，应当采用一致的会计政策，不得随意变更。确需变更的，应当在附注中说明。②不同企业发生的相同或相似的交易或事项，应当采用规定的会计政策，确保会计信息口径一致，相互可比。需要注意的是：强调可比性并不要求企业采用的会计政策绝对不变。如果原来采用的会计程序和方法已不符合客观性与相关性的要求，企业就不宜继续采用；如果存在更为相关和可靠的会计处理程序与方法，企业就不宜保持其会计方法不变。企业在编制财务报告时，对于相同的经济业务，应当采用相同的会计程序和方法。这就要求：国家统一的会计制度要尽量减少企业选择会计政策的余地；企业要严格按照国家统一的会计制度的规定选择会计政策。

商业银行进行会计核算，遵循可比性要求有助于商业银行之间会计指标口径一致，相互可比，利于会计信息的比较、分析和汇总。

（五）实质重于形式

实质重于形式是指企业应当按照交易或事项的经济实质进行会计确认、计量和报告，而不应仅以交易或事项的法律形式为依据。这是因为，有时候交易或事项的法律形式并不能真实反映其实质内容，因此，为了真实反映企业的财务状况和经营成果，就不能仅仅根据交易或事项的外在表现形式来进行会计确认、计量和报告，而应反映其经济实质。

（六）重要性

重要性是指企业提供的会计信息应当反映与企业财务状况、经营成果和现金流量等有关的所有重要交易或事项。凡是对会计信息使用者的决策有较大影响的交易或事项，应作为会计确认、计量和报告的重点；对不重要的经济业务则可以采用简化的处理程序和方法，也不必在财务报表上详细列示。商业银行的会计核算应当遵循重要性要求，对资产、负债、损益等有较大影响，进而影响财务会计报告使用者据以做出合理判断的重要会计事项，必须按照规定的会计方法和程序进行处理，并在财务会计报告中予以充分的披露；对于次要的会计事项，在不影响会计信息真实性和不至于误导会计信息使用者做出正确判断的前提下，可适当简化处理。

强调会计信息的重要性质量要求，在很大程度上是出于对会计信息的效用与加工会计信息的成本这两方面的考虑。在评价某些项目的重要性时，很大程度上取决于会计人员的职业判断。

（七）谨慎性

谨慎性（也称为稳健性）是指企业对交易或事项进行会计确认、计量和报告应当保持应有的谨慎、不应高估资产或者收益、低估负债或者费用。在对某一会计事项有多种不同的处理方法可供选择时，应尽可能选择一种不导致高估资产或收入的做法，以免损害企业的财务实力，防止信息使用者对企业的财务状况与经营成果持盲目乐观的态度。

商业银行定期对可能发生的各项资产损失计提资产减值准备等就充分体现了谨慎性要求。

（八）及时性

会计信息具有时效性，其价值会随着时间的流逝而逐渐降低。这就要求企业的会计确认、计量和报告必须满足及时性的要求。及时性包括及时记录与及时报告两个方面：及时记录就是要求对企业的经济业务及时地进行会计处理，本期的经济业务应当在本期内进行处理，不能延至下一个会计期间或提前至上一个会计期间。及时报告是指要把会计资料及时地传送出去，将财务报告及时报出。

由于商业银行业务的独特性，及时性要求对于商业银行的会计核算显得更为重要。

第二章 基本核算方法

　　银行会计核算方法，是按照会计原理，结合银行业务活动的特点和经营管理的要求，而制定的一套科学的方法，主要包括基本核算方法和业务核算手续两大部分。基本核算方法是各项业务核算手续的概括，而业务核算手续则是基本核算方法在各项业务核算中的具体运用。

　　银行会计基本核算方法，包括会计科目、记账方法、会计凭证、账务组织和财务报表等内容。

第一节　会　计　科　目

一、会计科目的概念和作用

（一）会计科目的概念

　　会计科目是对会计对象的具体内容按其不同的特点和经济管理的要求进行科学分类的标志。银行会计科目是对银行会计对象的具体内容所作的分类，即对银行的各项业务活动和财务状况，按银行会计核算的要求划分为若干类别，规定一定的名称。

（二）会计科目的作用

　　1. 会计科目是银行会计核算的基础和纽带，是会计核算各个过程的基础工具，从在会计凭证上确定会计分录、登记账簿，一直到编制财务报表，都离不开会计科目，它像一条纽带，贯穿核算全过程，以保证核算工作有组织、有秩序地进行。

　　2. 会计科目是综合反映、考核和监督各项业务与财务活动及提供会计核算资料的工具。以会计科目作为概括业务内容、资金性质的标志，起到组织和归类作用，从而把全部核算资料进行条理化、系统化，并取得系统总括的核算资料和信息，为研究和分析银行的业务经营、财务管理和考核计划执行、经济效果提供依据。

　　3. 会计科目是统一核算和综合反映的口径。因为每个会计科目都有一定的内涵和名称，各级行处在核算处理和报表反映都应有统一的口径。即使各银行有增设系统内使用的会计科目，也应与全国银行统一会计科目有归属合并的关系，以利于会计资料的审核汇总和分析利用。

二、会计科目的分类及科目代号

（一）会计科目的分类

　　1. 会计科目按与资产负债表的关系分类，可分为表内科目和表外科目。表内科目用于核算银行资产、负债、所有者权益的实际增减变化以及损益的发生情况并反映在银行各种会计主表上，如资产负债表和损益表。表外科目用以反映或有事项，亦即债权债务或权利责任已经形成，但尚未涉及资金实际增减变化的会计事项以及保管债券、单证等需要在表外进行控制的事项，不在银行各种会计主表上反映。

2. 表内科目按资金性质分类，可分为五大类：资产类、负债类、资产负债共同类、所有者权益类和损益类。

（1）资产类科目。资产是指过去的交易、事项形成并由企业拥有或者控制的资源，该资源预期会给企业带来经济利益。商业银行的资产类科目用于核算银行各类资产，主要有：现金、存放中央银行备用金、存放同业、拆放同业、系统内上存款项、短期贷款、中长期贷款、贴现及买入票据、呆账准备、应收利息、其他应收款、固定资产、无形资产、其他资产等。科目余额一般反映在借方。

（2）负债类科目。负债是指过去的交易、事项形成的现时义务，履行该义务预期会导致经济利益流出企业。商业银行的负债类科目用于核算银行各类负债，主要有：单位活期存款、单位定期存款、活期储蓄存款、定期储蓄存款、财政预算外存款、本票、向中央银行借款、同业拆入、系统内款项存放、应解汇款、汇出汇款、应付利息、其他应付款等。科目余额一般反映在贷方。

（3）资产负债共同类科目。这类科目用于核算银行发生的资金往来和债权债务的轧差，适用于清算资金往来、外汇买卖、同城票据清算等业务的核算。主要科目有：待清算辖内往来、银行财务往来、外汇买卖等。该类科目余额在借方表示债权，在贷方表示债务。

（4）所有者权益类科目。所有者权益是指所有者在企业资产中享有的经济利益，其金额为资产减去负债后的余额。商业银行的所有者权益类科目用于核算银行投资者对银行净资产的所有权，主要有：实收资本（或股本）、资本公积、盈余公积、本年利润和利润分配等。科目余额一般反映在贷方。

（5）损益类科目。这类科目是用于核算银行收入和成本费用的科目。收入是指企业在销售商品、提供劳务及让渡资产使用权等日常活动中所形成的经济利益的总流入。反映商业银行收入的科目有：利息收入、金融企业往来收入、中间业务收入、其他营业收入、投资收益、营业外收入等。各收入科目余额反映在贷方；费用是指企业为销售商品、提供劳务等日常活动所发生的经济利益的流出；成本是指企业为提供劳务和产品而发生的各种耗费。反映成本和费用的科目有：利息支出、金融企业往来支出、手续费支出、营业费用、营业税金及附加、营业外支出、所得税等。各成本费用科目余额反映在借方。

如中国工商银行的会计科目分为8类，即资产类、负债类、所有者权益类、资产负债共同类、损益类、或有事项类、委托代理业务类和备查登记类。前5类科目属于表内科目。后3类科目属于表外科目。其中，或有事项类科目是用于核算和反映银行日益发展的表外业务，主要包括或有业务及承诺事项，在资金流动前并不构成银行真正的资产和负债关系，但却具有一定的风险，如"银行承兑汇票应收款"、"开出保函应收款"等；委托代理业务类科目用于核算和反映代理开发银行的贷款业务；备查登记类科目则是对一些不涉及银行资金增减变化的重要业务事项起管理与控制作用的备忘科目。如"空白重要凭证"、"收到信用证"、"收到保函"、"未履行贷款承诺"、"未收贷款利息"等。

财政部2006年11月6日颁布的《企业会计准则——应用指南》附录"会计科目和主要账务处理"中规定了包括金融企业在内的企业统一的会计科目，以下节选部分以供参考，如表 2 - 1 所示。

表 2 - 1　　　　　　　　　　企业会计科目表（节选部分）

代号	会计科目	代号	会计科目
（略）	一、资产类	（略）	应付股利
	现金		应解汇款
	银行存款		其他应付款
	存放中央银行款项		代理承销证券款
	存放同业款项		代理兑付证券款
	买入返售金融资产		代理业务负债
	应收利息		递延所得税负债
	其他应收款		三、共同类
	坏账准备		清算资金往来
	贴现资产		货币兑换
	贷款		衍生工具
	贷款损失准备		套期工具
	代理兑付证券		被套期项目
	代理业务资产		四、所有者权益类
	贵金属		实收资本
	抵债资产		资本公积
	融资租赁资产		盈余公积
	持有至到期投资		一般风险准备
	持有至到期投资减值准备		本年利润
	可供出售金融资产		利润分配
	长期股权投资		库存股
	长期股权投资减值准备		五、成本类（略）
	投资性房地产		六、损益类
	固定资产		利息收入
	累计折旧		手续费及佣金收入
	固定资产减值准备		其他业务收入
	在建工程		汇兑收益
	工程物资		公允价值变动损益
	固定资产清理		投资收益
	无形资产		营业外收入
	累计摊销		营业税金及附加
	无形资产减值准备		利息支出
	商誉		手续费及佣金支出
	长期待摊费用		业务及管理费
	递延所得税资产		资产减值损失
	待处理财产损溢		营业外支出
	二、负债类		所得税费用
			以前年度损益调整

中国工商银行的会计科目（摘录部分）如表 2－2 所示。

表 2－2 中国工商银行会计科目表

科目代号	科目名称	科目代号	科目名称
	一、资产类科目		二、负债类科目
1010	现金	2010	单位活期存款
1030	贵金属	2020	单位定期存款
1040	存放中央银行备用金	2021	单位通知存款
1050	缴存中央银行财政性存款	2030	活期储蓄存款
1150	存放同业	2060	定期储蓄存款
1170	拆放同业	2110	银行卡存款
1171	同业透支	2170	其他活期存款
1180	系统内上存款项	2190	特种活期存款
1181	辖内上存款项	2191	特种定期存款
1190	系统内借出	2192	特种通知存款
1191	辖内借出	2195	机关团体活期存款
1200	拨付营运资金（总行用）	2196	机关团体定期存款
1210	短期贷款	2197	机关团体通知存款
121001	短期普通贷款	2198	财政预算外存款
121002	短期项目贷款	2220	中央银行借款
121003	短期循环贷款	2230	同业借款
1230	国际贸易融资	2240	保险公司定期存款
123001	打包放款	2270	同业拆入
123002	进口押汇	2280	系统内款项存放
123003	出口押汇	2281	辖内款项存放
123004	出口贴现	2290	系统内借入
123005	福费廷	2291	辖内借入
123006	融资性出口保理	2295	待清算费用支出
1240	短期房地产贷款	2300	拨入营运资金
1250	银行卡透支及贷款	2310	保证金存款
1410	中长期贷款	2320	代理业务资金
1420	中长期房地产贷款	2330	应解汇款
1430	国际融资性贷款	2340	汇出汇款
1610	贴现及买入票据	2350	应付利息
1611	再贴现	2360	其他应付款
1612	买入返售票据	2380	期付外汇款项
1620	其他债权性资产	2390	卖出回购票据
1650	应收利息	2400	中央银行借入债券
1660	呆账准备	2410	卖出回购债券
1670	其他应收	2420	本票
1680	期收外汇款项	2450	应付工资
1690	代理兑付债券应收款	2460	应付福利费
1700	短期投资	2470	应交税金
1703	长期投资	2480	应付利润
1705	买入返售债券	2490	预提费用
1706	自营债券买卖（总行用）	2500	递延收益
1707	自营记账式债券	2600	发行债券
1710	国家债券投资	2680	长期应付款
1720	中央银行债券投资	2700	待处理应付款

科目代号	科目名称	科目代号	科目名称
1730	政策性银行债券投资	2800	待清理接收负债
1731	资产管理公司长期债券投资	2910	开发银行委托贷款资金
1740	其他债券投资	2912	委托贷款资金
1810	固定资产	2913	国际融资转贷资金
1820	累计折旧	2924	银团贷款资金
1840	在建工程	2925	系统内联合贷款资金
1870	待处理财产损溢		三、所有者权益
1890	待处理应收款	3010	实收资本
1900	待清理接收资产	3020	资本公积
1910	无形资产	3030	盈余公积
1920	待摊费用	3110	本年利润
1930	长期待摊费用	3120	利润分配
1950	其他资产		五、损益类
1960	委托贷款	5010	利息收入
	四、资产负债共同类	5020	系统内往来收入
4100	待清算辖内往来	5030	金融企业往来收入
4550	法定存款准备金	5110	中间业务收入
4560	二级存款准备金	5120	其他营业收入
4570	银行财务往来	5121	债券交易价差损益
4810	外汇买卖	5130	汇兑损益
4811	贵金属买卖	5140	投资收益
4830	购入外汇营运资金	5150	营业外收入
4880	系统内费用划拨	5210	利息支出
	六、或有事项类（借方类）	5220	系统内往来支出
6110	银行承兑汇票应收款	5230	金融企业往来支出
6120	开出保函应收款	5320	营业费用
6140	开出信用证应收款	5330	营业税金及附加
6160	保兑信用证应收款	5340	提取准备
6170	保兑保函应收款	5350	固定资产折旧
6171	提货担保应收款	5360	营业外支出
6180	买入期权应收款	5600	以前年度损益调整
6181	卖出期权应收款		七、委托代理业务类
6190	掉期应收款	7110	代理开发银行贷款
	（贷方类）	7120	代理开发银行逾期贷款
6210	银行承兑汇票应付款	7130	代理开发银行贷款利息
6220	开出保函应付款		八、备查登记类
6240	开出信用证应付款		（借方类科目）
6260	保兑信用证应付款	8000	备查登记业务余额
6270	保兑保函应付款		（贷方类科目）
6271	提货担保应付款	8100	有价单证
6280	买入期权应付款	8200	空白重要凭证
6290	掉期应付款	8303	开出债券款单证
	（借贷方共同类）	8310	未发行债券
6300	货币兑换	8313	待销毁有价单证
		8314	基金单位存管
		8321	代保管物
		8322	代保管有价值品
		8323	代保管贵金属

科目代号	科目名称	科目代号	科目名称
		8324	产权待界定的财产
		8325	低值易耗品
		8326	待处理质押品
		8327	待处理质押股票
		8329	向中央银行抵出债券
		8331	应收托收款
		8332	出口托收款项
		8333	代收托收款项
		8334	进口代收款项
		8336	收到信用证
		8337	应收信用证款项
		8339	收到保函
		8340	未收贷款利息
		8350	未履行贷款承诺
		8351	未融资非买断性出口保理
		8352	商业承兑汇票贴现
		8353	已卖出票据
		8360	出让方式土地使用权估价升值
		8362	特定业务
		8370	未达境外借入款项

3. 银行会计科目还可按管理需要和反映的经济业务内容详简程度分为一级科目和二级科目。一级科目的名称代号及核算内容，由总行统一规定，具有较强的统一性和严肃性，科目的设置及修改权集中总行。各管辖分行根据本身业务的实际需要和权限增设辖内专用科目，称为二级科目，在编制财务报表时应并入相应的一级科目中。一级科目统驭二级科目。中国工商银行的会计科目体系中，在每个二级科目下，都引进了五位数的核算代码，其核算层次分为：一级科目、二级科目和核算代码。

（二）科目代号

科目代号长度为六位。其中一级科目代号为四位，二级科目代号为两位。科目代号的编排具有一定的规律。例如各行一般一级科目代号的前两位为规则号，后两位为顺序号。科目代号的第一位代表科目所属的大类，如：1——资产类科目；2——负债类科目；3——所有者权益类科目；4——资产负债共同类科目；5——损益类科目；科目代号的第二位代表所属的小类。

会计科目通过编号，便于识别和使用，它为编制会计分录、汇总凭证、登记账簿、编制报表、查阅会计资料等日常会计事项的处理及对电子计算机在会计柜台的应用，提供了便利的条件。

三、账户的作用和结构

（一）账户的作用

账户是根据会计科目设置的，用来对会计科目所包括的经济内容进行详细分类核算，反映会计要素内容的具体增减变化情况和结果的专门方法。

账户与会计科目有着密切的联系。两者均是对会计要素分类核算的手段。会计科目是账户的总称，对其所辖账户起统驭作用；账户是会计科目的基础，是明细核算的依据，对会计科目起补充作用，其性质随其所属的科目性质而定。会计科目提供综合资料，账户提供详细资料，二者是总体与部分的关系。在一个会计科目之下设置几个账户，要依该科目核算范围的大小和管理的要求来确定。每个账户都应当反映一定的经济内容，账户之间应有严格界限，不能互相混淆。

（二）账户的结构

为了在账户中记录有关经济业务，不仅要明确账户的核算内容，而且要有一定的结构。由于会计对经济所反映和监督的具体内容在数量上的一切变动，不外乎增加和减少这两种情况，因此作为反映会计对象增减变化的账户，就应相应地划分为两部分，即左方和右方，以便反映数额的增加或减少，这就是账户的基本结构。

账户左右两方的具体名称，哪一方记增加数，哪一方记减少数，及账户余额的方向，取决于其所采用的记账方法和该账户记录的经济内容。"借贷记账法"，左方为借方，记载资产和费用类账户的增加，负债和收益类账户的减少；右方为贷方，记载负债和收益类账户的增加，资产和费用类账户的减少。由于会计上要求分期结账，所以账户中所记录的金额可分为期初余额、本期增加额、本期减少额和期末余额四项。在借贷记账法中，资产费用账户的余额在借方，负债收益账户的余额在贷方，其计算公式分别为：

期初借方余额 + 本期借方发生额 − 本期贷方发生额 = 期末借方余额
期初贷方余额 + 本期贷方发生额 − 本期借方发生额 = 期末贷方余额

四、商业银行账户与账号

商业银行的账户，按其开户的对象，可划分为对存款户、贷款户、内账户和表外账户等几大类，每个账户都有自己的账号。

1. 存贷款户是国民经济各部门在商业银行开立的办理存款、现金存取、贷款发放等业务的结算账户，其使用必须遵循《人民币银行结算账户管理办法》等制度的规定。

2. 对内账户。是根据商业银行本身业务经营管理上的需要而设置的银行内部资金往来的账户，包括内部资产账户、内部负债账户、所有者权益账户、资产负债共同类账户和损益类账户。如在"固定资产"科目下，按固定资产的分类设立账户。

3. 表外账户。是商业银行在业务经营中用于或有资产、或有负债及有价单证和重要凭证实物等进行核算的账户。

商业银行开立的各种账户，均应由经办行为开户单位编列账号。账号一般是由经办行交换行号、科目代号、账户的顺序号和计算机校验位等因素组成，各行可根据具体情况进行编排。银行账号是开户单位和银行办理业务、签发凭证和记账的主要依据之一。在有关业务处理中，通过账号就可以初步判断出该单位的经济性质和隶属关系，防止串户，方便工作，有利于核算。

单位使用银行账户，必须贯彻执行国家的政策法令，遵守银行信贷、结算和现金管理等有关规定，不准出租、出借、转让账户，不准套取银行信用，正确及时地记载与银行往来账务，重视对账工作，发现不符应及时联系，尽快查对清楚。

五、会计科目的运用

正确使用会计科目，是保证会计核算质量的关键。每一个会计科目所反映的经济内容都是设置会计科目时限定的，不能混淆，否则，不但本身的业务活动反映不真实，而且汇总的数据也没有什么实用价值。各会计科目所反映的经济内容，既有严肃的界限，又有科学的联系。研究会计科目所反映的对象、经济内容，可以揭示会计科目在使用中的规律性，加深对会计科目的认识，区分易混淆、有联系的会计科目。对于银行所发生的经济业务，首先，要按业务发生涉及的资金性质和业务类别及会计科目使用规定，确定所涉及的会计科目及其性质；然后，根据会计科目性质确定记账方向，进行账务处理。具体运用将在下一节"银行会计记账方法"中加以介绍。

第二节 银行会计记账方法

记账是银行会计核算中的主要环节和最重要的基础工作。只有记好账，才能做好其他各项会计工作，而要记好账，必须运用一定的记账方法。记账方法是指在账簿中登记经济业务的技术方法，它以会计凭证为依据，按照一定的记账原理和规则，运用一定的记账符号，把经济业务记录到账簿中去，并通过试算平衡来检查账簿记录是否正确。

一、记账方法及其类型

记账方法按其登记某项经济业务是涉及一个账户还是涉及两个或两个以上的账户，可分为单式记账法和复式记账法。

（一）单式记账法

单式记账法是一种比较简单、不完整的记账方法，它对发生的每一项经济业务只在一个账户中进行登记，账户之间的记录没有直接的联系，也不求相互平衡。由于单式记账法既不能全面、系统地反映经济业务的来龙去脉，也不便于检查账户记录的正确性和完整性，因此，在银行会计中，只在对表外科目所涉及的会计事项，以及中央银行的货币发行业务，有的银行采用单式记账法进行登记。

当表外科目涉及的会计事项发生或增加时记收入，销账或减少时记付出，余额表示尚未结清的会计事项。

【例2－1】某行柜组领回重要空白凭证支票500本。

该笔业务发生，涉及"重要空白凭证"科目，业务发生记入收方，分录为：

收：重要空白凭证——支票　　　　　　　　　　　　　　　　　　500.00

【例2－2】某企业购买支票1本。

该笔业务转销重要空白凭证，假设1本支票25张，1张1元钱，其会计分录为：

付：重要空白凭证——支票　　　　　　　　　　　　　　　　　　25.00

在中国工商银行的新会计科目体系中，则将表外业务的核算由单式记账法变为复式记账法。该体系把表外业务分为或有事项、代理业务和备查登记业务3类，并按照复式记账法的特点重新设置会计科目进行核算，每笔业务的核算都应同时登记借方科目和贷方科目，其中"代理开发银行贷款业务"和一些用单式记账法即可满足需要的备查登记事项，只需对借方科目或贷方科目进行账务处理，其对应科目的处理由计算机自动补足。

（二）复式记账法

复式记账法是对每项经济业务都要按照相等的金额在两个或两个以上相互联系的账户中进行登记的记账方法。运用复式记账法在有关账户中登记各项经济业务，不仅可以通过账户对应关系，清楚地看出资金变动的来龙去脉，从而了解经济业务的内容，而且能够通过试算平衡来检查账户记录的正确性。所以，复式记账法是一种科学的记账方法，我国曾经采用过的复式记账法有收付复式记账法、增减记账法和借贷记账法。目前银行统一采用借贷记账法。

二、借贷记账法及其应用

借贷记账法是根据复式记账原理，以资金平衡公式为依据，以"借"、"贷"作为记账符号，按照"有借必有贷，借贷必相等"的记账规则在账户中进行登记的一种复式记账方法。其主要内容包括记账符号、账户设置、记账规则和试算平衡四个方面。

（一）记账符号

借贷记账法以"借"、"贷"作为记账符号，"借"和"贷"是纯粹的表示增加或减少的记账符号。它们都具有双重含义，即："借"既表示资产类、成本费用类账户的增加，又表示负债类、所有者权益类、收入类账户的减少；"贷"既表示负债类、所有者权益类、收入类账户的增加，又表示资产类、成本费用类账户的减少。

（二）账户设置

采用借贷记账法，除按经济内容设置资产类、负债类、所有者权益类账户外，还可以设置双重性账户。例如，"清算资金往来"账户是核算同一银行系统内部不同行处之间的资金往来，具有应收和应付双重性质，它是由"清算资金往账"和"清算资金来账"两个账户合并设置的。因此，该账户属于资产类和负债类双重性质的账户，但在某一日期不是资产类账户就是负债类账户，可以根据该账户的余额方向来判断。若余额在借方，为债权；若余额在贷方，为债务。设置双重性质的账户可以减少账户设置，简化核算手续。

（三）记账规则

借贷记账法以"有借必有贷，借贷必相等"作为记账规则。当经济业务发生后，必须同时记入有关借方账户和贷方账户，可以是一借一贷、一借多贷或一贷多借，但双方的金额必须相等。现以商业银行业务为例说明借贷记账法在银行中的应用。

1. 一方是资产（或费用）增加，另一方是负债（或权益）增加。

【例 2 - 3】银行发放给某工业企业流动资金贷款 50 万元。该笔业务涉及短期贷款和活期存款两个账户，导致银行资产和负债同增，其会计分录为：

借：短期贷款 ￥500 000.00
　　贷：活期存款 ￥500 000.00

【例 2 - 4】银行收到某投资者以现金投入的资本金 10 万元。该笔业务涉及现金和实收资本两个账户，导致了银行资产和所有者权益同增，其会计分录为：

借：现金 ￥100 000.00
　　贷：实收资本 ￥100 000.00

【例 2 - 5】银行通过转账支付某商店活期存款利息 5 000 元。该笔业务涉及利息支出和活期存款两个账户，导致了银行费用支出和负债同增，其会计分录为：

借：利息支出　　　　　　　　　　　　　　　　　　　　　　　　　¥5 000.00
　　贷：活期存款　　　　　　　　　　　　　　　　　　　　　　　　¥5 000.00

【例2-6】乙工厂用现金归还银行贷款利息1 000元。该笔业务涉及现金和利息收入两个账户，导致了银行资产和收益同增，其会计分录为：

借：现金　　　　　　　　　　　　　　　　　　　　　　　　　　　¥1 000.00
　　贷：利息收入　　　　　　　　　　　　　　　　　　　　　　　　¥1 000.00

2. 一方是资产减少，另一方是负债减少。

【例2-7】某商店持现金支票来银行支取现金1 000元。该笔业务涉及现金和活期存款两个账户，导致了银行资产和负债同减，其会计分录为：

借：活期存款　　　　　　　　　　　　　　　　　　　　　　　　　¥1 000.00
　　贷：现金　　　　　　　　　　　　　　　　　　　　　　　　　　¥1 000.00

3. 一方是资产（或费用）增加，另一方是资产减少。

【例2-8】某银行用存放同业款项拆出临时资金10万元给另一家银行。该笔业务涉及拆放同业和存放同业款项两个账户，导致了银行资产一增一减，其会计分录为：

借：拆放同业　　　　　　　　　　　　　　　　　　　　　　　　　¥100 000.00
　　贷：存放同业　　　　　　　　　　　　　　　　　　　　　　　　¥100 000.00

【例2-9】某银行以现金支付业务宣传费300元。该笔业务涉及现金和营业费用两个账户，导致了银行资产的减少和费用的增加，其会计分录为：

借：营业费用　　　　　　　　　　　　　　　　　　　　　　　　　¥300.00
　　贷：现金　　　　　　　　　　　　　　　　　　　　　　　　　　¥300.00

4. 一方是负债（或权益）增加，另一方是负债（或权益）减少。

【例2-10】甲工厂持转账支票来银行支付在同行开户的乙工厂货款5万元。该笔业务涉及活期存款账户，导致了银行负债一增一减，其会计分录为：

借：活期存款——甲工厂　　　　　　　　　　　　　　　　　　　　¥50 000.00
　　贷：活期存款——乙工厂　　　　　　　　　　　　　　　　　　　¥50 000.00

【例2-11】经批准，银行将资本公积10万元转增资本金。该笔业务涉及实收资本和资本公积两个账户，导致了银行所有者权益一增一减，其会计分录为：

借：资本公积　　　　　　　　　　　　　　　　　　　　　　　　　¥100 000.00
　　贷：实收资本　　　　　　　　　　　　　　　　　　　　　　　　¥100 000.00

【例2-12】甲工厂归还银行贷款利息2 000元，由其存款账户支付。该笔业务涉及利息收入和活期存款两个账户，导致了银行收益的增加和负债的减少，其会计分录为：

借：活期存款——甲工厂　　　　　　　　　　　　　　　　　　　　¥2 000.00
　　贷：利息收入　　　　　　　　　　　　　　　　　　　　　　　　¥2 000.00

上述经济业务从不同的方面反映了银行资产、负债、所有者权益、费用、收入的增减变化情况，从中反映出资金运动的规律，即：经济业务的发生，如果涉及不同性质的会计要素，则必定是同时增加或同时减少，等式的平衡关系不会改变，总额会发生变化；如果涉及相同性质的会计要素，则必定是一个增加，同时另一个减少，等式的平衡关系不会打破，总额也不会改变。

（四）试算平衡

借贷记账法是根据复式记账原理，按照"资产＝负债＋所有者权益"的平衡理论来检查和试算平衡的。由于每笔经济业务都贯彻了"有借必有贷，借贷必相等"的记账规则，因此，在一定时期内各账户借贷方发生额及余额都体现为不同方向金额相等的平衡关系。发生额是根据借贷记账法的记账规则来确定的，余额是根据"资产＝负债＋所有者权益"的平衡关系来确定的。其试算平衡公式如下。

1. 发生额平衡：

各账户借方发生额合计＝各账户贷方发生额合计

2. 余额平衡：

各账户借方余额合计＝各账户贷方余额合计

现根据上述经济业务的会计分录，通过试算平衡表进行试算平衡。如表 2 – 3 所示。

表 2 – 3

会计科目	上日余额（假设）		本日发生额		本日余额	
	借方	贷方	借方	贷方	借方	贷方
现金	800 000		101 000	400	900 600	
存放同业	600 000			100 000	500 000	
拆放同业	0		100 000		100 000	
短期贷款	140 000		500 000		640 000	
活期存款		300 000	52 100	555 000		802 900
实收资本		900 000		200 000		1 100 000
资本公积		260 000	100 000			160 000
利息收入		240 000		3 000		243 000
利息支出	160 000		5 000		165 000	
营业费用	0		300		300	
合　计	1 700 000	1 700 000	858 400	858 400	2 305 900	2 305 900

第三节　会计凭证

一、银行会计凭证的概念和特点

（一）银行会计凭证的概念

银行会计凭证是银行各项业务和财务收支的书面证明，是银行登记账簿的依据，也是明确经济责任、核对账务和事后查考的依据。

银行每发生一笔经济业务，都必须在取得或填制会计凭证后方能办理资金收付和进行账务处理。由于银行的会计凭证需要在银行内部或外部进行传递流转方能完成业务与核算手续，故习惯称为"传票"。

（二）银行会计凭证的特点

根据银行日常业务量大、会计核算分工细，决定了银行会计凭证有以下特点：

1. 一般采用单式凭证。银行为了适应业务量大、分工细，便于凭证传递以及在结账时按科目分清汇总、装订、保管等需要，采用单式凭证。随着电脑记账的发展及普及，今后银行将会改用复式凭证。

2. 大量利用外来原始凭证代替记账凭证。银行办理各项业务，一般都由客户提交有关凭证代替收付款证明，为了避免重复劳动，提高工作效率，银行大量采用客户来行办理业务所提交的原始凭证，经审核后代替银行的记账凭证；同时，银行会计凭证大都采用多联套写方式，使办理业务的收、付款单位及双方开户银行都有一张同一内容的凭证，保证了有关方面核算的一致性，也便于审核和装订保管。

3. 凭证传递环节多。银行办理每笔业务，从收到凭证到业务处理完毕，凭证不仅要在一个银行内部各柜组（如现金出纳柜、会计柜等）之间进行传递，有的还要在异地联行之间进行传递，因此，银行会计凭证传递环节多，也是其特点之一。

二、银行会计凭证的分类

银行会计凭证按其格式和使用范围，分为基本凭证和特定凭证两类。

（一）基本凭证

基本凭证是银行会计人员根据原始凭证及业务事项，自行填制并凭以记账的凭证。银行的基本凭证按其性质特点可分为三大类，共10种凭证。

第一类凭证仅供银行内部使用，不对外销售和传递，适用于未设专用凭证的一切现金收、付和转账业务，包括四种传票：

（1）商业银行现金收入、现金付出传票，格式如表2-4、表2-5所示。

表2-4　　　　　　商业银行　　　现金收入传票　　　总字第　号／字第　号
（贷）　　公元　年　月　日

户名或账号	摘要	金额（千百十万千百十元角分）	附单据

会计　　出纳　　复核　　记账

表2-5　　　　　　商业银行　　　现金付出传票　　　总字第　号／字第　号
（借）　　公元　年　月　日

户名或账号	摘要	金额（千百十万千百十元角分）	附单据

会计　　出纳　　复核　　记账

（2）商业银行转账借方传票、转账贷方传票，格式如表2-6、表2-7所示。

表 2 – 6   **商业银行转账借方传票**

年 月 日

传票	
编号	

科目	（贷）	对方科目：										
户名或账号	摘 要		金 额									
		亿	千	百	十	万	千	百	十	元	角	分

附单据 张

会计　　　　　出纳　　　　　复核　　　　　记账

表 2 – 7   **商业银行转账贷方传票**

年 月 日

传票	
编号	

科目	（贷）	对方科目：										
户名或账号	摘 要		金 额									
		亿	千	百	十	万	千	百	十	元	角	分

附单据 张

会计　　　　　出纳　　　　　复核　　　　　记账

第二类凭证是供银行内部使用，不对外销售但可对外传递，适用于未设专用凭证但又涉及外单位的一切转账业务。凡银行主动代为收款进账或扣款时（如单位存款利息的进账或贷款利息的扣收）使用。

（3）商业银行特种转账借方传票、特种转账贷方传票，格式如表 2 – 8、表 2 – 9 所示。

表 2 – 8   **商业银行特种转账借方传票**

年 月 日

总字第	号
字第	号

收款单位	全 称		付款单位	全 称											
	账号或地址			账号或地址											
	开 户 银 行	行号		开 户 银 行		行号									
金额	人民币（大写）				千	百	十	万	千	百	十	元	角	分	
原凭证金额		赔偿金			科目（借） ---------------										
原凭证名称		号 码			对方科目（贷） ---------------										
转账原因			银行盖章		会计　复核　记账										

附件 张

表 2－9 商业银行特种转账贷方传票

年 月 日

总字第 号
字第 号

收款单位	全　称		付款单位	全　称		
	账号或地址			账号或地址		
	开户银行	行号		开户银行	行号	

| 金额 | 人民币（大写） | | | 千 | 百 | 十 | 万 | 千 | 百 | 十 | 元 | 角 | 分 |

| 原凭证金额 | | 赔偿金 | 科目（借）------------------------- |
| 原凭证名称 | | 号　码 | 对方科目（贷）------------------------- |

| 转账原因 | | 银行盖章 | 会计　复核　记账 |

附件　张

第三类凭证是特定业务使用的凭证。包括四种：

（4）商业银行表外科目收入、付出传票，主要用于商业银行表外业务。格式如表 2－10、表 2－11 所示。

表 2－10 商业银行表外科目收入传票

年 月 日

总字第 号
字第 号

表外科目（付出）_____

户　名	摘　要	金　额										
		亿	千	百	十	万	千	百	十	元	角	分

会计　　　　出纳　　　　复核　　　　记账

附件 张（白纸红油墨）

表 2－11 商业银行表外科目付出传票

年 月 日

总字第 号
字第 号

表外科目（收入）_____

户　名	摘　要	金　额										
		亿	千	百	十	万	千	百	十	元	角	分

会计　　　　出纳　　　　复核　　　　记账

附件 张（白纸红油墨）

（5）外汇买卖借方传票、外汇买卖贷方传票，主要用于商业银行买卖外汇业时使用。格式如表 2 - 12、表 2 - 13 所示。

表 2 - 12　　　　　　　　　外汇买卖借方传票（外币）

年　月　日

传票
编号

结汇单位	全　　称		（借）　　外汇买卖		
	账号或地址		（对方科目：　　　　　）		
	外汇金额	牌　价	人民币金额		
			￥		（附件　张）
摘要			会计 复核 记账 制票		

表 2 - 13　　　　　　　　　外汇买卖贷方传票（外币）

年　月　日

传票
编号

结汇单位	全　　称		（贷）　　外汇买卖		
	账号或地址		（对方科目：　　　　　）		
	外汇金额	牌　价	人民币金额		
			￥		（附件　张）
摘要			会计 复核 记账 制票		

（二）特定凭证

特定凭证是指银行据以办理业务，并可代替传票凭以记账的各种专用凭证。一般由银行印制，单位购买和填写，并提交银行凭以办理某种业务。这些特定凭证，由银行用以代替传票并凭以记账，如支票、进账单、现金缴款单等。也有由银行自行填制，凭以办理业务及记账的，如联行报单、银行汇票等。特定凭证一般是一式数联套写凭证，格式按有关业务需要设计。其格式和使用方法，将在以后章节中介绍。

三、会计凭证的要素

会计凭证的要素是指各种凭证中必须填写的与经济业务和账务记载有关的事项。主要包括以下几项：

1. 凭证的名称及编制的年、月、日（特定凭证中，须注明记账日期）。
2. 收、付款单位开户银行的名称和行号。
3. 收、付款单位的户名和账号。

4. 货币名称和大小写金额。

5. 款项来源、用途、摘要及附件张数。

6. 会计分录和凭证编号。

7. 单位按照有关规定的签章。

8. 银行及有关人员的签章。

四、会计凭证的填制

（一）凭证使用规则

基本凭证是银行内部使用，应由银行会计人员根据业务自行编制。现金收入业务，要填制一张现金收入传票。现金付出业务，编制一张现金付出传票。转账业务要填制转账借方传票和转账贷方传票，并且是业务发生涉及多少个账户，就应填多少张转账传票，因此，一借一贷的转账业务，填制转账借方、贷方传票各一张；一借多贷的业务，填制一张转账借方传票，多张转账贷方传票；多借一贷的转账业务，填制多张转账借方传票，一张转账贷方传票。

（二）填制要求

填制会计凭证，要做到内容真实、要素齐全、字迹清晰、数字准确、书写规范、一式多联凭证要套写。其书写规范如下：

1. 规范的大写数字：壹、贰、叁、肆、伍、陆、柒、捌、玖、拾、佰、仟、万、亿、零、整。

2. 人民币的大写金额之前应注明"人民币"字样，紧接着其后书写金额，不得留有空白。

3. 大写金额到"元"的，在"元"之后，一定要写"整（正）"字，大写金额到"角"的，在"角"之后，可以写也可以不写"整（正）"字，大写金额到"分"的，在"分"之后不写"整"字。

4. 金额中有"0"时，大写金额书写的规定。①小写金额数字中间有单个"0"或中间连续有几个"0"时，中文大写一个"零"字。如：2 506.30 元应写成：人民币贰仟伍佰零陆元叁角（整）。8 006.59 元应写成：人民币捌仟零陆元伍角玖分。②小写金额中元位是"0"但角位不是"0"时，中文大写金额可以写一个"零"字，也可以不写"零"。如：3 250.68 元应写成：人民币叁仟贰佰伍拾元零陆角捌分。或应写成：人民币叁仟贰佰伍拾元陆角捌分。③小写金额中角位是"0"，而分位不是"0"时，大写金额"元"后面要写"零"字。如：61 904.04 元应写成：人民币陆万壹仟玖佰零肆元零肆分。

5. 人民币小写金额前面应注明人民币符号"￥"，数字不得连写，否则分辨不清。

五、会计凭证的审核

银行受理凭证时，必须根据有关业务的具体要求，认真审核，主要应审核以下内容：

1. 是否属于本行受理的凭证。

2. 使用的凭证种类是否正确，凭证的基本内容、联数与附件是否完整齐全，是否超过有效期限。

3. 账号与户名是否相符。

4. 大小写金额是否一致，字迹有无涂改。

5. 密押、印鉴是否真实齐全。

6. 款项来源、用途是否填写清楚，是否符合有关规定的要求。

7. 内部科目的账户名称使用是否正确。

8. 计息、收费、赔偿金等的计算方法与数额是否正确。

经过审核，符合要求的予以账务处理或进行传递；对于不符合要求的凭证，应拒绝受理，如属内容不全或填写有差错的凭证，应向客户解释清楚，要求客户重填；如属伪造凭证等违法乱纪行为，要认真追究，配合有关部门严肃处理。

六、会计凭证的传递

会计凭证的传递是指从收到或编制凭证起，直到业务处理完毕、传票装订保管为止的整个过程。这个过程既是业务的处理过程也是会计核算的过程。银行每一张凭证都代表着一笔资金的运动，迅速、合理、科学地组织凭证的传递，直接关系到资金的安全和周转速度，关系着会计核算的效率和质量。

组织凭证传递，必须根据各项业务的特点，分别制定各种不同凭证的传递程序。一般来说，外来凭证首先要经接柜员审核，然后交记账员确定会计分录、记入明细账，交复核员复核。自制凭证经有关人员签章并记账后，也交复核员复核。各行内部的凭证传递程序，由各行自定，但必须做到准确及时、手续严密。在具体操作中应做到以下几点：

1. 现金收入业务必须"先收款，后记账"。

2. 现金付出业务必须"先记账，后付款"。

3. 转账业务必须"先付后收"，就是先记付款单位账户，后记收款单位账户。

4. 对他行票据，必须坚持收妥入账，贯彻"银行不垫款"原则。

5. 对要在银行之间或柜组之间传递的凭证，原则上都通过邮电部门或银行内部自行传递，不能交客户代为传递，除另有规定者外。

6. 凭证在传递时，应考虑方便客户，服务群众，做到先外后内，先急后缓。

7. 当日的凭证按核算处理过程经有关柜组处理，不再回归，并随时或分批送会计部门进行综合核算，防止积压。

七、会计凭证的整理及装订

银行会计凭证是银行重要的会计档案。为便于事后查考，每日营业终了后，必须将已办妥各项手续的凭证整理装订，集中保管。

1. 凭证的整理。每天营业终了，对已办完会计核算的凭证，在装订之前，要按规定排列顺序进行整理。具体做法如下：①分货币排列，本币传票在前，外币传票在后，各种科目传票按日计表的科目顺序排列；②每个会计科目下，按现金收入、现金付出、转账借方、转账贷方顺序排列，各科目的日结单分别放在各科目传票之前。

2. 凭证的装订。凭证经整理后，外加传票封面和封底，在封面上要写明日期、传票总数、册数、号码等内容。装订成册后，在结绳处用纸条加封，由装订人员加盖骑缝章，封面上应由装订人员、会计主管人员盖章，以明确责任。

第四节　账　务　组　织

一、账务组织的概念

账务组织是指根据凭证对经济业务核算时，从账簿设置、记账程序，直到试算平衡、编制出会计日报表为止，整个核算过程中各种方法相互配合所形成的核算体系。合理的、科学的账务组织能保证会计核算的质量和工作效率。银行的账务组织包括明细核算和综合核算两个系统。明细核算是按账户进行的核算，即在每一会计科目下，按单位或按资金性质立户，能详细反映各项资金运动的具体情况；综合核算是按科目进行的核算，旨在总括地反映各类资金运动的整体情况。银行经济业务发生后，要遵守双线核算原则，即根据同一凭证、同一方向对经济业务既进行明细核算，同时又进行综合核算。明细核算对综合核算起补充说明作用，综合核算对明细核算起统御作用，二者相互联系，相互制约，共同构成银行严密、科学的账务组织。

二、商业银行明细核算系统

明细核算系统是以账户为基础进行的核算系统，由分户账、登记簿、现金收付日记簿、余额表四部分内容组成。其账务处理程序是：首先，根据传票记载分户账（如为现金收付业务，则还要分别登记现金收入日记簿和现金付出日记簿）；其次，对不能入账而又需要记载的重要业务事项，则在登记簿中进行记载；最后，营业终了按分户账各户当日最后余额编制余额表。

（一）分户账

分户账是明细核算的主要形式，是各科目的明细记录，也是同国内外银行及有关单位进行对账的依据。它按货币种类、单位或资金性质开立账户，应根据传票逐笔连续记载，并结计余额。其通用格式一般有四种：

1. 甲种账。设有借方、贷方发生额和余额三栏，一般适用于不计息或使用余额表计息科目和银行内部资金的各科目账户，如损益类账户。其账页格式如表 2－14 所示。

表 2－14 　　　　　　　　　　（甲种账）　　商业银行

×××账

年		摘　　要	凭证号码	对方科目	借　方 （10 亿位）	贷　方 （10 亿位）	借或贷	余　额 （10 亿位）	复核盖章
月	日								

货币：　　　　　　　　　　　　　领用凭证记录　　　　　本簿总页数
户名：　　　账号：　　　　　　　　　　　　　　　　本户第　页

会计　　　　　　　　　　记账

2. 乙种账。设有借方、贷方发生额、余额和积数 4 栏，一般适用于在账页上计息的各账户，如存款账户、贷款账户。其账页格式如表 2 – 15 所示。

表 2 –15　　　　　　　（乙种账）　**商业银行**　　　　　　　本户第　　页

	贷款额度	期限

户名：　　　　　　货币：　　　　　　领用凭

账号：　　　　　　利率：　　　　　　证记录

年		摘　要	凭证号码	对方科目	借方(10亿位)	贷方(10亿位)	借或贷	余　额(10亿位)	H数	积数(10亿位)	复核盖章
月	日										

　会计　　　　　　　　　　　记账

3. 丙种账。设有借方、贷方发生额和借方、贷方余额 4 栏，一般适用于借、贷双方反映余额并分别计息的账户，如清算资金往来等账户。其账页格式如表 2 –16 所示。

表 2 –16　　　　　　　（丙种账）　**商业银行**　　　　　　　本户第　　页

	贷款额度	期限

货币：　　　　　　　　　　　领用凭　　存

户名：　　　　　账号：　　　证记录　　欠　　利率

年		摘　要	凭证号码	对方科目代号	发生额		余　额		复核盖章
月	日				借　方(10亿位)	贷　方(10亿位)	借　方(10亿位)	贷　方(10亿位)	

　会计　　　　　　　　　　　记账

4. 丁种账。设有借方、贷方发生额、余额和销账 4 栏，一般适用于逐笔记账、逐笔销账的一次性业务的账户，如应收款项、应付款项、存入保证金等账户。其账页格式如表 2 –17 所示。

表2–17　　　　　　　　　　　　　（丁种账）　　商业银行

<u>×××账</u>

户名：　　　　　　　账号：　　　　　　　　　　货币：　　　　　　　　　　本户第　　页

年		摘　要	起息日	凭证号码	借　方	销账			贷　方	借或贷	余　额	复核盖章
月	日				（10亿位）	年	月	日	（10亿位）		（10亿位）	

　会计　　　　　　　　　　　　记账

除了上述 4 种基本格式外，外汇会计还另设外汇会计特种账簿，这种账簿是根据业务性质和实际需要设计的特定账式。如外汇买卖分户账是把外币金额和本币金额同时记载在同一账页上的特定账页。

分户账在记载时，除有关业务核算手续另有规定外，应注意下列各点：

（1）填明账页上首，不得省略（如科目、户名、账号、币别、利率、账页编号以及额度等）。

（2）记账时先核对户名、账号、币别、印鉴、业务内容，防止串户、冒领、透支等现象发生。

（3）业务发生后逐笔记载、逐笔结出余额。

（4）对同一收付单位的多笔凭证，可按有关规定，取得开户单位同意后，编汇总凭证记账，将原来的记账凭证（原始凭证也包括在内）作汇总传票附件。

（5）摘要栏内简明扼要地写明业务内容和有关凭证号码。

（6）账页记满时，将对账单及时或定期交开户单位或境内、外行对账，账目不符，及时查明。

（二）登记簿

登记簿是一种辅助账簿，属备查簿性质，是分户账的补充。凡分户账上不能记载而又需查考的业务，均使用登记簿核算，主要是反映表外科目的明细情况，可用来控制重要空白凭证、有价单证和实物。账页格式无统一规定，视业务需要而定。

（三）现金收付日记簿

现金收入、付出日记簿是分别逐笔、序时地记录银行现金收入、付出情况的账簿。现金收付日记簿格式如表 2–18 所示。

表 2 - 18   **现金收入日记簿**

组
　名称：　　　　　　　　　　　年　　　月　　　日　　　　　　　　第　页　共　页
柜

凭证号码	科目代号	户名或账号	计划项目代号	金额（位数）	凭证号码	科目代号	户名或账号	计划项目代号	金额（位数）
	合计（或过次）					合计（或过次）			

　　会计　　　　　　　　　　　记账

　　现金收入、付出业务发生后依据现金收入传票和现金付出传票分别逐笔登记现金收入日记簿、现金付出日记簿，均要分币种记载。每天营业终了，结计出现金收入、付出合计数，再计算出现金结存数，并与实际现金库存数核对相符。

　　（四）余额表

　　余额表是用来填制分户账余额的一种明细表，其作用是据以核对总账和分户账余额，并计算利息。余额表的格式分为计息余额表和一般余额表两种。

　　1. 计息余额表（见表 2 - 19）。适用于计息的各账户，按有关存、贷款科目分别设立。每日营业终了，根据各账户当天的最后余额抄入表内；当天无发生额的账户或遇例假日，将上一日的最后余额填入表内，一定时期内各账户每天余额合计数即为各账户在该时期内的计息积数，是计算利息的依据。同时，当日各户余额合计数就是当日该科目的余额，据以与总账余额进行核对，保证账账相符。

表 2 - 19   **商业银行（　　）**
                                              计息余额表

科目名称：活期存款　　　　　　　××××年6月份　　　　　　　　　　共　　页
科目代号201　　　　　　　　　　　　　　　　　　　　　　　　　　　　　第　　页

日　期	利率	2.625‰	‰	‰	‰	复核盖章
	户名账号	某单位				
	余　额	（位数）	（位数）	（位数）	（位数）	
上月底止累计应计息积数		10 333 841				
10 天小计 11		2 963 800				
20 天小计 21		6 584 000				

续表

利率	2.625‰	‰	‰	‰	复核盖章
户名账号	某单位				
日 期 余 额	（位数）	（位数）	（位数）	（位数）	
本月合计（本月计息积数）					
应加积数	35 000				
应减积数					
本期累计应计息积数	16 952 841				
结息时计算利息数	1 483.37				
备注					

会计　　　　　　　　复核　　　　　　　　记账

2. 一般余额表适用于不计息的各账户。根据各分户账最后余额抄列，使各账户余额集中反映，便于各科目总账与分户账余额进行核对。可根据业务需要随时编制。

三、综合核算

综合核算是以科目为基础进行的核算，由科目日结单、总账、日计表 3 部分组成。其账务处理程序是：首先，根据同一科目的传票填制科目日结单；其次，根据科目日结单总共的发生额和余额登记总账；最后，根据总账各科目当日发生额和余额编制日计表，该表中的各科目借、贷方发生额和余额必须自动平衡。

（一）科目日结单

科目日结单是反映每一科目当日传票张数和借、贷方发生额的汇总记账凭证，又称总传票。其主要作用是监督明细账的笔数和发生额，是轧平当日账务和登记总账的依据。其格式如表 2 - 20 所示。

表 2 - 20

商业银行（　　）

科目日结单

年　月　日

凭证种类	借　方		贷　方		附件
	传票张数	金 额（位数）	传票张数	金 额（位数）	
现　金					张
转　账					
合　计					

事后监督　　　　　　复核　　　　　　记账　　　　　　制单

科目日结单依据各科目当日的传票来编制，每个科目编制一张科目日结单，当天无发生额的科目不需编制科目日结单。其编制方法如下。

1. 一般科目日结单编制方法。每日营业终了，将同一科目的所有传票分别现金、转账、借方和贷方，加计笔数和金额填入科目日结单有关栏内。将传票按顺序排列附在科目日结单之后。

2. 现金科目日结单的编制方法。现金科目日结单是根据一般科目日结单中现金部分编制。将当天一般科目日结单现金部分，分借方和贷方计算合计数，然后反方向填入现金科目日结单中。现金科目日结单后不附传票。

3. 全部科目日结单的借方发生额合计数与贷方发生额合计数必须加总平衡。

为了适应柜员方式下日终结账方式的改变，以科目日结汇总表代替专柜模式下使用的科目日结单，日终结账时，由核算主体行核算中心按当日发生的业务分会计科目汇总编制，每35笔满页。非柜员方式行仍使用科目日结单。科目日结汇总表的格式如表2-21所示。

表 2-21　　　　　　　　　　中国××银行　　　科目日结汇总表

账别：　　　　　　　　　　　　　　　　年　　月　　日　　　　　　　第　页　　共　页

科目号	昨日余额		今日发生额				今日余额	
	借方	贷方	借方		贷方		借方	贷方
			笔数	金额	笔数	金额		
合计								

签章（核算中心业务章）　　　　　　　　　　打印：

使用说明：1. 适用于表内科目；2. 日终结账时，由核算主体行按当日发生的业务分会计科目汇总编制，35笔满页。

（二）总账

总账是按货币种类，分科目设立的账簿，是各科目的总括记录，是综合核算的主要账簿。其主要作用是统驭分户账，也是编制财务报表的依据。主要设有借方、贷方发生额和借方、贷方余额四栏，账页每月更换一次。其格式如表2-22所示。

表 2-22（正面）　　　　　　　　商业银行（　　）

　　　　　　　　　　　　　　　　　总　账

科目代号：＿＿＿＿＿＿

科目名称：＿＿＿＿＿＿

年　　月份	借　方	贷　方			
	（位数）	（位数）			
上年底余额					
本年累计发生额					
上月底余额					
上月底累计未计息积数					
日　　期	发 生 额		余 额		核对盖章
	借方（位数）	贷方（位数）	借方（位数）	贷方（位数）	复核员
1 ⋮ 10天小计 11 ⋮					

会计　　　　　　　复核　　　　　　　记账

总账的登记方法是：启用账页时，账首各栏（包括科目代号、科目名称、年、月、日、上年底余额、本年累计发生额、上月底余额等）都应填写，并核对正确。每日营业终了，根据各科目日结单的借方、贷方合计数登记入总账各科目同一行的借方、贷方发生额栏中，并计算出余额。对于单方向反映余额的科目，余额是将上日余额加减当日发生额求得，对于借、贷双方反映余额的科目总账则须分别计算出借方余额合计和贷方余额合计，分别登入总账余额的借方、贷方，不得轧差登记总账余额。

对于借、贷双方反映余额的科目，检查账务记录是否正确的公式如下：

（1）总账本日借方余额大于贷方余额时，核对公式为：

$$\frac{上次借}{方余额} - \frac{上次贷}{方余额} + \frac{本日借方}{发生额} - \frac{本日贷方}{发生额} + \frac{本日贷}{方余额} = \frac{本日借}{方余额}$$

（2）总账本日贷方余额大于借方余额时，核对公式为：

$$\frac{上次贷}{方余额} - \frac{上次借}{方余额} + \frac{本日贷方}{发生额} - \frac{本日借方}{发生额} + \frac{本日借}{方余额} = \frac{本日贷}{方余额}$$

（三）日计表

日计表是反映当日全部银行业务活动情况的财务报表，也是轧平当日全部银行账务的重要工具。格式由借方、贷方发生额和借方、贷方余额4栏组成，见表2－23。

表2－23

日 计 表

年 月 日　　　　　共 页 第 页

科目代号	科目名称	本日发生额		余　额	
		借方	贷方	借方	贷方
		（位数）	（位数）	（位数）	（位数）
合　计					

行长（主任）　　　　会计　　　　复核　　　　制表

日计表的编制方法是：①每日营业终了，分币种编制，如果当日某种货币无发生额，可以不编。②根据总账各科目当日发生额和余额按科目代号顺序抄入日计表中，当日没有发生额的科目，按上日余额填入日计表，不得遗漏。③最后，计算出所有科目借方、贷方发生额合计数，两者应平衡。

四、账务核对

（一）账务核对的概念

账务核对是对综合核算与明细核算两个系统中的账簿、账表，单证的数字记录进行检查核对的工作。它是防止差错，保证核算质量的重要措施。通过账务核对，要求做到账账、账款、账据、账表、账实、内外账六相符。

（二）账务核对的种类

银行的账务核对包括每日核对和定期核对两种形式。

1. 每日核对。每日核对是指每日会计核算结束后，对账务的有关内容进行核对，主要核对以下内容：

（1）总账各科目余额与同科目分户账或余额表的余额合计数核对。

（2）总账余额与日计表余额核对。

（3）现金总账余额与现金库存簿余额及库存现金核对。

2. 定期核对。定期核对是对未能纳入每日核对的账务按规定的时间进行核对。需要定期核对的内容包括：

（1）用卡片账代替分户账的各个科目，定期加计卡片账总数与各该科目的登记簿及总账余额核对。

（2）采用丁种账的各科目，将未销账的各笔加计出总额与各该账户余额进行核对。

（3）账据相互核对，如借款借据按月与分户账逐笔勾对。

（4）表外科目核算的凭证应每月与登记簿结余相核对，是否账证相符。

（5）往来账户余额核对。

（6）存折户在办理业务时要账、折见面，进行核对；支票户应按月发对账单与单位对账，并限期收回对账回单。

五、账务核算程序

（一）手工操作核算程序

手工操作核算程序如图 2 - 1 所示。

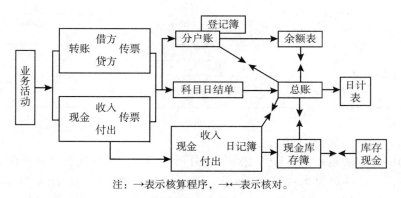

注：→表示核算程序，→←表示核对。

图 2 - 1　账务程序和核对示意

（二）电脑操作核算程序

会计电脑核算是利用电子计算机对银行业务进行账务处理的现代化核算手段。银行会计使用电脑核算，对于加快会计信息传递，减轻会计人员劳动强度，保证会计核算的及时、正确、安全，实现银行管理的现代化具有重要意义。利用会计电脑系统进行账务处理，仍然按要求划分明细核算和综合核算两大系统。但在实现会计电脑化处理后，产生了特殊控制——内部控制系统。银行业务实现会计电脑化处理，必须加强内部控制，以预防、发现和纠正电脑化处理所产生的错误、舞弊和故障。该系统是保证电脑处理系统正常运行，正确、及时、真实、完整地提供数据资料的重要手段。

商业银行应用计算机进行会计核算的基本流程如下：

1. 根据发生的会计事项取得或填制原始凭证。

2. 根据有效的原始凭证编制记账凭证或以经过会计处理的原始凭证代替记账凭证。

3. 将记账凭证中的记账要素输入计算机，单用户系统输入的应打印出流水账复核单，进行逐笔勾对复核，多用户系统输入的要进行双敲复核。

4. 根据已经复核过的记账凭证进行现金付款或签发回单。

5. 根据流水账，自动生成并打印电子汇划报单、同城票据交换清单。

6. 日结时根据流水账，自动生成并打印科目日结单，自动登记各种明细账、总账。

7. 按核算软件系统设置要求，做好各种数据备份。

8. 根据明细账、总账生成及打印各种财务报表。

9. 将经过处理的凭证以及计算机打印的流水账复核单、账簿、报表整理装订，连同备份的磁盘一并归档保管。

六、记账规则

1. 账簿的各项内容，必须根据传票的有关事项记载，做到内容完整、数字准确、摘要简明、字迹清晰，严禁弄虚作假。

2. 记账应用蓝、黑墨水钢笔书写，复写账页可用蓝、黑圆珠笔、复写纸书写。红色墨水只用于划线和错账冲正，以及按规定用红字批注的有关文字说明。

3. 账簿上所书写的文字及金额，一般占全格的1/2，摘要一行写不完，可在次行续写，但金额应记在最后一行金额栏。账簿金额结清时，应在元位划"—0—"表示。

4. 账簿上的一切记载，不得涂改、挖补、刀刮、橡皮擦和用药水销蚀。

5. 因漏记使账页发生空格时，应在空格的摘要栏内用红字注明"空格"字样。

七、错账冲正的方法

（一）手工错账的冲正

在手工记账的条件下，错账冲正方法有三种：划线更正法、红蓝字更正法和蓝字反方向更正法。每种错账更正法有不同的适用范围。

1. 划线更正法。

（1）适用范围：适用于当日差错当日发现当时更正时使用。

（2）具体操作：

①会计传票无错，账簿记载出错，当日更正时，将错误的整笔数字划一条红线，表示注销，并将正确数字写在划销数字的上边，由记账员在红线左端盖章证明，更正文字的可不盖章。

②会计传票有错，账簿随之记错，当日更正时，应由制票人另制传票，然后在账簿上划红线更正错账。

2. 红蓝字更正法。

（1）适用范围：适用于发现以前，但在本会计年度内的错账更正时使用。

（2）具体操作：

①传票正确，记账串户，填制同一方向红、蓝字传票各一张更正错账。用红字传票登记

原错误的账户，摘要栏注明"冲销×年×月×日"字样。蓝字传票登记正确的账户，摘要栏注明"补记×年×月×日账"字样。

②传票填错金额或账户，账簿随之记错。应填制红字传票，将错账全部冲销，再按正确内容填制借、贷方蓝字传票补记入账，并在摘要栏注明情况，同时原错误传票上批注"已于×年×月×日冲正"字样。

3. 蓝字反方向更正法。

（1）适用范围：适用于发现上年度错账更正时使用。

（2）具体操作：发现上年度错账，先用蓝字填制一张与错账方向相反的传票，用以冲销错账，并在摘要栏注明"冲正×年×月×日错账"字样，然后再用蓝字填制一张正确传票，用蓝字补充记入账簿中。

4. 错账更正应注意的事项。

（1）据以更正错账的传票，必须经会计主管人员审查盖章才能办理错账更正。

（2）因更正错账而影响利息计算的，应计算应加、应减利息积数，并在余额表或乙种账页中注明。

（二）电脑错账冲正

电脑记账条件下的错账冲正要根据不同情况进行相应处理。一般来说：

1. 当操作员在数据输入时，发现手工记账凭证填制错误，这时数据还没有录入到计算机内，不能由操作员擅自直接对手工凭证进行修改，然后将正确的记账凭证输入计算机，或者根本就不修改，而直接将自以为正确的凭证输入计算机。正确的做法是请数据审核员审核，确认是手工填制错误时，再由填制人进行纠错处理后返还操作员。

2. 当记账凭证已经输入到会计软件系统，在没有记账前发现有误，这时可分两种情况处理：

（1）若是操作员正在输入时发现有错，是操作员输入错误，可由操作员通过移动光标键直接修改错误，是手工制单错误，应先由填制人纠错，然后再由操作员将纠错后的记账凭证输入计算机。

（2）若是本批记账凭证已经输完，但还没有登记"账簿"，复核员在复核过程中发现错误，应提醒操作员修改凭证，修改正确后再审核。

（3）记账凭证已经输入会计软件系统，经审核"无误"并记账，然后才发现错误，只能使用红字冲销法进行更正〔调用"冲账（更正）"、"补账"功能〕，即填制一张与错误凭证内容一致，只是金额为红字（在会计软件中一般以"负数"或"括号"表示）的记账凭证，予以冲销，然后再填制一张正确的记账凭证，予以入账。值得注意的是，使用"冲账（更正）"、"补账"功能时，"冲账日期"、"补账日期"均应小于或等于当前日期，且必须经过系统主管授权。

第三章 人民币存款的核算

第一节 存款业务概述

一、存款的种类

存款业务是银行以信用方式吸收社会闲散资金的活动，是银行吸收信贷资金的主要渠道。这对调节货币流通、促进社会经济发展具有重要意义。

存款按资金性质可以分为单位存款、个人储蓄存款和财政性存款三类。本章主要介绍单位存款和储蓄存款。

单位存款属于公款性质，是社会有关部门、单位闲置的待用资金；是各类企业、事业单位、机关、学校、部队等具有团体法人营业执照或社团登记的存款户。主要包括活期存款、定期存款和单位通知存款等。

储蓄存款属于私款性质，是城乡居民个人节余待用的消费性资金。按期限可分为活期和定期储蓄存款。个体经营者存入款项属于单位存款，而非储蓄存款。

二、存款业务核算的要求

存款业务具有明显的广泛性和社会性。积极开展存款业务对于稳定货币、平衡社会需求、调节货币流通具有重要意义。因此银行办理存款业务必须做到以下几点。

（一）维护存款人的合法权益

银行吸收存款只是货币资金的暂时转让，其所有权仍属于存款人。银行应坚持"谁的钱进谁的账，由谁支配"的原则，维护存款人的资金自主支配权。对个人储蓄存款，应坚持"存款自愿、取款自由、存款有息、为存款人保密"的储蓄原则。

（二）正确使用账户

账户是办理业务和进行明细核算的工具，必须严格管理。银行应根据单位或个人的资金性质，按会计科目分类方法正确设置和使用账户，以准确及时地反映存款的增减变化及其结果，为决策者提供正确的信息。

（三）努力提高服务质量

在办理存款业务核算时应严格操作规程，贯彻存款原则，防止诈骗冒领等非法活动，确保国家和人民财产安全，以赢得客户信任，提高银行信誉。

第二节 单位存款的核算

单位存款是企业、事业、机关、学校、部队和社会团体等单位存入银行的资金。主要包括活期存款、定期存款和单位通知存款。

一、单位活期存款的管理

活期存款是企业主要存款形式，是一种随时可以存取、按结息期计算利息的单位存款。

（一）单位活期存款账户的开立

存款账户是按照单位经济性质进行具体分类的名称。所有企业均需在银行开立活期存款账户，以便通过该账户办理现金存取和转账结算等业务。银行通过对单位存款账户的管理，既可以了解各单位的经济经营情况，又可以反映国民经济各部门的经济活动状况，以便更好地管理好社会资金。

存款账户按用途分为基本存款账户、一般存款账户、临时存款账户和专用存款账户。

1. 基本存款账户：是存款人办理日常转账结算和现金收付的主要账户。存款人的工资、奖金等现金的支取只能通过本账户办理。凡符合开户条件的单位均可按规定在当地一家金融机构的一个营业机构开立一个基本存款账户。

2. 一般存款账户：是存款人在基本存款账户以外的其他金融机构办理转账结算、借款转存和现金缴存的账户。该账户不能办理现金支取。

3. 临时存款账户：是存款人因临时经营活动需要而开立的账户。通过该账户可以办理转账结算和根据国家现金管理规定办理的现金收付。

4. 专用存款账户：是存款人按照法律、行政法规和规章，对其特定用途资金进行专项管理和使用开立的银行结算账户。基本建设资金、更新改造资金及其他专户管理资金可向银行申请开立该账户。

存款人申请开户应填写开户申请书，提供主管部门的有关证明文件，年审过的营业执照、法人代码证、法人身份证、经办员身份证和加盖有存款人印章的印鉴卡片。申请开立基本存款账户的，还需提交中国人民银行当地分支机构核发的开户登记证。支行对公网点负责受理审核客户开立、变更和撤销单位银行结算账户申请，并将相关资料及时准确报送一级（直属）分行或二级分行审批部门和当地人民银行审批同意后开立账户。

开户行应当遵循"了解你的客户"的原则认真审核存款人上级法人、主管单位及关联企业的信息，履行尽职调查的义务。

（二）单位存款账户的管理

开户行应按照《人民币银行结算账户管理办法》等制度的规定，监督单位客户对所开立的单位银行结算账户的使用情况。

1. 实行开户双向选择。

存款人可以自主选择银行，银行也可以自愿选择存款人。任何单位和个人不得干预存款人、银行开立和使用账户。银行不得违反规定强拉客户在本行开立账户。

2. 实行开户登记证制度。

开立基本存款账户实行由中国人民银行当地分支机构核发开户登记证制度。银行不得对未持有开户许可登记证或已开立基本存款账户的存款人开立基本存款账户。

3. 实行开户申报制度。

现行的人民币账户管理办法是以基本账户为龙头，其他账户开立都需要在开户登记证上登记，各金融机构对企事业单位开立、撤销账户，必须及时（3 个工作日）向当地人民银行报告或备案，待生效后方可办理对外支付，特殊情况按相关制度执行。人民银行要运用计算机建立账户管理数据库，加强账户管理。

4. 年检制度。

支行应根据中国人民银行当地分支行的规定，对单位银行结算账户进行年检。

二、单位活期存款的核算

单位活期存款的核算主要包括现金存取和转账业务。

（一）现金存取业务的核算

现金收、付业务应遵循先收款后记账、先记账后付款的原则；现金收款先核验大数、后清点细数，当面点清、一笔一清，按券录入。"现金存款凭证"应联机打印，不得手工填制。大额现金收、付应按人民银行现金管理及反洗钱相关规定管理。

1. 存入现金的核算。

开户银行收到客户交来的现金及"现金存款凭条"，审核凭证后，柜员按券别顺序由大到小点捆、卡把、核验大数，与"现金存款凭条"进行核对，打印"现金存款凭证"，加盖核算用章，将"现金存款凭证"回单联给客户，"现金存款凭条"作为"现金存款凭证"记账联附件，其会计分录如下：

借：现金

　　贷：活期存款——收款单位户

将收妥的现金按券别、残好分别归位入箱，做到一笔一清，妥善保管（见表 3 - 1）。

表 3 - 1　　　　　　　　商业银行　　　现金解款单（收入凭证）

年　　月　　日

| 总　字第　　　号 |
| 现金日记账顺序　　号 |

2. 支取现金业务的核算。

支票户向银行支取现金时，应签发现金支票（见表3-2），并在支票上加盖预留银行印鉴，由取款人背书后送交银行会计部门。会计部门接到现金支票后，应重点审查支票是否过期，是否背书，是否挂失，印鉴是否与预留印鉴相符，大小写金额是否一致，存款人账户是否有足够存款余额等。对于大额现金取款，须经业务主管审批、签章。经审核无误后，办理取款。

表3-2

商业银行 现金支票存根 （支票号码）	地名 简称	本支票付款期限十天	商业银行 现金支票		地名 简称	地名	（支票号码）
科目_____ 对方科目_____ 出票日期 年 月 日			出票日期（大写） 年 月 日 收款人：			付款行名称 出票人账号：	

收款人：
金 额：
用 途：

单位主管 会计

（人民币大写栏及金额栏：亿 千 百 十 万 千 百 十 元 角 分）

用途_____ 科目（借）_____
上列款项请从 对方科目（贷）_____
我账户内支付 转账日期 年 月 日
出票人签章 出纳 复核 记账

注：该凭证为单联式凭证，尺寸22.5×8厘米。专用水印纸黑色油墨，大写金额栏加红色水纹线。

以现金支票代现金付出传票登记分户账。会计分录如下：

借：活期存款——付款单位户

　　贷：现金

出纳部门根据现金支票登记现金付出登记簿，配款复核后，凭对号单向取款人支付现金。

（二）单位活期存款账户的销户

单位客户主动撤销银行结算账户的，应填写《商业银行撤销人民币单位银行结算账户申请书》，注明销户原因，开户行受理后，录入销户信息资料上报上级行审批，如需向人民银行报批的，按制度要求报批。通过审批后，开户行按以下程序处理：

1. 单位客户填写"客户交回未用空白重要凭证清单"一式三联，行员审查确认客户未用空白重要凭证均已退回，如有未退回的未用空白重要凭证，单位必须向开户银行提交正式公函，声明由此引起的一切损失由单位自行负责。

2. 通过查询系统查询该客户是否有未归还的记账费用，是否有未归还的贷款、欠息、是否有浮动余额等不能办理销户手续的事项。

3. 确认该客户账户无问题后，填制两联"特殊业务凭证"，交业务主管审批后，办理销户。

（三）单位定期存款的核算

单位定期存款是银行为吸收单位长期闲置资金而开办的由单位约定期限、到期支付本息的一种存款业务。财政拨款、预算内资金及银行贷款不得作为单位定期存款存入银行。

1. 基本规定。

（1）存款单位开立定期存款户应填制开户申请书，并提交营业执照或企业法人执照正本，经办银行进行审核，登记开销户登记簿，办理预留印鉴手续。

（2）单位定期存款期限分 3 个月、半年、1 年、2 年、3 年和 5 年 6 个档次，起存金额 1 万元；单位定期存款只能以转账方式将存款转入原存款户，不得提取现金；如选择约转存期，则可自动转存多次，转存时利率按转存日挂牌利率执行。

（3）定期存款可以全部或部分提前支取，但只能提前支取一次；存款单位"证实书"遗失，应出具单位公函，填写挂失申请书和更换预留印鉴申请书，办理挂失手续。

2. 存入定期存款的核算。

单位向银行办理定期存款时，应签发转账支票及进账单交银行会计部门。会计部门审核无误后以转账支票代借方传票登记单位分户账，打印单位定期存款"证实书"一式二联，一联银行留底专夹保管，一联与签章后的进账单回单退存款人。会计分录如下：

借：活期存款——单位存款户

　　贷：单位定期存款——单位存款户

表外科目登记账：

收：其他空白重要凭证——存款证实书

3. 支取定期存款的核算。

存款单位填写"单位定期存款支取凭证"一式三联，第二联加盖预留印鉴，并持"单位定期存款证实书"办理支取。"单位定期存款支取凭证"借方传票作为付款凭证，贷方传票作为收款凭证，回单签章后与利息清单一并退存款单位；证实书收回，在两联证实书注明"注销"字样，作借方传票的附件。会计分录如下：

借：定期存款——单位定期存款户

　　利息支出——单位定期存款利息支出

　　贷：活期存款——单位存款户

（四）单位通知存款业务

通知存款是存款人在存入款项时不约定存期，支取时提前通知金融机构，约定支取存款日期和金额方能支取的存款。凡在中华人民共和国境内的个人、法人和其他组织，均可到经中国人民银行批准开办通知存款业务的金融机构办理该项存款。

1. 通知存款的规定。

（1）通知存款不论实际存期多长，按存款人提前通知的期限长短划分为一天通知存款和七天通知存款两个品种。一天通知存款必须提前一天通知约定支取存款，七天通知存款必须提前七天通知约定支取存款。

（2）通知存款的最低起存金额：单位为 50 万元，最低支取金额：单位为 10 万元，存款人需一次性存入，可以一次或分次支取。

（3）通知存款为记名式存款，单位通知存款采用记名存款凭证形式；存单或存款凭证须注明"通知存款"字样。

2. 通知存款的核算。

单位通知存款的存取款业务程序同定期存款，办理时注明通知存款字样。会计分录如下：

存款时:

借:活期存款——单位存款户

　　贷:单位通知存款——单位户

取款时:

借:单位通知存款——单位户

　　利息支出——单位通知存款利息支出

　　贷:活期存款——单位存款户

三、存款利息计算与核算

(一) 活期存款利息的计算

1. 计息时间的规定。单位活期存款按季度计息,即每季末月 20 日为结息日,即 3 月 20 日、6 月 20 日、9 月 20 日、12 月 20 日;结息时应把结息日当天计算在内,计息时间从上季末月 21 日开始,到本季末月 20 日为止。计息天数按实际天数"算头不算尾",即从存入日起息至支取的前一日为止。

2. 计息利率的规定。利率是指一定存期的利息与存款金额的比率。在我国,存款利率是由中国人民银行统一规定,各商业银行不得自行更改,也不得随意减免,但可在国家允许的范围内实行浮动利率或优惠利率。利率一般分为年利率、月利率、日利率三种,其中年利率以百分号表示,月利率以千分号表示,日利率以万分号表示。三者之间可以换算,一年按 360 日算。存期以天数计算时,用日利率;存期按月计算时,用月利率;存期按年计算时,用年利率。活期存款利息按结息日或销户日挂牌公告利率计息。

利息计算的基本公式:

$$利息 = 本金 \times 存期 \times 利率$$

单位活期存款由于存取款次数频繁,其余额经常发生变动,计算利息可采用积数法,其公式为:

$$利息 = 累积计息积数 \times 日利率$$

$$计息积数 = 存款余额 \times 存期(天数)$$

3. 账页计息法。该方法适用于存款余额变动不多的存款户。采用这种方法,一般都使用乙种账页,在余额后面设有"日数"和"积数"两栏。在分户账每次余额变动后,计算一次变动前存款余额的实存日数和积数。计算时,以本次变动前的存款余额乘以该余额的实存天数得出计息积数,然后填写分户账中该余额的"日数"栏和"积数"栏。计算利息时,将各期间积数相加得出累计积数,乘以日利率即可得出应付利息。其计算方法见表 3 - 3。

表 3 - 3　　　　　　　　　　　　第二季度存款利息

账号:221002　　　　　　户名:天河公司

2009 年		借方	贷方	借或贷	余额	日数	积数
月	日						
3	21		200 000	贷	200 000	11	2 200 000
4	1		120 000	贷	320 000	41	13 120 000
5	12	160 000		贷	160 000	39	6 240 000
6	20		180 000	贷	340 000	1	340 000
6	21		602. 25	贷	340 602. 25	92	21 900 000

上例天河公司的 2009 年第二季度存款利息，按年息 0.99% 计算如下：

21 900 000 × 0.99% ÷ 360 = 602.25（元）

上述方法一般均应于结息日的次日将其存款利息转入该账户。根据计算的利息金额填制两联特种转账收入传票和一联特种转账付出传票及计息清单；以一联特种转账付出传票与一联特种转账收入传票对转，其分录为：

借：利息支出——活期存款息　　　　　　　　　602.25

　　贷：活期存款——天河公司存款户　　　　　　　602.25

另一联特种转账收入传票连同计息清单作收账通知送交存款单位。

（二）定期存款利息计算

单位定期存款利息计算采取利随本清的办法，即在存款到期日支取本金的同时一并计付利息。定期存款的存期按对年、对月、对日计算，对年一律按 360 天，对月一律按 30 天计算，零头天数按实际天数计算。存期内如遇利率调整，不论调高调低，按原定利率计息。逾期或提前支取，利率按支取日挂牌活期存款利率计息。

（三）通知存款的计息

通知存款存入时由存款人选择一天或七天通知存款，银行按支取日挂牌公告的相应利率档次和实际存期计算利息，利随本金。

实际存期不足通知期限的按活期存款利率计算利息。最短通知期限为两天或八天。未提前通知而支取的以及已办理通知手续而提前支取或预期支取的，支取部分按活期存款利率计算利息。支取金额不足或超过约定金额的，不足或超过部分按活期存款利率计息；支取金额不足最低支取金额的，按活期存款利率计息。

第三节　储蓄存款业务核算

储蓄存款是城乡居民个人节余待用的存入商业银行的资金。按期限可分为活期和定期储蓄存款。我国对储蓄一贯实行保护和鼓励政策，储蓄机构办理储蓄业务，必须遵循"存款自愿、取款自由，存款有息，为储户保密"的原则。个人存款账户实行个人存款账户实名制。即要求存款人在金融机构开立本外币个人存款账户时，要出示个人有效证件，使用身份证上的名字开立账户。

一、储蓄存款的品种

目前，我国境内本外币储蓄业务品种已有几十种。《储蓄管理条例》规定的人民币储蓄业务有 7 种，即活期储蓄存款，整存整取、零存整取、存本取息、整存零取定期储蓄存款，定活两便储蓄存款、华侨（人民币）定期储蓄存款（1996 年 5 月 1 日已取消该存款利率档次，本书不做介绍）；外币储蓄业务有活期储蓄存款和整存整取定期储蓄存款。这些可称为普通储蓄存款，它们在居民储蓄方式选择中占主导地位。

1. 活期储蓄存款。活期储蓄存款是指不规定存期，储户随存随取的储蓄。活期储蓄起存金额 1 元，多存不限，开户时由银行发给存折，以后凭折办理存取款。活期储蓄存款方便、灵活、手续简便，适合个人日常生活待用款的存储。

2. 定期储蓄存款。定期储蓄存款是指约定存期，一次或分次存入，一次或多次取出本金或利息的一种储蓄。定期储蓄存款存期越长利率越高。现行的定期储蓄主要有以下几种：

（1）整存整取定期储蓄存款。整存整取定期储蓄存款是储户本金一次存入，到期一次支取本息的一种定期储蓄。50 元起存，多存不限，存期分为 3 个月、半年、1 年、2 年、3 年和 5 年 6 个档次。开户时由银行发给存单，到期凭存单支取本息。这种储蓄具有期限长、利率高的特点，适合于较长时期不用的节余款项的存储。该种储蓄可部分或全部提前支取。

（2）零存整取定期储蓄存款。该种储蓄约定存期，本金分次存入，到期一次支取本息。存期分 1 年、3 年、5 年 3 个档次。其特点是逐月存储，适合那些有固定收入但节余不多的储户。这种储蓄分两种：

第一种，每月固定金额。5 元起存，多存不限，存款金额由储户自定，每月存入一次，中途如有漏存，应在次月补齐，未补存者，到期支取时，按实存金额和实际存期计算利息。该种储蓄不能办理部分提前支取（除集体户外）。本储蓄又分为个人户和集体户两种，集体户是由单位财务人员或代办员，每月从应发工资中代储，集中向存款行办理存取款而开立的一种账户，存期为一年。

第二种，积零成整定期储蓄。由储户事先确定存期及预期支取本息之和的整数金额（如 500 元、1 000 元、5 000 元等），再由银行算出该储户每月应存金额，以后储户逐月存入，到期一次支取本息。储户如在中途月份有漏存，一般应在次月补存，未补存者，到期时按实存金额和存期计息。

（3）存本取息定期储蓄存款。存本取息定期储蓄存款是一种一次存入本金、分次支取利息、到期支取本金的定期储蓄存款种类。这种储蓄存期分为 1 年、3 年、5 年 3 个档次，起存金额一般为 5 000 元。开户时储户将本金一次存入，支取利息的期次可与银行商定为 1 个月或几个月一次，银行按本金和约定存期计算好分次应付利息，储户凭存单分期取息，到期全部支取本金。如到取息日未取息，以后可随时支取。存本取息储蓄存款在约定存期内如需提前支取，则要按定期存款提前支取的规定计算存期内利息，已支取的利息要一次性从本息中扣回。它适合于有大笔款项的储户存储。

（4）整存零取定期储蓄存款。整存零取定期储蓄存款是一种本金一次存入、分期支取固定本金，到期一次性支取利息的定期储蓄存款种类。这种储蓄存期分为 1 年、3 年、5 年 3 个档次，起存金额一般为 1 000 元。开户时储户可与银行约定存期和分期支取本金的期次，支取期次分为每 1 个月、每 3 个月或每半年一次，存款到期时结清利息。它适合于储户有较大款项需要分期使用的情况。

3. 定活两便储蓄存款。定活两便储蓄存款是一种不确定存款期限、利率随存期长短而变动的储蓄存款种类。开户起存金额一般为 50 元，存单分记名、不记名两种，记名的可挂失，不计名的不可挂失。它既具有活期储蓄随时可以提取的灵活性，又能享受到接近于定期存款利率的优惠。目前银行开办的定活两便储蓄有两种：

第一种，定活两便定额储蓄。这种储蓄面额固定，通常存单面额为 50 元、100 元、500 元、1 000 元等，存单不记名、不挂失、不办理异地托收，但通常规定可在同城或某区域内通兑。

第二种，定活两便不定额储蓄。由储户自己确定存入金额，存单可记名可挂失。

二、储蓄业务核算的基本要求

随着业务的发展、形势的需要及电脑设备的推广和完善，储蓄业务已推广使用单人临柜制（又称柜员制），即出纳（储蓄）柜台单人临柜。也就是说，出纳的现金收付，储蓄的存、取款，转账业务的接柜、记账、计息，现金收付的票币整点、兑换、轧账，领解尾箱现金等业务操作环节，均由一人独立完成，并自担风险、各负其责的责任制。其优点是优化劳动组合，减少重复劳动，提高现金收付柜台的工作效率，改善服务，缩短顾客等候时间，提高同业中的竞争力，发展储蓄事业。在日常核算时要求：账折见面，当时对账；账要复核，款要复点；分清责任；日清月结，及时轧账；事后授权，督导到位；岗位轮换，交接清楚；双人管库，双人押运；计算机密码要分级管理，未经授权不得越权办理业务。具体来说有以下特点。

1. 须设置前台柜员和后台主管两个岗位，必须建立和健全事后监督制度。事后监督工作，实质上是把原来的前台柜台即时复核改为后台事后复核。因此不能因为实行单人临柜制而忽视这一工作。事后监督岗的人员，要把每天所有柜台发生的收付凭证，进行审查复核并与电脑账目核对，以确保账目准确。

2. 必须保证营业时间内双人临柜，账和钱都必须自我即时复核复点，并在收付凭证上记录券种与数量，便于出现差错时查改。金额在3万元或以上的必须换人复核。

3. 凡用电脑操作的，操作人员与管理人员权责要分明，更正错账要有凭证，经管理人员审查，刷主管卡或输入密码表示同意，操作人员方可进行更正，而管理人员则不能替代操作人员操作。

4. 每天营业终了后，各个柜台装钞的尾箱，要交叉清点，同时要有直接主管人员在场监点，账款核对无误后，封箱入库保管，并保证双人出、入库。

5. 储蓄机构业务公章及重要空白凭证应分别由不同的专人保管，互相制约。

6. 储蓄业务必须做到当时记账，及时结账。当日事，当日毕。结账时，应认真核计各种储蓄存款分户账的户数、金额及表外实物，与营业日报表核对相符，切实做到账款、账实、账表、账簿、账（分户账）账（总账）、账据"六相符"。每月应进行一次各种储蓄存款分户账的户数、余额与总账上的户数、余额核对相符。

三、储蓄业务的核算处理

（一）活期储蓄存款业务核算

活期储蓄存款按存取方式不同，可分为存折户和支票户两种。支票户是以储蓄支票作为取款凭条的活期储蓄存款。存折户是以存折办理支取的一种活期储蓄存款。此处主要介绍存折户业务，支票户除取款凭储蓄支票办理外，其余核算手续同存折户。

1. 开户。储户开户时须持本人法定身份证件，使用实名填写个人业务凭证（见表3-4），连同现金一起交柜员。柜员审核凭证，清点现金无误后，选择活期开户操作。根据显示器提示输入的信息输入一般内容，计算机检验输入的数据后，自动编制储户账号，登记活期储蓄存款登记簿，建立"活期储蓄分户账"（见表3-5）。当显示器提示将凭证、存折放入打印机时，柜员依次正确放入，打印存折、存款凭证。打印后，柜员核对打印内容是否正确，并提示储户签名确认凭条无误后，对各凭证分别加盖公章、收讫章和名章，登记现金收入日记簿，将存折（或借记卡）交给储户，存款凭条留存。到此开户业务处理完毕。会

计分录如下:

借:现金

贷:活期储蓄存款——储蓄户

表外科目账:

收:空白重要凭证——活期存折

表 3－4

														业务品种	√
银行确认														活期	
														整存整取	
														零存整取	
														存本取息	
储户填写	账　号			户　名										定活两便	
														通知存款	
	身份证号（新开户填）			金额（小写）	千	百	十	万	千	百	十	元	角	分	零存还贷
														信用卡保证金	
	地　址			存　期										国债	
	提款方式：□存折 □存单 □密码	是否打印户名：□是 □否		到期本利续存□											
券别		1000	500	100	50	20	10	2	1	经办　复核　事后监督					

表 3－5

账号_____
户名_____
地址_____

活期储蓄分户账

印鉴

年		摘　要	借　方							借　方							余　额								利息余额						记账	复核
月	日		十万	千	百	十	元	角	分	十万	千	百	十	元	角	分	百	十万	千	百	十	元	角	分	千	百	十	元	角	分		
		承前页																														
				1		2		3		4		5		6		7		8		9		0										

2. 续存。储户提交现金、存折（或借记卡）并告知柜员存款金额，柜员清点现金选择活期续存操作，并向机器内输入账号和金额，其处理过程同开户一样。

3. 支取。储户提交存折（或借记卡），柜员选择活期支取操作，核对账户、账号与存折或卡是否一致，无误后，输入计算机记账，若留有密码由储户输入密码，大额取款的，客户还需要出示取款人身份证件（代办的，应出示代办人证件），柜员在凭证背面或系统上摘录客户证件，会计分录如下：

借：活期储蓄存款——储蓄户

贷：现金

储蓄取款凭条见表3-6。

表3-6

商业银行　　储蓄取款凭条　　　　　币别：人民币□港币□美元□

年　　月　　日

银行确认												业务品种	√
												活期	
												整存整取	
												零存整取	
												存本取息	
储户填写	账　号											定活两便	
												通知存款	
	户　名		金额（小写）	千	百	十	万	千	百	十	元 角 分	大额定期	
	支取定期存折内第＿＿＿笔												
	备注：												
券别		1000	500	100	50	20	10	2	1		经办　　复核　　事后监督		

4. 换折业务。因存折记录满页而发生换折，柜员收回旧折，将旧折封面剪下并加盖"换折"印章，以此作为换折依据，同时破坏其磁条的完整性后将其余部分交回客户，在新存折上加盖核算用章后交客户。

作表外科目账：

付：空白重要凭证——活期存折

5. 销户。储户不再续存，支取全部存款时即为销户。大额取款，客户还须出示取款人身份证（若为代办的，应出示代理人身份证件），柜员核对凭证和存折后，选择活期销户操作。显示和处理过程与支取时类似，不同的是，要求支取的金额数字应按画面上显示的余额数字输入，计算机确定合法后，自动完成结息、代扣缴利息税、销账处理。依次打印凭证、存折及利息清单，柜员核对无误后加盖"结清"戳记和名章。将存折封皮破坏磁条和凭证一起留存，将现金、存折内页和利息清单第二联交储户，利息清单第一联作为利息付出传票附件留存。会计分录为：

借：活期储蓄存款——××户

利息支出——活期储蓄存款利息支出

贷：现金

（二）定期储蓄存款业务核算

定期储蓄存款是储户在存款时约定存期，一次或按期分次存入本金，整笔或分次支取本金或利息的一种储蓄。定期储蓄存款按照存取方式主要分为整存整取、整存零取、零存整取、存本取息、定活两便。设立"定期储蓄存款"科目核算，在其下设"整存整取户"、"整存零取户"、"零存整取户"、"存本取息户"、"定活两便户"。在此仅以整存整取定期储蓄存款为例说明。

1. 开户。客户须凭本人身份证件，交现金，与柜员约定存期，柜员收妥现金，选择定期开户操作，并根据存款凭条内容输入，计算机检查内容合法后，自动建立储户账号，登记整存整取开销户登记簿，依显示器提示打印存款凭条和存折。其余手续同活期储蓄开户。会计分录如下：

借：现金

　　贷：定期储蓄存款——整存整取定期储蓄

表外科目记账：

付：空白重要凭证——整存整取储蓄存折

2. 到期或过期全部支取。柜员审核存单无误后，选择到期或过期全部支取操作，将存折所列账号输入计算机，审核该户是否挂失、止付等。如储户凭密码支取，须由储户本人输入密码，确认后，计算机自动计算应付利息，将此账户在整存整取开销户登记簿中注销并记入销户日期，打印存折、取款凭证及利息清单。其余手续同活期储蓄销户处理。会计分录如下：

借：定期储蓄存款——整存整取定期储蓄

利息支出——定期储蓄存款利息支出

　　贷：现金

　　　　其他应付款——代扣利息税

（三）个人通知存款业务的核算

个人通知存款是指存款人在存入款项时不约定存期，支取时需提前通知金融机构，约定支取存款日和金额方能支取的存款。按存款人提前通知的期限长短，划分为1天和7天个人通知存款两个品种。办理大额存取款时，客户必须出示身份证件，柜员审核和摘录身份证件后，经有权人授权会同经办柜员办理。

1. 开户业务。客户填写个人业务凭证，将个人业务凭证、身份证件和现金交柜员，审核无误后，输机记账，打印个人业务凭证、个人通知存单，加盖"核算用章"后，将个人通知存款存单、身份证件交客户。

2. 取款及销户业务。存款人支取存款时，必须提前通知金融机构，通知方式一般分为口头（电话）通知和书面通知两种，柜员对于存款人提交的"通知存款取款通知书"进行审核后，其余处理程序同活期储蓄存款的取款销户。

四、储蓄存款利息计算与核算

（一）有关规定

1. 活期储蓄存款按季结息，每季季末月20日为结息日。储蓄存款利息的基本公式是：

$$利息 = 本金 \times 利率 \times 存期$$

2. 本金元以下的尾数不计利息。存期按"算头不算尾"的原则，一年按360天计算，每月一律按30天计算，不满一个月的零头天数按实存天数计算。利息计至厘位，实际支付或入息时四舍五入至分。

3. 活期存款如遇利率调整则实行分段计息。存款利息一般采用转账方式结计，各项存款利息均要在结息日的次日为客户转入本金账户中。

存期的分段天数计算公式：

第一段天数 = 开户后第一次调息日期 − 开户日期

第二段天数 = 开户后第二次调息日期 − 第一次调息日期

末段天数 = 支取日期 − 支取前最后一次调息日期

各段天数之和（总天数）= 支取日期 − 开户日期

4. 储蓄存款必须由金融机构代扣代缴个人利息税：为了引导居民消费和个人投资，扩大内需，调节个人收入，国家决定自1999年11月1日起恢复对储蓄存款利息所得征收个人所得税。

储蓄存款利息所得个人所得税是对个人在中华人民共和国境内储蓄人民币、外币取得的利息所得征收的个人所得税。采用原币计税，由金融机构向储户结付利息时代扣代缴的办法。

（1）代扣代缴利息税的范围包括：本外币活期储蓄存款、整存整取、零存整取、整存零取、存本取息定期储蓄存款、定活两便、通知储蓄存款、银行卡储蓄存款，以及国家规定的其他应纳利息税的储蓄存款。

（2）免征存款利息所得税的范围包括各类国库券、住房公积金、各类社会保险基金、教育储蓄专项存款以及国家规定的免缴利息税的其他专项储蓄存款。

（3）利息税税率：中国公民目前按5%比例征收储蓄存款个人所得税，税收缔约国的国家居民从中国境内营业网点取得的储蓄存款利息所得税，按税收协定规定的税率征收储蓄存款个人所得税。

代扣款项的计算公式如下：

应代扣代缴的税款 = 结付的储蓄存款利息额 × 税率

根据法律不溯及既往的原则，个人储蓄存款在1999年10月31日前孳生的利息不征税；在1999年11月1日后孳生的利息，依法计征个人所得税。

（二）活期储蓄存款的利息计算

活期储蓄利息计算采用积数计息法，即以存款余额乘以其实存天数，求出每段余额的计息积数，并加以累计；每季季末月20日营业终了，将各储蓄账上积数和计算至20日（含当日），根据当日挂牌公告的人民币活期储蓄存款利率，结出应付利息，并入本金。入息日为21日。如表3-7所示。

表3-7　　　　　　　　　　　活期储蓄存款分户账

日　期	借方	贷方	结存	天数	积数和
2006.12.3 存入		10 000	10 000	17	170 000
2007.12.20 支取	2 000		8 000	1	8 000
2007.12.21 入息		4.65	8 004.65	18	178 000

应计利息 = 178 000.00 × 0.99% ÷ 360 = 4.90（元）

代扣税额 = 4.90 × 5% = 0.25（元）

实际利息支付 = 应付利息 - 代扣税额 = 4.90 - 0.25 = 4.65（元）

会计分录为：

借：利息支出——活期储蓄存款利息支出   4.90

  贷：活期储蓄存款——某储户或现金   4.65

    其他应付款——代扣利息税   0.25

【例 3 - 1】某储户 1999 年 1 月 1 日存入银行一年定期存款 50 000 元，年利率为 3.78%，存款到期日即 2000 年 1 月 1 日把存款全部取出。其应纳税额的计算方法如下：

1999 年全年孳生的利息 = 50 000 × 3.78% = 1 890.00（元）

1999 年 11 月 1 日后孳生的利息 = 1 890 × 2 ÷ 12 = 315.00（元）

代扣税额 = 315.00 × 20% = 63.00（元）

（三）定期储蓄存款利息计算

1. 整存整取定期储蓄存款利息计算。《储蓄管理条例》实施后存入的整存整取定期储蓄存款，在原定存期内如遇利率调整，不论利率调高调低，均按存单开户日挂牌公告的相应利率计付利息；过期支取或提前支取的部分，按支取日挂牌活期储蓄利率计付利息。计算公式为：

到期利息 = 本金 × 存期 × 开户日整存整取定期储蓄存款利率

【例 3 - 2】储户张华 2009 年 6 月 10 日来行存入一年期整存整取定期储蓄存款 100 000 元，年利率为 2.25%，张华于 2010 年 6 月 20 日来行支取，当日挂牌的活期储蓄存款利率为 1.98%（利息税率为 5%），计算应付利息。

应付利息 = 100 000 × 1 × 2.25% + 100 000 × 10 × 1.98% ÷ 360 = 2 305（元）

利息税 = 2 305 × 5% = 115.25（元）

实付利息 = 2 305 - 115.25 = 2 189.75（元）

账务处理为：

借：定期储蓄存款——整存整取   100 000.00

  利息支出——定期整存整取利息支出   2 305.00

  贷：其他应付款——代扣利息税   115.25

    现金或活期储蓄存款   102 189.75

2. 零存整取定期储蓄存款利息计算。通常采用月积数计息法和固定基数计息法。月积数计息法根据存款账户每月余额计算出月积数，然后乘以月利率计算应付利息。固定基数计息法根据规定存期和利率计算出每月本金到期应付利息，再以此基数乘以存入金额计算出应付利息。固定基数法适用于储户逐期存入、中间没有漏存，且储户每月存入金额固定不变的情况。

应计利息 = 每元利息基数 × 最后余额

每元利息基数 = [1 元 × (1 + 存期) ÷ 2] × 月利率

【例 3 - 3】储户王民 2006 年 1 月 1 日来行存入一年期零存整取定期储蓄存款，每月存入 1 000 元，中途无漏存，开户时年利率为 2.25%，王民于 2007 年 1 月 1 日来行支取，利息计算应为：

应付利息 = {[1 × (1 + 12) ÷ 2] × 2.25% ÷ 12} × (1 000 × 12) = 73.13(元)

3. 存本取息定期储蓄存款利息计算。存本取息的利息计算，应先按规定利率按整存整取定期储蓄存款计算应付利息总数，然后再根据取息次数计算平均每次支取的利息。

$$每次支取利息数 = （本金×存期×利率）÷支取利息次数$$

或：

$$每次支取利息数 = 本金×每次取息间隔月数×月利率$$

4. 定活两便储蓄存款利息计算。根据实际存期同档次的整存整取定期存款利率按一定的折扣比例计算，不满规定固定存期的按活期利率计算。具体规定是：存期不足3个月按支取日挂牌公告的活期利率计息；存期3个月以上，按支取日1年期以内定期整存整取同档利率六折计息。

5. 整存零取定期储蓄存款利息计算。此种储蓄存款应分期支付本金，利息到期结清时支付，本金逐期递减，计算利息时应计算出本金的平均值，然后再计利息。

$$本金平均值 = （全部本金+每期支付本金）÷2$$
$$利息 = 本金平均值×存期×利率$$

或：

$$利息 = 本金平均数×支取次数×每次取息间隔月数×月利率$$

【例3-4】储户冯某2006年3月5日来行存入1年期整存零取定期储蓄存款24 000元，每月支取2 000元，假设年利率为2.25%，冯某于2007年3月5日到期支取，应计利息为：

应付利息 = （24 000 + 2 000）÷2×1×2.25% = 292.50（元）

6. 个人通知存款利息计算。个人通知存款平时不结息，也不计提应付利息，每次支取本金时，利随本清。利息从活期储蓄存款利息支出科目中列支。

利率按人民银行公布的通知存款利率执行，未包含档次的利率，按当地人民银行规定的利率执行。

【例3-5】某储户于2005年10月25日存入人民币通知储蓄存款50 000元，当时3个月利率为2.16%，1年的利率为3.69%。该储户通知2006年2月12日须支取15 000元时，应付利息为：

2005年10月25日到2006年2月12日计107天，则15 000×107×2.16%÷360 = 96.30（元）（以3个月利率计）。

若通知2007年3月5日又支取35 000元，则应付利息：

2005年10月25日到2007年3月5日计490天，则35 000×490×3.69%÷360 = 1 757.88（元）（以1年利率计）。

五、储蓄网点结账的处理

各储蓄网点每日营业终了、月底、年终，都要对所有账务进行全面核算，确保账账、账款、账实、账据、账表、内外账全部相符。

(一) 储蓄网点账务的日结工作

(1) 储蓄网点的综合核算。每天营业终了，在功能画面上选择综合核算功能和储蓄所号，打印出科目日结单、本所代理他所发生业务的收付清单、营业日报表，根据科目日结单及营业日报表有关内容进行账款、账实、账据核对。无误后将报表连同汇总凭证及传票交送管辖部门。

(2) 管辖单位的综合核算。管辖单位的综合核算，是把各储蓄所的账务进行合并汇总，如果已使用计算机处理，则由计算机打印总账、汇总科目日结单和全辖营业日报表及其他有关报表，报送有关部门并账或并表。

（3）事后监督。虽然电脑处理业务比较准确，但由于人为因素或机器的原因，也可能会发生账务差错，主管部门在业务实现电脑化之后，仍有必要对营业网点的账务进行事后监督或复核。

（二）编制营业日报表

营业日报表主表的发生额应根据各科目日结单的借、贷方发生额填入，并结出余额；根据各种储蓄当日开、销户数填入本日开、销户栏，并结出本日结存户数；根据当日传票和附件张数，填入日报表相应栏内，并结出本月累计张数；根据空白重要凭证领用和付出数，按种类分别登记在有关各栏，并结出本日结存数。

营业日报表编制一式两份，一份留存，一份连同科目日结单及传票送交事后监督部门。

六、储蓄存款挂失的基本规定

1. 储蓄存单（折）和密码是储户凭以存取款的信用凭证，储户不慎遗失、被盗、损毁，应立即向银行办理挂失手续。经办人员根据储户提供的资料，经确认存款未被支取、未冻结止付，方能受理申请。受理挂失前该储蓄已被他人支取的，储蓄机构不负赔偿责任。不记名式的存单、存折不能挂失，银行也不予受理。已办理质押的存单（折），不得挂失支取。

2. 办理储蓄存单（折）、密码或者预留印鉴的印章挂失时，存款人必须出示本人身份证明，并提供存款种类、账号、存款日期、金额及住址电话等有关情况，填写"挂失申请书"，办理挂失手续，7天后客户凭挂失申请书来换取新存单（折）、置入新密码或提取现金。

3. 办理挂失业务需交叉复核。实行储蓄业务单人收付操作的，须经有关人员复核授权。

七、查询、停止支付和没收储蓄存款等业务的处理规定

（一）查询储蓄存款

查询储蓄存款是指人民法院、人民检察院、公安机关、国家安全机关、海关、税务、军队（师级以上）、纪检、监察、反贪机关、监狱因侦查、起诉、审理案件等的需要，可以向银行查询与案件直接有关人员的存款；公、检、法、国家安全机关等部门在向银行查询储蓄存款时，须向银行提出县级或县级以上法院、检察院或公安机关正式查询公函，并提供存款人的有关线索，如存款人的姓名、存款日期、储蓄种类、存款金额等情况，经银行县、市支行或市分行区办事处一级核对，指定所属储蓄所提供资料。对银行提供的存款情况，查询机关应予保密，不可外泄。

（二）止付冻结储蓄存款

人民法院、人民检察院、公安机关、国家安全机关、海关、税务、军队（师级以上）在侦察审理案件中，发现当事人存款与案件直接有关，要求停止支付存款时，必须向银行提出县级及县级以上国家机关的正式通知（停止支付储蓄存款通知书），经银行县、市支行或市分行区办事处一级核对后，通知所属储蓄机构办理临时止付手续。

储蓄所根据停止支付储蓄存款通知书，对于通知书上指定的账户进行冻结时，应在账页上注明冻结止付日期，止付通知书与账页别在一起专夹保管。电脑冻结时，应通过授权

进行。

停止支付的期限最长不超过 6 个月，逾期自动撤销，有特殊原因需要延长的，应重新办理停止支付手续。

（三）没收储蓄存款

人民法院判决没收罪犯储蓄存款时，银行依据人民法院判决书办理。人民法院判决民事案件中有关储蓄存款的处理，执行时应由当事人交出存单（折），银行凭存款单（折）办理。如当事人拒不交出存款单（折）须强行执行时，由人民法院通知银行，凭判决书或裁定书由县、市支行或市分行区办事处核对后办理。当事人的存款单（折）作废，将判决书或裁定书存入档案保存备查。法院没收上缴国库的存款，一律不计利息，发还集体所有制单位的贪污盗窃分子的个人储蓄存款照计利息。对民事案件中的储蓄存款按银行有关计息规定办理。

第四章　贷款业务的核算

第一节　贷款业务概述

一、贷款业务的意义和种类

（一）贷款的概念

贷款是指金融企业对借款人提供的按约定的利率和期限还本付息的货币资金。贷款业务是商业银行的主要业务之一，也是商业银行资产业务的核心。

商业银行根据国家相关法规的规定，以资金的效益性为目的，以资金的安全性和流动性为前提，对各企业、事业单位及个人发放贷款，并据以对借款人的各项业务活动进行信贷监督，对于实现优化资金配置、提高资金的使用效益、促进市场经济健康发展都有着十分积极的作用。

（二）贷款的种类

商业银行的贷款种类可以从不同的角度来划分。

1. 贷款按发放条件可分为信用贷款、担保贷款和票据贴现。信用贷款是指以借款人的信誉而发放的贷款。担保贷款按保证方式又可分为保证贷款、抵押贷款和质押贷款。保证贷款指按《中华人民共和国担保法》（以下简称《担保法》）规定的保证方式，以第三人承诺在借款人不能偿还贷款时，按约定承担一般保证责任或者连带责任而发放的贷款。抵押贷款指按《担保法》规定的抵押方式，以借款人或者第三人的财产作为抵押物而发放的贷款。质押贷款指按照《担保法》规定的质押方式，以借款人或第三人的动产或权利作为质物而发放的贷款。票据贴现是指贷款人以购买借款人未到期商业汇票的方式而发放的贷款。

2. 贷款按照是否具有政策性分为商业性贷款和政策性贷款。商业性贷款是指由商业银行根据其经营原则，决定贷与不贷、贷多贷少以及是否需要抵押物等而发放的贷款。根据《商业银行法》之规定，"任何单位和个人不得强令商业银行发放贷款或者提供担保。"政策性贷款是指银行对某些企业单位或专项用途发放的贷款，这类贷款基本上由政策性银行办理，部分商业银行也有此类业务。商业性贷款与政策性贷款应分别核算。

3. 贷款按照发放期限的不同分为短期贷款、中期贷款和长期贷款。短期贷款是指商业银行根据有关规定发放的、期限在 1 年以下（含 1 年）的各种贷款，包括质押贷款、抵押贷款、保证贷款、信用贷款、进出口押汇等。中期贷款是指商业银行根据有关规定发放的、期限在 1 年以上、5 年以下（含 5 年）的各种贷款。长期贷款是指商业银行发放的贷款期限在 5 年（不含 5 年）以上的各种贷款。

4. 贷款按照资金来源及贷款风险承担人不同可分为自营贷款和委托贷款。自营贷款是指商业银行以合法方式筹集的资金自主发放的贷款，其风险由商业银行承担，并由商业银行收取本金及利息。委托贷款是指由委托人提供资金，由商业银行（受托人）根据委托人确定的贷款对象、用途、金额、期限、利率等而代理发放的贷款。银行负有监督款项使用并协助收回贷款的义务，贷款风险由委托人承担。商业银行发放委托贷款时，只收取手续费，不得代垫资金。商业银行因发放委托贷款而收取的手续费，按收入确认条件予以确认。

5. 贷款按资产质量划分为正常贷款、关注贷款、次级贷款、可疑贷款和损失贷款。

（三）贷款的核算原则

1. 贷款应分别本金和利息进行核算。商业银行对发放的贷款，应当按照实际贷出的贷款金额入账。期末，应当按照贷款本金和适用的利率计算应收的利息。

2. 自营贷款与委托贷款应分别核算。自营贷款纳入表内核算，对由银行转贷并承担对外还款责任的国际融资转贷款也视同自营贷款纳入表内核算。委托贷款除资金的划转在表内核算外，其本金和未收利息均在表外进行核算。

3. 商业性贷款与政策性贷款应分别核算。

二、贷款业务操作程序

贷款业务操作程序是指贷款从贷款人申请、审批到贷款发放、收回的全过程的运作流程。主要经过以下程序：

1. 贷款申请。借款人需要贷款，首先应当向开户银行或其他银行的经办机构提出书面申请，填写包括借款币种、金额、期限、用途、担保方式、偿还能力及还款方式等主要内容的《借款申请书》，并提交相关资料。

2. 贷款受理。银行经办部门客户经理受理借款申请，初步接洽有关事项，并在《借款申请书》上签署进行贷款调查的意见，移交给贷款调查人员进行事实认定。

3. 贷款调查。银行经办部门受理借款人申请后，应当对借款人的信用等级以及借款的合法性、安全性、盈利性等情况进行调查，核实借款人的基本条件、抵押物、质物、保证人情况，测定贷款的风险度，送交贷款审查人员审查确定。

4. 贷款审批。银行应当建立审贷分离、分级审批的贷款管理制度。审查人员应当对调查人员提供的资料进行核实、评定，复测贷款的风险度并提出意见，按规定权限报批。

5. 签订借款合同。各种贷款均需要贷款人与借款人签订借款合同。

6. 贷款发放。贷款人（商业银行）应当按照借款合同的规定，按期发放贷款。贷款人未按合同约定期限足额发放贷款的，应当向借款人支付违约金。借款人未按合同约定用款的，也应偿付违约金。

7. 贷后检查。贷款发放后，贷款人应当对借款人执行借款合同情况及借款人的经营情况进行追踪调查和检查。

8. 贷款归还。借款人应当按照借款合同规定按时足额归还贷款本息。

9. 贷款质量监管。贷款人应当建立和完善贷款的质量监管制度，对不良贷款进行分类、登记、考核和催收。

三、各种贷款业务的有关规定

（一）信用贷款的规定

1. 贷款的申请。借款人申请信用贷款时，应向银行提交《借款申请书》，同时向银行提供下列资料：借款人基本情况；财政部门或（会计）审计事务所核准的上年度财务报告以及申请借款前一期的财务会计报告；原有不合理占用贷款的纠正情况；申请中长期贷款应一并提供项目可行性报告、项目开工前期准备工作完成情况的报告、在开户银行存入规定资金的证明、经有权部门批准下达的项目投资计划或开工通知书、按规定项目竣工投产所需自筹流动资金落实情况及其证明材料等。

2. 贷款的审批及借款合同的签订。银行信贷部门按照审贷分离、分级审批的贷款管理制度进行贷款的审批。经审批同意向借款人发放贷款后，贷款人（银行）应与借款人签订借款合同。借款合同应当约定借款种类、借款用途、借款金额、利率、借款期限、还款方式，借、贷双方的权利、义务，违约责任和双方认为需要约定的其他事项。

（二）保证贷款的规定

1. 借款人申请保证贷款，除按上述一般程序向银行提交《借款申请书》及其他资料外，按照《担保法》和《贷款通则》有关规定签订保证合同或出具保函，加盖保证人公章及法人名章或出具授权书，注明担保事项，经信贷部门和有权审批人审查、审批并经法律公证后，由信贷部门密封后交运行管理部门保管。

2. 信贷部门与相关部门应严格交接手续。实行账、证分管原则，运行管理部门分工管账，其他部门指定专人管物，相互制约、相互核对，确保安全。

3. 业务员按企业及财产类设置明细账户。以一件为一元，纳入"代保管物"表外科目账户。

4. 保证贷款申请书的出库必须根据业务管理部门的书面通知才能办理。

在审查保证人提供保证的有效性时，应当注意以下几个方面：

（1）保证人是否具有保证资格。《担保法》规定，保证人必须具有代为清偿债务能力的法人、其他经济组织或公民。不能作为保证人的有：国家机关；学校、幼儿园、医院等公益性事业单位、社会团体；企业法人的分支机构、职能部门。

（2）保证人的资金实力及保证意愿。银行在签订保证合同时，应了解保证人的保证意愿和保证人过去履行保证协议的记录。如有不良记录，则应对保证的有效性持谨慎态度。此外，银行还应审查保证人的资金实力，了解保证人的财务状况、现金流量、或有负债、信用评级以及目前所保证的数量和金额。只有具备保证资金实力又有保证意愿的保证人，才能承担保证责任。

（3）保证人与借款人之间的关系。保证人一般是借款企业的股东、合伙人、母公司以及有业务往来的公司等。保证人与借款人之间往往存在不同程度的经济利益关系，为此，贷款人应特别注意完全依赖保证担保的贷款，防止欺诈行为。

（4）保证的法律责任。银行与保证人签订保证合同时，应注明为连带责任保证。保证的范围应包括主债权及利息、违约金、损害赔偿金和实现债权的费用。此外，还应明确保证期限。

(三) 抵（质）押贷款的规定

1. 抵押贷款是银行通过不动产、动产、权利抵押或质押方式向客户发放的贷款。借款人申请该类贷款时，除了应当提供与信用贷款基本相同的资料外，还应填写《质押或抵押贷款申请书》，经银行信贷部门和有权签字审批人审批并办理相应登记手续后，由信贷部门交运行管理部门或相关部门办理抵（质）押保管手续。

2. 银行保管的抵押物、质押物必须贯彻证（物）账分管的原则，运行管理部门负责管账，其他部门指定专人管物（票据、保险单、房产证等），管账、管物人员必须分离，相互制约、相互核对，确保安全。

3. 运行管理部门按企业及财产类设置明细账户，纳入"待处理抵押质押品"表外科目核算。对于抵押、质押的有价证券应按票面金额入账；对于抵押、质押的不动产或其他财产应按评估价格、协议价格或经有关部门确认价格入账。涉及需要出纳库代保管的物品，要同时记载"代保管物"表外科目。

4. 办理单位定期存单质押贷款时，必须按规定程序由存款行开具单位定期存款及确认书，贷款行收到单位定期存单及确认书后，由信贷部门与出质人签订质押合同，业务人员据此办理发放贷款手续。

信贷部门在进行抵押贷款审查时，要注意严格选择抵押物，认真验证产权证明，准确评估抵押物价值，合理确定抵押率，做好抵押物的登记和保管。

第二节　单位贷款业务的核算

一、信用贷款业务

信用贷款是商业银行仅凭借款人的信用而发放的贷款，是银行的高风险贷款，其风险权重被确认为100%。商业银行应当在保证资产安全的前提下，审慎地发放信用贷款。

贷款的审核、调查、审批等程序主要由商业银行信贷部门处理。借款人与商业银行建立了信贷关系后方可申请信用贷款。借款人需要贷款时，首先应提出贷款申请，经商业银行信贷部门的贷款调查、信用评估后，按照审贷分离、分级审批的原则进行贷款的审批。然后由借贷双方逐笔签订借款合同，约定贷款金额、期限、利率、用途、还款方式以及违约责任等事项，最后逐笔发放贷款。贷款的具体发放和收回由会计部门进行核算。

(一) 贷款账户的开立及使用

贷款账户开立的依据是贷款合同和管理行核定的贷款指标。商业银行信贷部门对借款人的《借款申请书》审查同意并按规定办理完有关手续后，通知会计部门开户。由信贷部门填制一式两份的"开立贷款账户通知书"，一份留存，另一份连同一份贷款合同副本送商业银行会计部门。会计部门收到贷款合同副本和"开立贷款账户通知书"后，必须严格按照电子许可证内容及信贷部门的相关通知进行处理，发给借款单位预留印鉴卡，对交回的印鉴卡审核后，为借款人确定贷款科目名称。贷款账号可以人工输入，也可以系统自动确定。贷款合同应专夹保管，"开立贷款账户通知书"作为借款凭证的附件。为了核算和控制信用贷款和保证贷款的发放与收回，设置"短期贷款"、"中长期贷款"科目，该账户可按贷款类别、客户的行业等因素设置明细核算科目。

（二）贷款的发放和收回

1. 借款合同签订后，借款人应填制一式五联的"借款凭证"，借款单位如约定分期偿还的，应按期次分别填制借款凭证。由借款人在第一联借款凭证上加盖预留银行的印鉴，经信贷部门审查签章，经有权批准人审批，然后将申请书和借款凭证一并送交银行会计部门凭以办理贷款发放手续。

银行会计部门应审查凭证各栏填写是否正确、完整，大、小写金额是否一致，印鉴是否相符，有无信贷部门审批的意见。审核无误后，以借款凭证的第二联代转账借方传票，第三联代转账贷方传票。

借：短期贷款——××单位贷款户（本金）

或，

借：中长期贷款——××单位贷款户

　　贷：活期存款——××单位存款户

2. 贷款收回的处理。

（1）借款到期，借款单位主动归还。

贷款到期，借款单位应当按照借款合同规定按时足额归还贷款。由借款单位向银行提交还款凭证，确定还款额度，银行按照借款单位出具的还款凭证收回贷款。借款单位主动还款时，应签发转账支票作为还款凭证，在收款单位栏填写"××单位贷款户"，金额栏填写归还借款金额（不包括利息），用途栏注明"归还××××年×月×日第×号贷款"字样，送开户银行。银行会计部门收到还款人提交加盖银行预留印鉴的支付凭证审查无误后，抽出贷款借据核对，核对支票印鉴，查看单位存款账户是否有足够的余额；经核对无误后，以支票代借方传票，另填制转账贷方传票，办理转账：

借：活期存款——××单位存款户

　　贷：短期贷款——××单位贷款户（本金）

或，

　　贷：中长期贷款——××单位贷款户

（2）借款到期，由银行主动扣款。

借款人事先与银行约定，或到期日借款人未主动归还或已逾期的贷款，可由银行主动填制特种转账传票，经有权人审批同意后办理贷款收回手续。借款人提前还款的，需经信贷部门审查同意方可办理。银行主动扣款的，应当填制一式三联特种转账传票，一联代借方传票，一联代贷方传票，一联代收款通知连同注销后的借据第一联一并交借款单位。账务处理与（1）相同。

（三）贷款的展期和逾期

1. 贷款展期。

贷款展期指贷款即将到期时，借款单位无力筹措资金还款而向借款银行申请并经其批准延长原贷款期限的事项。

借款人应在贷款到期前向信贷部门提出展期或逾期申请。信贷部门同意后，书面通知前台业务人员办理展期，并发电子许可证。业务人员按照信贷部门的书面通知在原借据上批注新的到期日及相应的利率，柜员使用相关交易进行账务处理。根据《贷款通则》的规定，每一笔贷款只能展期一次，短期贷款展期不得超过原贷款的期限，中长期贷款展期不得超过原贷款期限的一半，且最长不得超过 3 年。

2. 逾期贷款的核算。

逾期贷款是指到期应收回而未能收回的贷款。贷款逾期时，会计部门应在贷款到期日营业终了前，根据原借据编制特种转账凭证，将原贷款转入"逾期贷款账户"。会计分录为：

借：逾期贷款——××单位贷款户

　　贷：××贷款——××单位贷款户

在实际工作中，为了正确区分逾期贷款与正常贷款的区别，通常使用红字冲账法，其账务处理如下：

借：逾期贷款——××单位贷款户

　　贷：短期贷款——××单位贷款户（红字）

二、担保贷款业务核算

担保贷款是指贷款人为确保贷款的按时收回，要求借款人或第三人提供一定的财产或资信而发放的贷款。按照担保方式的不同，担保贷款可分为保证贷款、抵押贷款和质押贷款。

1. 保证贷款。

借款单位申请保证贷款的手续除提交申请信用贷款需要的资料外，还应该提供保证人的基本情况及保证人拟同意保证的证明文件。经商业银行信贷部门审批认可后，签订借款合同和保证合同。保证贷款是以保证人的信用作为担保，未涉及任何财产的抵押，严格意义上说，保证贷款仍为信用贷款，其会计核算与信用贷款核算一致。

保证贷款在到期不能归还时，应按照有关规定和保证合同的条款，直接向保证人收取款项归还借款。

2. 抵押、质押贷款。

借款人申请该类贷款时，应填写《质押或抵押贷款申请书》，注明质押、抵押物的名称、数量、价格、质量等，同时向商业银行提供质押、抵押物清单及有处分权人的同意质押、抵押的证明。其他资料与一般信用贷款基本相同。经银行审查贷款资料合格后，办理抵押、质押贷款的发放手续。抵押、质押贷款的发放金额一般应掌握在抵押、质押品现值的 50% ~70% 。会计分录为：

借：抵押贷款——××单位抵押贷款户

　　贷：活期存款——××单位存款户

同时，银行会计部门应当签发"抵押、质押品代保管凭证"一式两联，一联交借款人，另一联由会计部门留存，凭以编制表外科目收入传票登记表外账。

收：待处理抵质押品——质入债券

或收：待处理抵质押品——其他待处理抵质押品

抵押、质押贷款到期，按期收回本息，其账务处理与信用贷款到期收回的手续基本一致，会计分录为：

借：活期存款——××单位户

　　贷：抵押贷款——××单位抵押贷款户

借款人归还本息后，凭"抵押、质押品代保管证"向银行取回抵押、质押物及权证。

银行会计部门应对抵押物表外科目进行明细账户核算。

付：待处理抵质押品——质入债券

或付：待处理抵质押品——其他待处理抵质押品

第三节 个人贷款业务的核算

一、个人贷款业务的品种

个人贷款品种繁多，目前主要有：

1. 个人汽车贷款：是贷款人向申请购买汽车的借款人发放的人民币担保贷款。

2. 个人综合消费贷款：是贷款人向借款人发放的限定具体消费用途的人民币贷款。

3. 个人质押贷款：是借款人以储蓄存款、凭证式国债、个人人寿保险单等有效权利作质押向贷款人提出申请并获得人民币贷款的业务。

4. 国家助学贷款：是为全日制高等学校经济困难的在校学生支付学费和生活费，由教育部门设立"助学贷款"专户自己给予贴息的人民币贷款。

5. 个人购置住房、商用房贷款：是贷款人向借款人发放的人民币用于购买自用住房、自营商业用房和自用办公用房的贷款。

6. 个人经营贷款：是贷款人向借款人发放的用于借款人合法投资经营活动所需要资金周转的人民币担保贷款。

7. 下岗失业人员小额担保贷款：是贷款人向具有一定劳动技能的下岗失业人员，在自谋职业、自主创业或合伙经营与组织起来就业时，其自筹资金不足部分，经贷款担保机构承诺担保的前提下发放的贷款。

二、个人贷款业务的基本规定

1. 个人贷款业务的处理分个人贷款的审贷和核算两个过程。前一个过程通过资产管理系统进行管理，后一个过程通过个人贷款核算系统进行管理。个人贷款核算业务必须依据资产管理系统对其贷款的审批结果进行处理，资产管理系统审批的结果是个人贷款核算的起点；而个人贷款核算处理结果是资产管理系统的信息补充，两者缺一不可。

2. 个人贷款账户管理与个人贷款核算管理相分离。各商业银行可根据本地区个人贷款业务处理特点，选择个人贷款综合账户创建的网点形式。

3. 个人贷款业务的款项转移必须以转账形式办理。个人贷款综合账户系统必须根据资产管理系统的电子指令办理个人贷款的发放、展期。

4. 个人贷款综合账户安全管理必须遵循"有据有账，当时记账，当日结账，有权划分，事后监督"的原则。

三、个人贷款的发放

（一）个人按揭贷款业务的核算

个人住房按揭贷款是商业银行向自然人发放的用于购买普通住房的贷款。贷款发放以一次发放或多次发放两种方式为主，同时根据借款合同中贷款发放日期不同而确定的个人贷款发放方式有限定日期发放和非限定日期发放两种。

1. 个人按揭贷款发放的核算：个人按揭贷款发放后，一次划转售房单位在贷款银行开立的活期储蓄账户，该售房单位必须在合同中明确指定开户行。商业银行根据购房的一定比例，规定发放贷款的最高限额（一般定为房款的70%～80%），贷款期限由银行根据借款人的还款能力，与借款人商定，一般最高为30年，按楼龄长短进行折算，不能超过借款人的退休年龄。

银行会计部门收到有关部门审核批准的《个人贷款合同》及贷款借据后，审查相关要素是否齐全，有权人签章是否一致，根据合同规定计算出按揭款后，一次性全额进行放款，划入售房单位的结算账户，按揭款不能分次发放。

借：个人住房贷款——××人××贷款
　　贷：活期储蓄存款——××储蓄存款户
转入售房单位开立的存款账户：
借：活期储蓄存款——××储蓄存款户
　　贷：活期存款——××售房单位存款户
如有抵押担保物的，发放时抵押品的处理：
收：代保管抵押品——××抵押品

2. 个人按揭贷款的归还核算：借款人必须在合同规定的贷款归还日以前或当日，将当期需要归还的按揭款存入活期储蓄存款账户。还款日，柜员找出借据和"还款明细表"与信贷部门核对无误后，打印利息清单一式三联，账务处理为：

借：活期储蓄存款存款——××户或现金
　　贷：××个人贷款——××人××按揭贷款
　　　　利息收入或应收利息

3. 提前还款。如果借款人要求提前还款，可以向银行信贷部门递交提前还款申请书，经银行信贷部门审核批准后，可以到银行柜台办理主动提前还款手续。

银行柜员在收到客户交来的经信贷部门审核同意提前还款的书面通知、现金或转账支票，经审查无误后，办理还款。提前还款的方法如下：

（1）还款期内不再扣款。指借款人提前归还一期或几期贷款。其应还本金必须是还款计划表中提前归还期数的本金和。此种方法在提前还款的期数内不再扣款，在提前还款期过后，除首期利息较大外，其余每期月还款额不变。

（2）还款期内继续扣款。指按借款人的要求提前归还贷款本金，提前还款后，每月继续扣款。提前还款后的每月还款额按其剩余贷款本金、剩余贷款期数重新分摊。

（3）缩短还款期。指借款人提前归还一期或几期贷款，其应还金额必须是还款计划表中提前归还期数的本金和。提前还款后月还款额不变，每月继续扣款，并按其提前还款的期数缩短贷款还款期，提前贷款到期日。

以上三种还款方法由借款人任意选择，一旦选定，不能更改。

（二）教育助学贷款业务的核算

教育助学贷款是商业银行对借款人发放的，帮助借款人或其直系亲属、监护对象完成高等教育或进一步学习深造的贷款。助学贷款包括国家助学贷款、经营性助学贷款、再学习助学贷款和留学贷款等。

国家助学贷款是根据国家有关政策，对经济困难的高校学生发放的用于支付学费和生活费用的财政贴息贷款。起点金额 5 000 元，最高 50 000 元，期限最长不超过 10 年，借款人要提供保证、抵押或质押的担保。

1. 教育助学贷款的发放：借款人提交助学贷款申请，根据经办行要求提交相关资料，学校对资料的真实性进行初审后，交经办行审批，上报上级行同意发放贷款后，将名单交学校组织借款人填制借款合同、借据等凭证，将贷款按学年直接划入借款人所在学校的指定账户中。会计分录为：

借：个人消费贷款——国家助学贷款××户
　　贷：活期存款——××单位户

如为生活费贷款，直接划入借款人的储蓄存款账户。

2. 教育助学贷款的偿还：按借款人签订的合同约定的偿还方式和还款时间，一般来说，还款方式是在毕业后的第一年开始还款，本息 4 年内还清。还贷款时，借款人应在约定的还款日期前，按照约定的贷款本息存入原开立的活期储蓄存款账户中，经办行在约定日从账户中扣收。会计分录为：

借：活期储蓄存款——××户
　　贷：个人消费贷款——国家助学贷款××户
　　　　利息收入

如贷款不能按期偿还，经办行应向借款人发出催收通知书，依法追究其违约责任，直至依法收回贷款。

第四节　抵债资产业务核算

一、取得抵债资产的核算

抵债资产是银行通过以物抵贷的方式受偿并依法取得产权或处分权的财产，是暂时物化的有待于变现的信贷资产。在以物抵债工作中，应坚持"谁申报、谁管理、谁处置"原则，依法操作，规范审批，及时处置，减少损失。

（一）抵债资产取得价格的确定

按照法定程序取得抵债资产时，按法院裁决确定的价值或双方协商的价格或双方共同认可的权威评估部门评估确定的价值，在扣除担保物占管费用及法定抵债资产接收、管理和处置变现费用后，依次偿还应收利息、贷款本金、催收贷款利息。

（二）抵债资产入账价值与贷款本息差额的处理

抵债资产的入账价值（扣除担保物占管费用及法定抵债资产接收、管理和处置变现费用，下同）大于全部贷款本息的差额，应退还抵押（出质）人。抵债资产入账价值低于贷款本息的差额，商业银行有权依法继续追索。

（三）支付接收抵债资产发生费用的处理

经办银行支付接收抵债资产的费用时，根据有关划款凭证分别作借、贷方记账凭证并办理转账。

借：其他应收款

　　贷：库存现金

（四）取得抵债资产的核算

根据有关法律证明或协议等所列抵债资产作价金额填制借方记账凭证，根据有关费用挂账金额填制贷方记账凭证，根据冲销的应收利息、贷款本金和催收利息填制特种转账贷方凭证各一式两联，一联作贷方记账凭证，一联加盖"转讫章"退借款人，有关法律证明或协议作借方记账凭证附件。

借：待处理抵债资产

　　贷：其他应收款（占管担保物费用）

　　　　应收利息

　　　　贷款——×××贷款（本金）

　　　　应收催收利息

　　　　其他应付款（抵债资产入账价值大于贷款本息的差额）

同时，按收取的催收利息填制借、贷方记账凭证冲转待转营业收入。

由担保物转为抵债资产的，还应填制表外科目付出凭证，登记"质物、抵押物及权证登记簿"和表外科目明细账：

付出：担保物

同时填制表外科目收入凭证，登记"待处理抵债资产登记簿"和表外科目明细账：

收入：处理期内待处理抵债资产——××户

二、抵债资产保管、处置期间费用和收入的核算

1. 核算规定。

对于取得所有权的抵债资产，在保管、处置期间发生的各种收入和支出，经批准列作营业外收支核算。取得收入或发生费用时，经办银行根据有关凭证填制借、贷方记账凭证。

2. 银行的账务处理。

（1）取得收入时：

借：银行存款等

　　贷：营业外收入

（2）发生费用时：

借：营业外支出

　　贷：银行存款等

三、抵债资产发生灭失、毁损的核算

抵债资产发生灭失、毁损时，对不能补救的损失，根据有关凭证填制借、贷方记账凭证。

借：待处理财产损溢

　　贷：待处理抵债资产

经批准后，列作营业外支出核算。根据有关批准文件填制借、贷方记账凭证。

借：营业外支出

　　贷：待处理财产损溢

同时填制表外科目付出凭证，登记表外科目明细账：

付出：处理期内待处理抵债资产——××户

四、抵债资产变现的核算

（一）受偿抵债资产入账

1. 受偿抵债资产入账价格（实际评估确认价）（包括因办理过户支付的税费）小于或等于贷款本金与表内利息之和时，按照"先本后息"的原则等额冲减贷款本金和表内利息。

借：其他资产

　　贷：××贷款

　　　　××应收未收利息

　　　　有关科目（支付的税费）

2. 受偿的抵债资产入账价格高于贷款本金和表内利息之和时，其差额部分列其他应付款核算，暂不确认为收入。

借：××其他资产

　　贷：××贷款

　　　　××应收未收利息

　　　　其他应付款——抵债资产入账差额

（二）抵债资产变现的会计处理

待抵债资产变现后，根据实际变现收入扣除税金后的净收入金额进行相应的会计处理。

1. 其他资产入账价格小于或等于贷款本金与表内利息之和时：

（1）变现净收入低于其他资产入账价格的，其差额列营业外支出。

借：现金或××存款

　　营业外支出

　　贷：××其他资产

（2）变现净收入等于其他资产入账价格的，与其他资产入账价格进入进行对转。

借：现金或××存款

　　贷：××其他资产

（3）变现净收入高于其他资产入账价格的，其差额先冲减尚未冲减的贷款本金和表内利息，差额列营业外收入。

借：现金或××存款

　　贷：××贷款

　　　　××应收未收利息

　　　　营业外收入

2. 其他资产入账价格高于贷款本金和表内利息之和时：

（1）变现净收入低于原贷款本金与表内欠息之和的，其变现净收入与其他资产入账价格的差额先冲减其他应付款，余额列营业外支出。

借：现金或××存款

　　其他应付款——抵债资产入账差额

　　营业外支出

　　贷：××其他资产

　　（2）变现净收入等于原贷款本金与表内欠息之和的，变现净收入加抵债资产入账差额与其他资产入账价格金额进行对转。

　　借：现金或××存款

　　　　其他应付款——抵债资产入账差额

　　　　贷：××其他资产

　　（3）变现净收入高于原贷款本金与表内欠息之和的，变现净收入与贷款本金和表内欠息之和的差额，作为营业外收入处理。

　　借：现金或××存款

　　　　其他应付款——抵债资产入账差额

　　　　贷：营业外收入

　　　　　　××其他资产

五、抵债资产转为自用资产的核算

　　抵债资产经审批转为自用固定资产时，经办银行根据有关部门提供的"担保物、抵债资产领用、退回、变更保管通知书"和上级银行有关批文进行账务处理。

　　借：固定资产等

　　　　贷：待处理抵债资产

　　同时填制表外科目付出凭证，登记"待处理抵债资产登记簿"和表外科目明细账：

　　付出：处理期内待处理抵债资产——××户

第五节　贷款利息计算及核算

一、贷款计息的管理规定

（一）贷款利率的规定

　　1. 短期贷款（期限在 1 年以下，含 1 年），按贷款合同签订日的相应档次的法定贷款利率计息。贷款合同期内，遇利率调整不分段计息。

　　短期贷款按季结息的，每季度末月的 20 日为结息日；按月结息的，每月的 20 日为结息日，下一工作日营业开始时列账。

　　2. 中长期贷款（期限在 1 年以上）利率实行 1 年一定。贷款（包括贷款合同生效日起 1 年内应分笔拨付的所有资金）根据贷款合同确定的期限，按贷款合同生效日相应档次的法定贷款利率计息，每满 1 年后（分笔拨付的以第一笔贷款的发放日为准），再按当时相应档次的法定贷款利率确定下一年度利率。

　　中长期贷款按季结息，每季度末月 20 日为结息日，下一工作日营业开始时列账。

　　3. 复息和罚息利率。

　　（1）罚息利率：按照中国人民银行及各商业银行总行规定的利率执行。逾期贷款罚息利率在借款合同载明的贷款利率水平上加收 30%～50%；借款人未按合同规定用途使用借款的罚息利率，在借款合同载明的贷款利率水平上加收 50% ~ 100% 。计息公式为：

$$罚息 = 逾期贷款本金 × 罚息利率 × 逾期天数$$

（2）复息利率：贷款合同期内的按照合同利率执行，贷款逾期后按罚息利率执行。计息公式为：

$$复息 = 应收未收利息 × 复息利率 × 违约天数$$

4. 贷款的提前归还：借款人在借款合同到期日之前归还借款时，贷款人有权按原贷款合同利率向借款人收取利息。

5. 贷款展期，期限累计计算。累计期限达到新的利率期限档次时，自展期之日起，按展期日挂牌的同档次利率计息；达不到新的期限档次时，按展期日的原档次计息。

6. 贷款的逾期：从逾期之日起，按罚息利率计收罚息，直到清偿本息为止，遇罚息利率调整分段计息。对贷款逾期期间不能按期支付的利息，按合同利率按季（短期贷款也可按月）计收复利。

7. 《企业会计准则第 22 号——金融工具确认和计量》对利息收入的确认要求在资产负债表日予以确认："利息收入金额，按照他人使用本企业货币资金的时间和实际利率计算确定"，即按贷款的摊余成本和实际利率计算确定利息收入。

（二）贷款天数的计算

1. 各项贷款按实际天数每日累计账户余额，以累计积数乘以日利率计算利息。按月支付利息的应按每月 20 日结息，按季支付利息的应在每季度末月 20 日结息，一次还本付息的按贷款到期日进行结息。

2. 罚息和复息的天数按占有资金的实际天数计算，即全年 365 天，遇闰年按 366 天计算。

3. 计算贷款应采用"算头不算尾"的方法，即天数由贷款发放的当日算至贷款归还的前一日止。

二、企业贷款计息的计算方法

企业贷款利息的计算一般分为定期计息和利随本清两种，通常采用定期计息的方式。

（一）定期计息

定期计息的贷款，规定每季度末月的 20 日为结息日，计息期为上季度末月 21 日起至本季度末月 20 日止。计息一般采用计算机批量自动完成。计息时所采用日利率，注意计息期与利率的匹配。

利息计算公式为：

$$贷款利息 = 计息积数 × (贷款年利率 ÷ 360)$$

【例 4 – 1】某行于 6 月 28 日发放短期贷款一笔，金额为 20 万元，期限 3 个月，月利率为 6‰，如该笔贷款于 10 月 11 日才归还本息，假定合同规定按季结息，到期还本付息，则银行应计利息为：

（1）9 月 20 日银行按季结息时，该笔贷款应计的利息为：

200 000 × 85 × 6‰ ÷ 30 = 3 400.00 （元）

按权责发生制的原则，将该笔贷款利息计入利息收入账户：

借：应收利息   3 400.00

　　　贷：利息收入　　　　　　　　　　　　　　　　　　　　　　　　3 400.00

（2）9月28日到期，应计利息为：

应计利息 = (200 000 + 3 400) × 7 × 6‰ ÷ 30 = 284.76(元)

账务处理为：

借：应收利息　　　　　　　　　　　　　　　　　　　　284.76

　　贷：利息收入　　　　　　　　　　　　　　　　　　　　　284.76

（3）10月11日还本付息，假设贷款逾期罚息率每天为万分之四，应编制转账传票，进行账务处理。

应计利息 = (200 000 + 3 684.76) × 13 × 4‰ = 1 059.16(元)

账务处理为：

借：活期存款——某企业　　　　　　　　　　　　　204 743.92

　　贷：短期贷款——某企业　　　　　　　　　　　　　　200 000.00

　　　　应收利息　　　　　　　　　　　　　　　　　　　3 684.76

　　　　利息收入　　　　　　　　　　　　　　　　　　　1 059.16

（二）逐笔结息

逐笔结息即利随本清的结息方式。借款单位还款时，按放款之日起至还款之日前一天止的贷款天数，计算贷款利息。贷款满年且为整年的按年计算，贷款期限为整月的按月计算，贷款期限出现零头天数的，全部换算成天数计算。整年按360天计算，整月按30天计算。

$$贷款利息 = 贷款金额 × 贷款天数 × (贷款年利率 ÷ 360)$$

【例4-2】仍以例4-1资料为例，假定合同规定到期结息，到期日"利随本清"还本付息，则到10月11日，该笔贷款应计利息为：

200 000 × 92 × 6‰ ÷ 30 + (200 000 + 3 680.00) × 13 × 4‰ = 4 739.14(元)

账务处理为：

借：活期存款——某企业　　　　　　　　　　　　　204 739.14

　　贷：短期贷款——某企业　　　　　　　　　　　　　　200 000.00

　　　　利息收入　　　　　　　　　　　　　　　　　　　4 739.14

三、个人贷款利息的计算方法

（一）一次性还本付息

一次性还本付息，也就是利随本清，指在贷款到期时一次性收回全部贷款本金和利息，其中利息按日计收。借款人提前归还贷款的，则按贷款时约定利率和实际贷款天数计收贷款利息。

计算公式为：

$$贷款利息 = 贷款金额 × 贷款总天数 × 贷款日利率$$

（二）逐笔还息一次还本

借款人平时不用归还本金，但每期（月、季或半年）归还当期产生的贷款利息，贷款利息按日计收。借款人提前归还贷款的，则按贷款时约定利率和实际贷款天数计收贷款利息。

$$每期归还利息 = 贷款金额 × 本期实际天数 × 贷款日利率$$

贷款到期时，一次归还本金以及最后一期的利息。

（三）等额本息还款

按贷款办法的规定及合同的约定，分笔按月归还，且还款日期为固定还款日，即贷款期每月以相等的额度平均偿还贷款本息。计算公式为：

$$每月偿还本息金额 = \frac{贷款本金 \times 日利率 \times 30 \times (1 + 日利率 \times 30)^{还款总月数}}{(1 + 日利率 \times 30)^{还款总月数 - 1}}$$

$$还款当月应还利息 = 贷款本金 \times 日利率 \times 30$$

$$还款当月应还本金 = 每月等额归还贷款本金 - 当月应还利息$$

（四）等额本金还款

等额本金还款又称为"递减法"，即贷款期限内分期（按月、季或半年）归还贷款本息，每期等额偿还贷款本金，每期归还贷款利息随贷款余额逐期递减。计算公式为：

$$当月偿还贷款本息额 = \frac{贷款本金}{还款总月数} + (本金 - 已归还本金累计金额) \times 月利率$$

【例4-3】客户张华2009年3月21日向工商银行某支行申请住房按揭贷款，信贷部审批后开立活期储蓄存款账户。购房款为300 000元，首付30%，贷款额210 000元，合同贷款期限10年，月利率6.8‰，采用本金等额偿还法，售房单位为富丽房地产公司（在该行开户）。

作出贷款发放的会计分录，计算2009年4月20日第一次和2009年5月20日第二次还款金额（本金等额还款）并作出会计分录。

（1）2009年3月21日发放贷款，会计分录为：

借：个人住房贷款——张华借款户　　　　　　　　　　　　　　　　　210 000.00
　　贷：活期储蓄存款——张华存款户　　　　　　　　　　　　　　　　　210 000.00
借：活期储蓄存款——张华存款户　　　　　　　　　　　　　　　　　210 000.00
　　贷：活期存款——富丽房地产公司　　　　　　　　　　　　　　　　　210 000.00

（2）2009年4月20日第一次偿还贷款：由于采用本金等额偿还法，当月偿还本息金额为：

当月偿还本息金额 = 210 000 ÷ 120 + 210 000 × 6.8‰ ÷ 12 = 2 940.00（元）

会计分录为：

借：活期储蓄存款——张华　　　　　　　　　　　　　　　　　　　　2 940.00
　　贷：个人住房贷款——张华借款户（210 000/120）　　　　　　　　　1 750.00
　　　　利息收入——个人住房贷款利息收入　　　　　　　　　　　　　1 190.00

（3）2009年5月20日第二次还款：

当月偿还本息金额 = 210 000 ÷ 120 + (210 000 - 1 750) × 6.8‰ ÷ 12 = 2 930.08（元）

会计分录为：

借：活期储蓄存款——张华　　　　　　　　　　　　　　　　　　　　2 930.08
　　贷：个人住房贷款——张华借款户（210 000/120）　　　　　　　　　1 750.00
　　　　利息收入——个人住房贷款利息收入　　　　　　　　　　　　　1 180.08

第六节　贷款损失准备的核算

按照财政部、国家税务总局、中国人民银行所颁布的相关法规、制度的要求，各商业银行应以贷款风险分类为基础，建立审慎的贷款损失准备制度和贷款风险识别制度。按贷款风险分类的要求，定期对贷款进行分类，及时识别贷款风险，评估贷款的内在损失。建立贷款损失准备的评估制度，在贷款分类的基础上，定期对贷款损失准备的充分性进行评估，及时计提贷款损失准备，使之与贷款的内在损失评估结果相适应，准确核算经营成果，增强抵御风险的能力。建立贷款损失核销制度，及时对损失类贷款或贷款的损失部分进行核销。贷款损失的核销应建立严格的审核、审批制度，对于已核销损失类贷款，银行应继续保留对贷款的追索权。

一、贷款损失准备计提的有关规定

贷款损失准备（原称为呆账准备）是商业银行从事贷款业务过程中，对预计不能收回的贷款进行补偿的专项基金。商业银行的贷款损失准备应根据借款人的还款能力、贷款本息的偿还情况、抵押品的市价、担保人的支持力度和商业信贷管理等因素，分析其风险程度和收回的可能性，由商业银行自行合理计提。

（一）贷款损失准备的计提范围

计提贷款损失准备的资产是商业银行承担风险和损失的资产。包括贷款（含抵押、质押、担保等贷款）、银行卡透支、贴现、银行承兑汇票垫款、信用证垫款、担保垫款、进出口押汇、股票投资和债券投资（不含采用成本和市价孰低确定期末价值的证券投资和购买的国债本息部分的投资）、拆借（拆出）、应收利息（不含贷款应收利息）、应收股利、应收保费、应收分保费、应收租赁款、银团贷款等债权和股权。银行不承担风险的受托贷款等不计提贷款损失准备。

（二）贷款减值的测试和减值损失的确认

1. 计提减值准备的依据：《企业会计准则第22号——金融工具确认与计量》（以下称新准则）明确了金融资产（包括贷款和应收款项）发生减值的客观证据，规定企业在资产负债表日应进行账面价值检查，有客观证据表明金融资产发生减值的，应确认减值损失，计提减值准备。银行贷款发生减值时，应将其账面价值与预计未来现金流量现值之间的差额，确认为减值损失，计入当期损益。同原制度相比，新准则一是更注重未来现金流量（不包括尚未发生的未来信用损失）；二是突出折现的概念，需将未来现金流量按贷款初始确认时的实际利率进行折现。

2. 贷款减值测试的方法和程序：新准则规定对单项重大的金融资产（含贷款，下同）应单独进行减值测试，如有客观证据表明其已发生减值，应确认减值损失。对单项金额不重大的金融资产可以单独进行减值测试，也可以包括在具有类似信用风险特征的金融资产组合中进行减值测试。

各商业银行应明确"单项金额重大"的贷款标准和"类似信用风险特征"的分类方法，作为本行重要的会计政策。按新准则规定，"单项重大的金融资产"和"单项不重大的金融资产"的减值测试方法是不一样的，"单项重大的金融资产"需要单独测试；而为了减轻测试量，对"单项不重大的金融资产"，可以将具有类似信用风险特征的贷款组合在一起进行测试，因此，"单项金额重大"的贷款标准高与低，直接决定减值测试的复杂程度和结果，从而影响损益。

"具有类似信用风险特征"一般指资产类型、贷款期限、行业分布、区域分布、担保物类型、逾期状态等，对"单项不重大的金融资产"按"具有类似信用风险特征"进行分类组合测试。分组不同，减值测试的结果也不同，因此，各银行在执行新准则时，应明确分组标准，并作为本行重要的会计政策的组成部分。

（三）设置"贷款损失准备"科目

为正确核算商业银行贷款损失准备的情况，专门设置"贷款损失准备"科目，核算各类贷款计提的减值准备。资产负债表日，贷款发生减值的，按应减记的金额，贷记本科目；对于确实无法经批准核销的贷款，借记本科目。已计提贷款损失准备的贷款价值以后得以恢复，应在已计提减值的贷款损失准备金额以内，按恢复增加的金额，借记本科目。本科目可按计提贷款损失准备的资产类别进行明细核算。本科目期末贷方余额反映企业已计提但尚未转销的贷款损失准备。

二、贷款损失准备的核算

银行计算的当期应计提的贷款损失准备，为期末该贷款的账面价值与其预计未来可收回金额的现值之间的差额。

（一）贷款减值准备提取的核算

资产负债表日贷款发生减值的，会计部门根据减值金额，填制转账借贷方凭证，贷款损失准备计提通知书作附件，会计分录为：

借：资产价值损失——计提贷款减值准备
    贷：贷款损失准备

（二）贷款损失准备核销的核算

能够提供确凿证据，经审查符合规定条件的，按"随时上报，随时审核审批，及时转账"的方式办理核销手续，不得隐瞒不报、长期挂账和掩盖不良资产。核销符合条件的商业银行呆账贷款时，会计分录为：

借：贷款损失准备
    贷：逾期贷款或贴现——××户

已确认并核销的呆账贷款，以后年度又收回的金额，应在原计提的贷款损失准备金额内恢复增加的金额，其会计分录为：

借：贷款损失准备
    贷：资产减值损失

第七节　贷款的后续计量与核算

一、贷款的后续计量

按新准则规定，贷款和应收款项后续应采用实际利率法，按摊余成本计量。

二、贷款的摊余成本

商业银行发放的贷款的摊余成本是指金融资产或金融负债的初始确认金额经以下调整后

的结果：①扣除已偿还的本金。②加上或减去采用实际利率法将该初始确认金额与到期日金额之间的差额进行摊销形成的累计摊销额。③扣除已发生的减值损失。按新准则规定，"已偿还的本金"是现金流的概念，既包括本金的归还，也包括借款人支付的利息。

"初始确认金额与到期日金额之间的差额"主要是因为发生的交易费用、溢折价等因素影响，导致两者之间产生差额，此差额应按实际利率法在贷款存续期内予以转销。

其计算公式为：

摊余成本＝初始确认金额－已偿还的本金－累计摊销额－减值损失（或无法收回的金额）

实际利率的公式为：

实际利率＝将未来合同现金流量折现成初始确认金额的利率

如果有客观证据表明该贷款的实际利率与名义利率相差很小，也可以采用名义利率摊余成本进行后续计量。

三、贷款的后续计量与核算举例

【例4－4】某商业银行2009年1月1日向电机厂发放5年期50 000 000元的贷款，合同利率为10%，初始确认该贷款时确定的实际利率为10.53%，贷款每年收取利息5 000 000元，每年年末的贷款后续计量如下：

2009年年初该贷款的成本为：50 000 000元

2009年年末该贷款的摊余成本：

50 000 000 × (1 + 10.53%) − 5 000 000 = 50 265 000（元）

会计分录为：

借：中长期贷款——电机厂户　　　　　　　　　　　　　265 000.00
　　贷：利息收入　　　　　　　　　　　　　　　　　　　　　265 000.00

2010年年初该贷款的摊余成本为：50 265 000元

2010年年末该贷款的摊余成本为：

50 265 000 × (1 + 10.53%) − 5 000 000 = 50 557 900（元）

会计分录为：

借：中长期贷款——电机厂户　　　　　　　　　　　　　557 900.00
　　贷：利息收入　　　　　　　　　　　　　　　　　　　　　557 900.00

2011年年初该贷款的摊余成本为：50 557 900元

2011年年末该贷款的摊余成本为：

50 557 900 × (1 + 10.53%) − 5 000 000 = 50 881 700（元）

会计分录为：

借：中长期贷款——电机厂户　　　　　　　　　　　　　881 700.00
　　贷：利息收入　　　　　　　　　　　　　　　　　　　　　881 700.00

2012年年初该贷款的摊余成本为：50 881 700元

2012年年末该贷款的摊余成本为：

50 881 700 × (1 + 10.53%) − 5 000 000 = 51 239 500（元）

会计分录为：

借：中长期贷款——电机厂户　　　　　　　　　　　　　1 239 500.00

        贷：利息收入　　　　　　　　　　　　　　　　　　　　　　　　1 239 500.00

2013 年年初该贷款的摊余成本为：51 239 500 元

2013 年年末该贷款的摊余成本为：

$51\ 239\ 500 \times (1 + 10.53\%) - 5\ 000\ 000 = 51\ 635\ 000$（元）

会计分录：

借：中长期贷款——电机厂户　　　　　　　　　　　　　　　　　1 635 000.00

     贷：利息收入　　　　　　　　　　　　　　　　　　　　　　　1 635 000.00

如果第五年 12 月 31 日前有客观证据表明电机厂发生严重财务困难，银行认定该贷款发生了减值。第五年年末仅收到本金 25 000 000 元，则 2013 年年末该贷款的摊余成本为：

$51\ 635\ 000 - 25\ 000\ 000 = 26\ 635\ 000$（元）

会计分录为：

借：贷款损失准备　　　　　　　　　　　　　　　　　　　　　　25 000 000.00

     贷：中长期贷款——电机厂户　　　　　　　　　　　　　　　　25 000 000.00

第五章　银行往来及资金清算核算

第一节　银行往来及资金清算概述

银行是国民经济资金活动的枢纽，承担着为社会各部门、各单位之间商品交易、劳务供应进行货币结算以及财政预算资金上缴下拨进行划拨清算的责任。中国人民银行作为中央银行，还担负着为商业银行上下级行间及跨系统的资金划拨提供清算服务的责任。在办理这些业务中，如果收、付款人在同一行处开户，那么资金划拨在一个行处内即可以完成；如果收、付款人在不同的行处开户，资金则需要在两个行处之间划拨，并对由此而形成的相互之间资金的代收代付进行清偿。由此可见，资金清算是行与行之间办理资金调拨、划拨支付结算款项，并对由此引起的行与行之间资金存欠进行的清偿。

随着社会经济的发展，银行之间资金划拨的规模迅速增长，客观上对资金划拨和清算的要求不断提高。多元化的金融机构体系使得行与行之间的资金划拨关系更加复杂化；电子化核算在银行的广泛运用，使得银行之间的资金清算方式不断改革并更加科学和快捷。目前，人民银行有全国现代化支付系统，工、农、中、建四大银行各自建立有自己的资金清算系统，股份制商业银行有的挂靠国有控股商业银行的清算网络，有的就以会员制方式加入人民银行现代化支付系统。本章所讲银行往来核算，从资金往来的关系分析，有同一银行系统内的资金清算、跨系统资金清算的区别。

支付结算是商业银行所办理的一项重要的中间业务，它是在收、付款人存款的基础上，通过双方的开户银行，将资金从付款人账户划转到收款人账户的过程。在办理资金划转的过程中，由于收、付款人开户行的不同，可以归纳为以下几种情况：一是收、付款人在同一行处开户；二是收、付款人在同一银行系统的不同行处开户；三是收、付款人在不同银行系统的营业机构开户。其中，第一种情况将资金从付款人账户划转到收款人账户即可，在同一个银行营业机构即可完成资金划拨；第二种情况和第三种情况的结算款项需要在收、付款人开户银行之间划拨，才能完成支付结算业务。与此同时，收、付款人开户银行之间划拨款项必然形成相互代收、代付的资金，对于由此引起的资金存欠并需及时清偿。这些不同行处之间结算款项划拨以及行与行之间资金存欠的清偿，均可称为资金清算。

综上所述，资金清算可以从两个层面上理解：第一，完成支付结算的款项从一个行处向另一个行处的划拨，从而实现支付结算业务。这一层面上的资金清算是作为实现支付结算的工具而发挥作用。第二，对于划拨支付结算款项而形成的行与行之间的资金存欠进行清算。从这一层面上理解，资金清算是由支付结算引起的，支付结算是资金清算的原因，资金清算是实现支付结算的工具，是清偿行与行之间资金存欠的手段。本章所述系指第二个层面上的资金清算。

资金清算业务是指通过全功能银行系统、人民银行现代化支付系统，清算本行系统内各级行处间、本行与外部金融机构之间由于办理客户款项收付、进行内外部资金交易引起的债权债务关系，以及计算应收应付差额的过程。按照参与资金清算的商业银行机构范围划分，可以分为：系统内资金清算与跨系统资金清算。支付结算涉及的收、付款人在同一银行系统内不同行处开户的，结算款项需在系统内行处之间划拨并对由此引起的资金存欠进行的清偿，属于系统内资金清算；支付结算涉及的收、付款人在不同银行系统开户的，结算款项需在跨系统行处间划拨并对由此引起的资金存欠进行的清偿，属于跨系统资金清算。

办理清算业务必须遵循"资金安全、处理高效、核算准确、管理科学"的原则。

一、系统内联行资金清算往来的原理与特点

系统内联行是指同一银行系统内各行处间彼此的互称。系统内联行资金清算往来是指同一银行系统内行与行之间由于办理结算业务等款项划拨，相互代收、代付而引起的资金账务往来。长期以来，我国银行业资金清算往来主要通过手工处理，支付信息凭证采用邮局传递，中间环节多，传递速度慢，制约了银行资金的结算流转。1989 年开始，中国人民银行开始建设以金融卫星通信网络为支撑的电子联行清算系统，为银行提供快捷高效的资金汇划和清算渠道。1994 年，随着银行商业化和市场竞争的加剧，国有大银行相继建立起本行的电子联行汇划及清算系统。随着计算机在资金清算中的运用不断升级，各行系统内清算资金往来的做法均进行过多次大的改革，改革后的清算资金往来由于资金划拨更加快捷、便利。

（一）清算资金往来的基本原理

1. 同一笔业务相互往来的行处分为发报行和收报行。资金汇划业务的发生行为发报行，收受汇划资金的行为收报行。

2. 划分往账、来账两个账务系统。发报行（往账行）处理清算资金往来往账系统，收报行（来账行）处理清算资金往来收账系统。

3. 分别设置清算资金往来系统和清算资金往来系统的会计科目或账户，核算发出与收到的清算资金往来。发报行发出资金汇划业务，记载往账系统的有关科目；收报行收受汇划资金业务后，记载来账系统的有关科目。清算资金往来和清算资金往来的关系：往账行和来账行互以对方的存在为前提，彼此你往我来，有往账必有来账，你借我贷，同一笔业务记账金额相等，记账方向相反。

4. 清算资金往来与清算资金往来之间的账务用专用的会计凭证（联行之间资金往来报告单，简称报单）连接起来，通过资金划拨的专用凭证实现资金在发报行与收报行之间的划拨。

5. 制定专门的账务核对方法，通过往账与来账的账务核对，确保清算资金往来的正确无误。

（二）清算资金往来的特点

清算资金往来是联行之间的资金账务往来，它随有关业务的发生而发生，但在核算上又具有与各项业务核算不同的特点：

1. 清算资金往来产生的原因系由行与行之间的结算业务及资金划拨业务所引起。每发

生一笔资金划拨业务，一方面是收、付款单位间的结算，一方面是收、付款单位开户银行间的资金往来，实现资金划拨业务的同时，引起清算资金往来。

2. 清算资金往来有着完整的往来账务核算系统。清算资金往来是在两个划拨资金的行处间的资金往来，按照一般的清算资金往来关系，清算资金往来发生后，发报行记往账，收报行记来账，就全国、全省、全辖内来讲，往账和来账必然相等。而从某一个经办行来看，它既有发报的往账业务，又有收报的来账业务，为了保持往账、来账核算系统的完整性，就要求各行往账、来账系统分别核算，严格划分，不得混淆，并将每一笔资金资金划拨都置于联行管辖行的监督之下。

3. 清算资金往来账务处理的时间差、空间差决定着联行核算方法的特殊性。从清算资金往来产生的原因看，其发生在有资金划拨关系的两个行处之间，即使将这种横向的往来关系转化为纵向的账务关系，其资金划拨仍为两个行处之间的往来关系。而双方行处资金的收付不在同一时间、同一地点进行，这样了为了保证联行账务的正确、及时，就采取了一系列特殊的核算方法。如账务划分为往账和来账两个系统，采用特定的往、来账核对方法，账务的记载划分年度并按年度进行未达账的清查等。即使采用纵向往来的核算方法，这种账务核算的基本原理也适用。

4. 及时清偿清算资金往来所形成的资金存欠。联行之间的账务往来会形成相互之间资金的代收、代付关系，这种代收代付所形成的资金存欠，需要及时清偿。目前对各行处之间由于清算资金往来形成的资金存欠的清偿方法主要采用逐笔实时清算。其基本做法是清算资金往来的经办行一律通过一级（直辖）分行及二级分行在总行开立备付金账户清算资金。即资金往来采取纵向划拨，往账发生行将往账业务发送管辖行至总行，总行在往账行与来账行备付金之间的备付金账户清算资金，然后将款项下划信息通知来账行管辖行至来账经办行，从而实现资金存欠清偿与资金划拨的同步。

二、系统内联行资金往来组织体系

（一）系统内联行的管理体制

由于我国幅员辽阔，银行分支机构众多，汇划资金业务频繁，目前按"统一领导、分级管理"的原则运行。我国商业银行一般实行三级会计主体制度，总行、一级分行、二级分行各自作为独立核算的会计主体，一级分行通常管辖省、自治区、直辖市、经济特区城市，二级分行管辖地级市，形成商业银行系统内纵向核算体系。与此相适应，我国银行的联行组织机构也采用总行、一级分行、二级分行管理的联行体制。系统内三级联行为：

1. 全国清算资金往来，由总行管理。凡经总行核准，颁发有全国联行行号和联行专用章的行处，对异省、自治区和直辖市各行处之间的资金账务往来，按全国联行制度办理。

2. 分行辖内往来，由省、自治区、直辖市分行管理。凡经分行核准，颁发有省辖联行行号和省辖联行专用章的行处，对本省（自治区、直辖市）内各行处之间的资金账务往来，按分行辖内往来制度办理。

3. 支行辖内往来，由县支行管理。凡经县（市）支行核准，有辖内行号和辖内联行专用章的行处，对本县（市）内各行之间的资金账务往来，按支行辖内往来制度办理。

目前，并不是所有的设有联行系统的银行都划分为三级联行，各行根据其业务量及清算资金往来的资金汇划手段状况，有的将分行辖内往来并入全国清算资金往来，有的取消支行辖内往来，但总行、分行和支行在清算资金往来核算中均发挥重要的监督作用。

（二）系统内联行清算资金往来的核算形式

因系统内资金清算的往来区域范围清算技术不同，联行的清算形式也不同。其核算形式有集中制和分散制两种。

集中制核算形式的特点是联行各行处不以对方的名义开立账户，而由总行集中开户，集中记账，集中对账销账，对联行资金实行集中统一管理，账务由总行（或分行）监督管理。集中制适用于规模较大、网点较多的银行机构使用。

分散制核算形式，其特点是各关系行之间，互以对方行的名义开立账户进行往来，直接寄送对账单对账销账。它适用于规模较小的商业银行以及信用社。

三、跨系统资金清算的基本做法

（一）跨系统资金清算的意义

跨系统资金清算指的是不同系统金融机构之间的资金往来以及由此而产生的资金存欠的清偿，跨系统资金往来通常称为金融机构往来。广义的金融机构往来包括同一金融企业内部各机构间的资金账务往来、不同金融企业跨系统机构间的资金账务往来以及金融企业与中央银行之间的资金账务往来。狭义的金融机构往来仅指金融企业跨系统机构间的资金账务往来和金融企业与中央银行之间的资金账务往来，亦即跨系统往来。

在多元化金融机构体制下，金融机构往来既是必然的，也是必要的。首先，商业银行办理的结算业务，除一部分能在同一银行系统内实现资金划拨外，还有的要涉及不同的商业银行系统之间的资金划拨；其次，商业银行需相互融通资金，以调剂资金余缺；最后，中国人民银行行使中央银行职能，运用货币政策工具并实行信贷资金管理而引起中央银行与商业银行之间的往来。可见，金融机构往来既是实现银行间资金划拨与清算的手段，又是中央银行行使职能所必需的。

（二）跨系统资金清算的内容

目前，跨系统资金清算的内容有：商业银行之间的往来包括同城票据交换及清算、异地跨系统汇划款项相互转汇、同业拆借及转贴现等；商业银行与中央银行的往来包括商业银行向中央银行送存或提取现金、缴存存款准备金、向中央银行借款、办理再贴现及通过中央银行汇划款项等。

第二节　系统内资金调拨业务核算

一、系统行上存款项的核算

系统内款项包括系统内存放款项、存放系统内款项及通过人民银行上存上级行备付金账户的核算，主要是用于核算日常结算和资金划拨所需要的清算资金而相互存入存出的款项。

人民币资金调拨清算业务可以通过人民银行开立的备付金账户、一级（直属）分行、二级分行备付金账户，通过人民银行上存或上级行主动调增调减备付金的方式实时清算系统办理。

下级行核算存放系统内款项使用"存放系统内款项"科目,该科目为资产类科目,当上存上级行资金或转存时记借方;调回和清算支付时记贷方,余额在借方,表示在上级行还存有的资金数。

上级行核算系统内存放款项时使用"系统内存放款项"科目,该科目为负债类科目,当收到下级行交存和清算转存时记贷方,下级行调回清算书支付时记贷方,余额一般在贷方,表示上级行对下级行的负债。

上存总行备付金为省行、营业部、各分行存放在总行清算中心的系统内备付存款,主要用于各行与总行、其他一级分行或准一级分行辖内分支行的系统内资金清算。上存总行备付金由省行、营业部,各分行资金营运部门调度管理,其他专业部门无权进行总行备付金调度。

通过人民银行上存备付金和调回备付金的处理均通过内部资金收付管理系统进行流程化操作,发送或接收跨行支付报文,自动更新上存系统内款项,批量更新存放中央银行准备金账户。

上存总行备付金账户日间允许透支,但日终总行主机批量结束后不得出现透支,否则将对透支分行发放强拆借款。省行资金营运部门负责对各行上存总行备付金核定上限限额,各行上存总行备付金日终余额超过上限限额时,应主动调减,使其在限额以内。上存总行备付金账户由总行清算中心计付利息,执行总行系统内备付金利率。

1. 清算行上存总行,填制人民银行划款凭证,向总行清算中心划款,会计分录为:

借:存放系统内款项——总行备付金户
    贷:存放中央银行款项——存放中央银行准备金

调回资金时分录相反。

2. 总行清算中心收到人民银行收账通知后,填制转账借贷方凭证办理转账,会计分录为:

借:存放中央银行款项——存放中央银行准备金
    贷:系统内存放款项——境内分行存放备付金

调回资金时分录相反。

3. 实际支用清算资金。

(1) 清算行收到经办行上送的实际支用报文时,由系统自动更新备付金后,将汇划款项数据传输到收报行。如为应付(贷报)款项,其会计分录为:

借:待清算辖内往来——营业机构往来
    贷:存放系统内款项——总行备付金户

如为应收(借报)信息,会计分录相反。

(2) 总行清算中心收到清算分中心应付(贷报)支用信息后,填制借贷方传票办理转账,会计分录为:

借:系统内存放款项——境内分行存放备付金(发报清算行)
    贷:系统内存放款项——境内分行存放备付金(收报清算行)

如为应收(借报)信息,会计分录相反。

【例5-1】中国工商银行广东省分行向总行清算中心划款 20 000 000 元。

广东省分行会计分录为:

借：存放系统内款项——总行备付金户　　　　　　　　　20 000 000.00

　　贷：存放中央银行款项——存放中央银行准备金　　　　　　　20 000 000.00

总行清算中心会计分录为：

借：存放中央银行款项——存放中央银行准备金　　　　　20 000 000.00

　　贷：系统内存放款项——广东省分行存放备付金　　　　　　　20 000 000.00

【例5-2】中国工商银行广东省分行须支付给上海分行结算款项5 000 000元。

总行会计分录为：

借：系统内存放款项——广东省分行备付金户　　　　　　5 000 000.00

　　贷：系统内存放款项——上海分行备付金户　　　　　　　　　5 000 000.00

广东省分行会计分录为：

借：待清算辖内往来——营业机构往来　　　　　　　　　5 000 000.00

　　贷：存放系统内款项——总行备付金户　　　　　　　　　　　5 000 000.00

二、系统内借款的核算

系统内借款是指下级行向上级行资金营运部门借入的资金。在资金集中管理后，省行与营业部仍保留系统内借款，省行与辖内分行之间的系统内借款只保留强拆借款，分行与辖内运行之间不再发生系统内借款。

为有效管理商业银行的资金运营，核算系统内借款情况，专门设置了"系统内借出"和"系统内借入"两个科目，"系统内借出"科目为资产类科目，用于核算借出行借出资金情况；"系统内借入"为负债类科目，下设"系统内借入——一般借入"和"系统内借入——强行借入"分户。

（一）一级（直属）分行向总行借入、归还一般款项的核算

一级（直属）分行向总行发出借款申请，经批准后，总行清算中心办理借出资金。

总行的账务处理为：

借：系统内借出——境内分行一般借出

　　贷：系统内存放款项——境内分行存放备付金

一级分行收到总行清算中心发来的清算报文，有系统自动进行相关账务处理，会计分录为：

借：存放系统内款项——上存总行备付金

　　贷：系统内借入——一般借入

归还时分录相反。

（二）总行通过省行强拆二级分行

省行备付金足够的处理：

1. 总行清算中心日终批量处理时，若二级分行备付金不足，则系统自动进行省行户调账及代省行强拆二级分行处理。会计分录为：

借：系统内存放款项——分行存放备付金（省行）

　　贷：系统内存放款项——分行存放备付金（二级行）

2. 省行清算中心次日收到总行调账和代强拆信息后，系统自动更新备付金和强拆借款的余额。会计分录为：

借：系统内借出——强行借出（省区分行）
　　贷：存放系统内款项——上存总行备付金
3. 二级分行次日收到总行贷省行强拆信息后，系统自动进行账务处理。会计分录为：
借：存放系统内款项——上存总行备付金
　　贷：系统内借入——省辖强行借入

若省行备付金也不足时，总行系统自动进行强拆省行、代省行调账及代省行强拆二级分行。

第三节　系统内电子汇划往来及清算的核算

一、系统内电子汇划及清算业务的意义和作用

电子汇划及清算业务是指系统内各行际间通过本行资金清算系统进行异地资金电子汇划；各级行资金清算中心在上一级行开立活期备付金存款户，由上级行逐级清算往来汇差资金。

系统内电子汇划清算业务，是对传统手工清算资金往来业务的一次重大改革，它是通过在本行系统内设立清算中心，通过行内清算中心代替行外邮电部门，直接传输电子汇划信息，并清算当天的汇差资金。因此，各银行电子汇划及清算系统的开通，对于整个银行的业务经营具有十分重要的作用：

首先，电子汇划清算是快捷办理异地结算、行内资金划拨的重要工具。其联网机构已实现24小时到账，受理客户上午交汇的款项，当天即能汇达进账；客户下午交汇的款项，次日上午即能汇达进账，这便大大地加速了社会资金的周转。

其次，电子汇划清算能对每一笔系统内汇划资金实现随时结计汇差，日终清算汇差，大大地减少了传统手工联行制度下的联行占款，更便于系统内各级行处的业务资金调度管理和商业化经营。

再次，采用电子汇划清算，整个业务系统通过运用现代科技手段和科学严谨的会计处理程序，能对每一笔汇划资金实行日中对账，通过账务核算和账目平衡，确保信息准确、安全，切实保证了账务处理的正确性。

最后，采用电子汇划清算，整个业务系统，在系统各网络节点上均能反映经过的汇划业务实际状态，监控网络运行和业务流量状态；实现汇划业务迅速查询、查复及汇划内容审查，为向客户提供更优质服务、发挥银行会计的反映功能创造了良好的条件。

二、电子汇划业务的基本做法和处理环节

（一）电子汇划业务的基本做法

1. 实存资金。实存资金是指以清算分中心为单位在总行清算中心开立备付金存款账户，用于汇划款项时的资金清算。

2. 同步清算。同步清算是指经办行汇出汇入资金要同时进行清算，随发随收。即发报经办行通过其清算行经总行清算中心将款项汇划到收报经办行的同时，总行清算中心每天根

据汇出汇入行的资金情况，从各清算行备付资金账户付出资金或存入资金，从而实现各清算行之间的资金清算保持同步。

3. 头寸控制。头寸控制是指各清算行在总行清算中心的备付金存款账户，保证足额存款，总行清算中心对各行汇划资金进行集中清算。清算行备付金存款不足，二级分行可向管辖区和直辖市分行借款，省区和直辖市分行、直辖分行头寸不足可以向总行借款。

4. 集中监督。集中监督是指电子汇划系统中，总行清算中心对汇划往来数据发送、资金清算、备付金存款账户的资信情况和银行间的查询、查复情况进行管理和监督。

（二）电子汇划业务核算的基本环节

从电子汇划业务核算方法发展的历史过程来看，不同时期，由于业务量、管理要求以及核算技术手段不同，其核算方法也不同。尤其是近年来，随着现代科学技术的发展，各银行清算资金往来的核算系统不断更新，承载业务量不断加大，资金划拨速度不断提高，账务核对更加及时严密，在途资金明显下降，资金清算更加及时。但不论哪种联行核算方法，其处理过程一般都可以划分为：发、收报行日常往来，往来账核对，资金存欠清偿和年终结平四个环节。

1. 日常往来。日常往来是由有关业务引起的发、收报行之间资金的相互往来，双方行处的主要处理内容是编制报单、收受报单以及分别记载往账和来账，这是清算资金往来核算的基础环节。日常往来是发、收报行之间横向的资金往来，但反映在清算资金往来的核算上，目前主要采用纵向往来方式，即业务发生后，发报行向清算资金往来的管辖行填发报单，报告资金汇划信息，由管辖行将资金汇划信息传至总行清算中心并转发给收报行管辖行至收报行，发、收报行之间不直接发送汇划信息，但账务仍分别按往账、来账处理。

2. 往账与来账的核对。协议内联行清算资金往来核对是确保联行账务正确的关键环节，其作用与目的是及时发现差错并予以纠正，从而确保清算资金往来账务的正确无误。在目前纵向往来清算资金方式下，往来账的核对一般由联行管辖行集中办理，账务与总行清算中心计算机网络自动核对，对账销账。

3. 资金存欠的清偿。资金存欠清偿是对清算资金往来中行与行之间的资金存欠进行的清偿。一般来说，贷记清算资金往来科目，为应付他行资金；借记清算资金往来科目，为应收他行资金。目前大多采用逐笔清偿资金存欠的办法，即由各清算行逐级开立清算账户并上存资金，逐级实时清算存欠。当应付他行资金时，管辖行借记该行的清算账户；应收他行资金时，管辖行贷记该行的清算账户，清算资金往来业务引起的资金存欠逐笔得到清偿。

4. 年终结平。年终结平是为了验证年内全部清算资金往来和来账数字是否一致，而在年度终了以后按规定处理的一个环节。清算资金往来账务一般要划清年度，每年年终截止当年的往账，而在年度终了后的一定时间内，清查上年度清算资金往来未达账项，并在未达账查清后，将上年清算资金往来划转管辖行，予以汇总结平。

三、电子汇划业务范围、机构要求及信息传输方式

（一）电子汇划业务范围、机构要求

电子汇划业务的范围包括系统内行际间的异地划收款、划付款业务。其中异地划收款业务包括：单位、个人之间结算业务的各项资金划拨（包括信汇、电汇、托收承付、委托收款结算种类）、系统内行处间的资金划拨等；异地划付款业务的范围限于解付银行汇票、系

统内按规定扣划款项、贷款账户移转，以及按规定允许扣收的款项和特定的直接借记业务。

电子汇划业务作为系统内各行际间的异地资金汇划，其作为汇划主体的汇出行、汇入行均要求是通过资金清算中心（组）办理电子汇划业务的全国联行机构。发有全国联行行号且已成立清算中心（组）机构的行处，可直接将汇划款项信息提交其清算中心（组）办理；发有全国联行行号但尚未成立清算中心（组）机构的行处，汇划款项信息采用委托管辖行清算中心或同一管辖行的邻近行清算中心（组）转划的方法办理。没有全国联行行号的行处，应将款项汇划至其管辖行会计部门，再按电子汇划规定转汇。

（二）各级清算中心间的信息传输方式和特点

（1）电子汇划信息采用全自动、全封闭、无纸方式传输。汇划款信息一经入网即进行自动传递，不受人工和其他因素干扰，网上传输的汇划信息是无纸信息，有效纸凭证停留在发出行，不在清算中心之间进行传递。

（2）电子汇划信息的传输，采用树形多级架构进行逐级纵向传输，各清算中心（组）不直接发生横向电子汇划信息的传输。

（3）发送电子汇划信息可采取紧急的即时发送、一般的定额批发送和定时批发送三种方法进行。已发出的电子汇划信息不得撤销。

（4）各级清算中心（组）对电子汇划信息要做到及时发送和处理，并坚持当日事项当日处理完毕的原则，并自动结计当日资金清算汇差。

四、电子汇划业务核算

（一）电子汇划业务的科目设置

1. "清算资金往来"账户。该账户为资产负债共同类账户，用以核算商业银行系统内、清算分中心与总行清算中心之间，以及经办行与清算分中心之间的资金汇划与清算业务。其使用方法可根据发报银行的业务性质决定记账方向，如为付款业务，该科目记账贷方，表示应付资金数；如为收款业务，该科目记在借方，表示应收资金数。"清算资金往来"账户核算按行处设"往来户"，如总行与清算分中心往来使用时，总行按所属各分行清算分中心开设明细户，即"清算资金往来——××地区清算行户"，清算分中心则对应总行清算中心开户"清算资金往来——总行清算中心户"；如清算分中心与经办行往来使用时，清算分中心按辖属发有电子汇划行号的行、部、处开设明细账户，即"清算资金往来——××经办行户"，经办行则对应清算分中心设置"清算资金往来——清算分中心户"。

每日营业终了，经办行与清算分中心、清算分中心与总行清算中心之间，应核对账户余额相符。

2. "待处理汇划款项"账户。该科目用于核算经办行待发报或待转账的挂账科目，下设"电子汇划待发报"和"电子汇划待转账"两个账户。当发生业务时，记贷方，处理结束时记借方。

（二）电子汇划业务使用的会计凭证

1. 电子汇划汇总报单。该凭证用于各地区清算分中心使用的记账汇总凭证，逐笔或批量打印。

2. 电子汇划借方报单、电子汇划贷方报单。该凭证为电子汇划业务的发报行使用。电子汇划的借贷方报单的方向由发报行的业务性质或由发报行的"清算资金往来"科目记账方向决定。如发报行为付款业务（"清算资金往来"科目记账方向为贷方），则使用电子汇划贷方报单；如发报行为收款业务（"清算资金往来"科目记账方向为贷方），则使用电子汇划借方报单。

3. 电子汇划借方补充报单、电子汇划贷方补充报单。该凭证为电子汇划业务的收报行使用。收到发报行发来的业务信息时，由系统自动打印出借方或贷方补充报单。

（三）电子汇划业务的会计核算

一笔汇划业务从需汇出的营业网点开始，将汇出凭证的各项要素转化为电子信息，经复核后，导入清算系统，并通过本行的集中汇划点将电子信息发送至异地收汇的集中汇划点，通过异地收汇的集中汇划点，将入账信息输送给收汇的营业网点。

1. 划收款的核算。

（1）汇出行的处理。汇出网点审核付款凭证无误后，按规定逐笔填制"电子汇划款项划收款清单"，经复核无误后将异地汇划信息上传集中汇划点，并填制"电子清算划收款专用凭证"一联作贷方记账凭证，电子汇划款项划收款清单做附件，以有关付款凭证作借方记账凭证。会计分录为：

借：活期存款——××存款人户
　　贷：清算资金往来——集中汇划点往来户

付款人附寄的有关通知、清单、证明等非记账凭证，营业机构应作为电子汇划信息的附单寄收款人开户行，或通过清算系统中的跟单业务方式录入信息发送至汇入行。

（2）汇入行的处理。汇入网点根据集中汇划点已集中入账信息或下传的未入账汇划信息，填制"电子汇划款项划收款清单"一份、"电子清算划收款专用凭证"一联和"电子汇划收款补充报单"两联，经复核无误后，以电子清算划收款专用凭证作借方记账凭证，清单作附件，以电子汇划收款补充报单第一联作贷方记账凭证，第二联加盖"转讫章"作收账通知交收款人。对单设机构"先直后横"方式转划款的，应将两联"电子汇划收款补充报单"通过票据交换或同城其他划款方式将款项划转收款人开户银行。会计分录为：

借：清算资金往来——集中汇划点往来户
　　贷：活期存款——收款人户

或，

借：清算资金往来——集中汇划点往来户
　　贷：××科目——××户

2. 划付款的核算。

（1）汇出行的处理。汇出行审核有关收款凭证无误后，按规定逐笔填制"电子汇划款项划付款清单"，经复核无误后将异地汇划信息上传集中汇划点，并填制"电子清算划付款专用凭证"一联作借方记账凭证，电子汇划款项划付款清单作附件，以有关收款凭证作贷方记账凭证。会计分录为：

借：清算资金往来——集中汇划点往来户
　　贷：活期存款——户

或，

借：清算资金往来——集中汇划点往来户
　　贷：××科目——××户

如有应说明的事项，汇出网点应作为电子汇划信息的附单寄付款人开户行，或通过清算系统中的跟单业务方式录入信息发送至汇入行。

（2）汇入行的处理。汇入网点根据集中汇划点已集中入账信息或下传的未入账汇划信息，填制"电子汇划款项划付款清单"一份、"电子清算划付款专用凭证"一联和"电子汇划付款补充报单"两联，经审核无误后，区别以下情况处理：

①一般划付款业务。以电子清算划付款专用凭证作贷方记账凭证（电子汇划款项划付款清单作附件），电子汇划付款补充报单第一联作借方记账凭证，第二联作附件。会计分录为：

借：××科目——××户
　　贷：清算资金往来——集中汇划点户

②解付汇票的划付款业务，会计分录为：

借：汇出汇款——××银行汇票户
　　贷：清算资金往来——集中汇划点往来户

3. 待汇出业务的核算。汇划网点对当日已处理的汇划业务，由于网络故障等原因无法汇出的，暂作待汇出处理，留待次日发送。

待汇出业务为划收款的，日终填制借、贷方记账凭证各一联。会计分录为：

借：清算资金往来——集中汇划点往来户（或电子汇划款项户）
　　贷：待汇出汇划款项——待汇出汇划款项户

次日将待汇出款项发出，并填制借、贷方记账凭证各一联，作相反的会计分录。

待汇出业务为划付款的，按上述方法处理，作相反会计分录。

（四）日终资金清算的处理

营业日终，集中汇划点（汇划网点）将当日汇划流水与清算系统转发的信息逐笔核对相符后，结计汇差，作日终资金清算账务处理。集中汇划点或汇划网点已记账但由于各种原因未发出的汇划信息，或清算系统已接收但尚未发往集中汇划点的来账，应作待汇出汇划款项处理，于次日首批发送。

第四节　辖　内　往　来

辖内往来是指一个清算行范围之内经办行（含支行办事处、分理处、储蓄所等营业机构）与经办行、经办行与清算行之间往来款项及资金清算情况。包括资金汇划业务辖内往来、系统内往来、同城交换辖内往来和通存、通兑业务。

一、基本规定

（一）辖内往来的基本做法

辖内往来的基本做法是：相互往来，及时清算，集中对账，分级管理。

相互往来是指清算行及经办行资金汇划业务和同城行处之间的资金往来。及时清算是指清算行当日将辖属各经办行的辖内汇划资金往来差额进行清算。集中对账是指通过资金汇划系统汇划的款项、通过同城处辖内往来划转的款项由市地行负责对账。分级管理是指辖内往来分别由省行、市地行、县区行负责管理和监督。省行负责辖内往来办法的制定，并对执行情况进行监督和管理；市地行负责对辖内往来办法的贯彻落实，办理辖内往来清算、对账和监督；支行负责辖属分理处、储蓄所之间往来账户的资金划拨及监督。

（二）辖内往来的基本要求

1. 认真执行换人复核制度。
2. 及时处理往来账务，做到不积压、不延误，并坚持印、押、证分管分用。
3. 严密控制核算环节，严格账务核对，确保核算正确无误和资金安全。
4. 同城行处辖内往来账户的所有往来单证，必须有专人传送，并建立登记签收手续。
5. 储蓄所只准在其管辖支行开立往来账户。

（三）辖内往来业务设置的科目和账户

使用"辖内往来"科目：本科目核算清算行与经办行、经办行与经办行之间资金汇划款项往来及清算情况；县、区支行与所辖机构之间的账务往来与参加辖内往来的储蓄、信用卡等业务部门之间的往来。本科目属共同类科目，余额轧差反映：

1. 资金汇划辖内往来账户的设置如下：

（1）辖内往来汇划户：用于反映经办行与清算行之间的资金汇划往来款项，经办行和清算行设置。

（2）辖内往来信用卡户：用于反映收报确认后，需转信用卡部门的报文款项，经办行和清算行设置。

（3）辖内往来其他户：用于反映收报确认后，需转储蓄部门报文的款项（支行按储蓄所设往来户的，此账户作为汇总过渡户），管辖行与辖属行设置。

（4）清算户：用于反映清算行与经办行之间的资金汇划款项的清算。用于反映经办行汇划资金的备付、清算情况，余额反映在借方，经办行、清算行设置。

2. 同城行处辖内往来账户的设置。县、区支行按辖属分理处、信用卡、房地产信贷等往来行、处设立"单月往来户"和"双月往来户"，用于反映往来行、处之间资金往来核算。

储蓄所往来户按所设户（无须分单、双月户），用于反映管辖支行与储蓄所之间的资金往来。

（四）凭证的使用

1. 资金汇划清算系统打印的"辖内往来汇总记账凭证（借方）（贷方）"为"辖内往来——汇划户"记账凭证。

2. 同城行处辖内往来均使用"辖内往来汇划借方（贷方）凭证"（暂用"同城票据交换汇总表"代），该凭证作为辖内往来的基本凭证，是辖内各行、处、所和有关部门之间办理资金往来和账务核算的重要依据。"辖内往来汇划借方（贷方）凭证"作为重要空白凭证管理，纳入表外科目管理。

（五）同城行、处辖内往来

各往来行处，必须互送印鉴备验（印鉴由一枚业务公章及一枚行、处负责人印章组成），凭以办理同城行、处辖内往来业务。

（六）辖内往来汇划借方（贷方）凭证

辖内往来汇划借方（贷方）凭证一律加盖各往来行、处的预留印鉴。

二、资金汇划辖内往来业务处理

发报经办行经办柜员接到客户提交的汇划凭证，按照有关规定进行认真审查，确认无误后，按照汇划业务种类，进行以下业务处理：

1. 发报汇出日间处理。经办人员根据汇划凭证录入有关内容。若属贷报业务时，会计分录为：

借：××科目

　　贷：辖内往来——汇划户

若属借报业务时，其会计分录相反。

业务数据经过复核、按规定授权无误后，产生有效汇划数据，发送至清算行。

2. 清算行的处理：清算行实时记账，会计分录为：

借：辖内往来——汇出行

　　贷：辖内往来——汇入行

3. 收报行的处理：收报经办行收到清算行传来的实时、批量汇划业务，经检查无误后，打印"资金汇划（借方）补充凭证"或"资金汇划（贷方）补充凭证"一式两份，并自动进行账务处理。如为贷方汇划业务，会计分录为：

借：辖内往来——汇划户

　　贷：××科目——××账户

如为借方汇划业务，会计分录相反。

三、通存通兑业务处理

目前商业银行资金清算采用数据集中处理，清算行管辖范围扩大，通存通兑业务不断拓展，实现全国、全省、全辖范围内通存通兑。下面以个人储蓄存款的通存通兑业务为例说明。

（一）全辖内通存通兑存款业务核算

经办行：客户提交储蓄存款卡或一本通存折，经柜员审核无误后，进入系统输出"储蓄存款凭条"，加盖通存通兑章后，交客户确认，撕下附联，联同卡或存折交回客户，银行资金清算系统实时自动完成下列会计分录：

借：现金或活期储蓄存款——××户

　　贷：省辖往来——清算行户

清算行：

借：省辖往来——交易行户

　　贷：省辖往来——开户行户

收款行：

借：省辖往来——清算行户

　　贷：活期储蓄存款——××户

（二）全辖内通存通兑取款业务核算

经办行：客户提交储蓄存款一本通或储蓄卡，告知柜员取款金额，进入系统输出"储蓄取款凭条"，加盖通存通兑印章后，交客户签名确认，连同储蓄卡或储蓄存折交客户。银行资金清算系统实时自动完成以下会计分录：

借：活期储蓄存款——××户

　　贷：省辖往来——清算行户

清算行：

借：省辖往来——开户行户

　　贷：省辖往来——交易行户

取款行：

借：省辖往来——清算行户

　　贷：现金或活期储蓄存款——××户

第五节　同城票据交换及清算

一、同城票据交换及清算的意义

同城票据交换及清算，是指对同一城市但不在同一银行开户的收、付款单位之间的转账结算，为加快凭证传递，加速资金周转，由其开户行（必须发有同城交换行号）按统一的时间，到规定的场所交换结算凭证进行资金清算的方式。

在同一城市和毗邻地区范围内由人民银行（或委托银行）统一组织各商业银行进行票据交换清算的意义在于：其一，可以加速有关银行间的凭证传递，加速资金周转，提高结算效率；其二，可以简化各商业银行间的往来核算手续，及时清算银行间的往来占款，有利于各行处的业务经营。

二、同城票据清算的基本规定

同城有关商业银行间进行的票据交换清算，一般由人民银行通过设立票据交换所统一组织；当地未有人民银行机构，一般由人民银行委托当地某商业银行组织。参加票据交换清算的行处一般是同城内的有关商业银行。但交通方便的地区，也可吸收毗邻市县的有关行处参加本市的票据交换。进行票据交换的具体场次和时间，须根据各地的具体情况而定。一般在大中城市，每天进行两次；在中小城市进行一次。同城票据交换业务的规定，全国各地均有不同，在此，仅概括一般做法。

1. 对参加交换的行处，核定交换号码。交换号码是参加票据交换行、处的代号，与联行行号相仿，在支票的票面上必须印有交换号码，以便于清楚识别。参加票据交换的银行营业机构，必须向人民银行交换清算的部门申请交换号码，经审查同意后，核发该行交换号码，并通报全市各参加交换的银行，自那一天起参加交换。

2. 确定交换场次和时间：一般市区行处参加两次交换，郊县行处参加第一次交换。如广州市分午场和晚场进行交换。午场最迟不超过 12:30 提出票据，下午 3 点取票。晚场最迟不超过当日下午 6:30 提出票据，次日上午 9 时取票。

3. 票据交换分"提出行"、"提入行"两个系统处理，一般参加交换的行处，既是"提出行"，又是"提入行"。提出行提出交换的票据凭证，主要是：

（1）作为收款行向付款行提出的有：支票、银行汇票、本票及商业汇票等。

（2）作为付款行向收款行提出的有：进账单、贷记凭证等。

"提入行"通过交换提回应属于本行受理的上述票据和凭证。

（3）提出交换的票据分借方票据（代付/应收票据）和贷方票据（代收/应付票据）两种。提出的借方票据和提入的贷方票据是指付款单位在他行开户，收款单位在本行开户的票据；提出的贷方票据和提入的借方票据是指收款单位在他行开户，付款单位在本行开户的票据。

4. 同城票据交换的具体做法（计算机处理交换票据的做法）。

（1）严格统一交换票据（凭证）格式，用打码机处理提出票据。

①特制统一的交换票据（凭证）。由于这些票据和凭证仍系签发人手写，为此须经打码机处理后才能提出交换。

②打码机在每张票据、凭证末端，用磁性油墨打印一行数码。这行数码根据票据和凭证填写的有关要素打印，其中包括：票据号码、交换行号、单位账号、借（贷）方代码及金额5项内容（前3项内容，当支票发售时已予打上），以供计算机输入打制提出交换的逐笔清单。为了便于分批处理提出交换票据（凭证），在每批（不超过100张）打码机处理后，另打制一"批控卡"以控制分批金额。

（2）填制"交换提出报告单"连同票据凭证提出交换。提出行根据"批控卡"的借方（贷方）总额填入"交换提出报告单"，结计总数，并与打码机的总数核对相符，连同本场交换提出的全部票据和贷记凭证以及逐笔清单，一并装袋送交换场。

（3）交换所清分、打印及提回交换凭证。交换场工作人员在柜面与提出交换行送达的票据、凭证办理交接手续，按规定必须在每场交换规定时间前送达办妥。然后，将交换票据、凭证送交机房，由工作人员陆续投入计算机运行，自动按提回行进行清分、读数，打出明细清单，直至最后把提回票据、凭证输入各提回行的箱夹，整个交换工作即告完成。

（4）根据提出、提回票据凭证的借、贷方总金额轧计，打制"交换差额报告单"送人民银行营业部门办理转账。

（5）提入行将票据及凭证处理入账。提入行提回的票据及凭证，通过终端机输入，记入各单位账户，有关票据的审核、验印手续，按转账支付核算办理。这批票据、凭证的输入总金额，应与提回清单的总金额相符，如有差异应逐一查对处理。

三、同城票据交换的核算

理论上，提出提入的票据、凭证每笔资金清算都要通过人民银行办理，即逐笔与"存放中央银行——备用金"对转，而实务上却是汇总轧差的一套分录，为使各行、处与人民银行账务相符一致，不能直接使用"存放中央银行——备用金"科目，而是设置"同城票据交换"科目进行相应的过渡挂账，最终从过渡科目与交换差额以"存放中央银行——备用金"一笔进行核算。科目性质上，"同城票据交换"科目为资产负债共同类科目。

（一）提出借方（托收）票据

借：同城票据交换清算——××人行同城票据清算户

　　贷：待处理结算款项——提出××人行票据×日×场户

规定时间内无退票，则会计分录为：

借：待处理结算款项——提出××人行票据×日×场户

　　贷：活期存款——××户

如在规定时间内接到人民银行"退票通知书"，会计分录为：

借：待处理结算款项——提出××人行票据×日×场户

　　贷：同城票据交换清算——××人行同城票据清算户

（二）提出贷方（收单）凭证

会计分录为：

借：活期存款——××单位

　　贷：同城票据交换清算——××人行同城票据清算户

收到超过当日最后一场交换提出时间受理的他行贷方票据时，进行挂账处理，会计分录为：

借：活期存款——××单位

　　贷：待处理结算款项——待处理同城票据款项户

次日提出第一场交换时，会计分录为：

借：待处理结算款项——待处理同城票据款项户

　　贷：同城票据交换清算——××人行同城票据清算户

（三）提入借方票据

1. 提入借方票据审核无误后，出示的会计分录为：

借：活期存款——××单位

　　贷：同城票据交换清算——××人行同城票据清算户

2. 提入借方票据审核存在印鉴不符、存款不足、收付款人账号户名有误、大小写金额不符等情况，须在规定时间内填制"退票理由书"作退票处理：

（1）当天退票的，会计分录为：

借：同城票据交换清算——××人行同城票据清算退票户

　　贷：同城票据交换清算——××人行同城票据清算户

（2）当天不能退回的，办理挂账，次日再办理退票。会计分录为：

借：待处理结算款项——待处理同城票据款项户

　　贷：同城票据交换清算——××人行同城票据清算户

次日退票时的会计分录：

借：同城票据交换清算——××人行同城票据清算户

　　贷：待处理结算款项——待处理同城票据款项户

（四）提入贷方票据

提入票据经审核无误后，办理转账，会计分录为：

借：同城票据交换清算——××人行同城票据清算户

　　贷：活期存款——××户

（五）同城票据交换资金清算的处理

清算资金时，将"同城票据交换——××人行同城票据清算户"科目借贷方发生额轧抵后，为交换清算差，如轧差后为贷方差，即为应付清算差，如轧差后为借方差，即为应收清算差。将人民银行的差额报告表数据与"同城票据交换"科目各账户余额进行核对，无误后填制凭证，通过"存放中央银行款项"科目进行实际清算。

1. 应付清算差时，会计分录为：

借：同城票据交换清算——××人行同城票据清算户
　　贷：存放中央银行款项——存××人行存款户
2. 应收清算差时，会计分录为：
借：存放中央银行款项——存××人行存款户
　　贷：同城票据交换清算——××人行同城票据清算户

第六节　异地跨系统汇划款项的核算

一、异地跨系统转划款的方式

异地跨系统转划款，是指异地的同业银行之间，因为客户办理异地结算等，而相互转划的款项。例如在广州天河工商银行开户的天河城百货公司需汇款给北京西城区建设银行开户的某服装厂 8 万元。就需要通过异地跨系统转划款进行汇划。

各商业银行间跨系统的大额汇划款项（如 50 万元以上），应通过人民银行系统进行汇划和清算资金。在实际工作中，在限额以下的异地跨系统的汇划款项采用"相互转汇"的办法进行。根据银行机构设置的不同情况，可以分别采用下列不同的转汇方式。

1. "先横后直"方式。是指汇出行先通过同城票据交换（或直接同业往来）将款项先转划给同城跨系统的转汇行，然后再由该转汇行通过其系统联行将款项汇往异地的汇入行。如上例，广州天河工商银行可以将天河城百货公司的汇款先通过同城票据交换划给广州天河建设银行，然后再由天河建设银行通过其系统联行，将款项汇划给北京西城区建设银行。该种方式适用于汇出所在地为双设机构地区，即该地区既有汇出行，又与汇入行相同系统的银行机构作为转汇行。其基本处理程序见图 5－1。

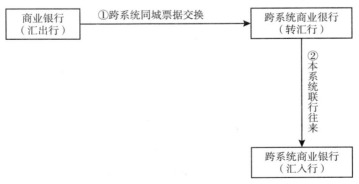

图 5－1　"先横后直"方式转汇程序

2. "先直后横"方式。是指汇出行先通过本系统联行将款项汇往异地本系统转汇行，然后再由该转汇行通过同城票据交换（或直接同业往来）将款项转划给汇入行。该种方式适用于汇出行所在地为单设机构地区，而汇入行所在地为双设机构地区。其基本处理程序见图 5－2。

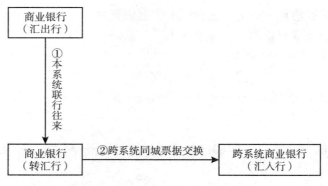

图5-2 "先直后横"方式转汇程序

3. "先直后横再直"方式。是指对于汇出行、汇入行均为单设机构地区的跨系统汇划款项，汇出行应通过本系统联行划转至双设机构地区的系统内银行，该行再通过同城票据交换将款项转入与汇入行同系统的银行，再由此银行通过系统内联行将款项汇至汇入行。该种方式适用于汇出行、汇入行所在地均为单设机构地区，即在汇出行所在地找不到汇入行的系统行，作为转划行；汇入行所在地找不到汇出行的系统行，作为转划行。其基本处理程序见图5-3。

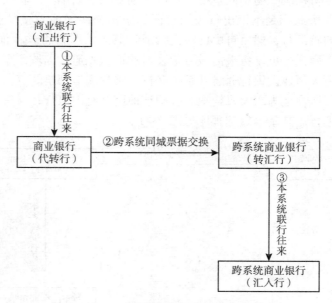

图5-3 "先直后横再直"方式转汇程序

二、异地跨系统转划款的核算

（一）"先横后直"方式的核算

1. 汇出行的核算。

汇出行要跨系统向异地其他商业银行汇划款项时，应据客户提交的跨系统汇划凭证，按不同系统的汇入行逐笔填制转汇清单，将转汇清单连同有关汇划款项的凭证等一起通过交换送交跨系统的转汇行。其会计分录为：

借：活期存款——付款单位户
　　贷：存放中央银行款项

2. 转汇行的核算。

转汇行收到汇出行送交的转汇清单及汇划凭证后，应据以编制联行报单，通过系统内的清算资金往来将款项划往汇入行。会计分录为：

借：存放中央银行款项
　　贷：清算资金往来

3. 汇入行的核算。

汇入行收到同系统的转汇行发来的联行信息，经审核无误后，应据有关凭证办理转账。会计分录为：

借：清算资金往来
　　贷：活期存款——收款单位户

（二）"先直后横"方式的核算

1. 汇出行的核算。

汇出行要跨系统向异地其他商业银行汇划款项时，应据客户提交的跨系统汇划凭证，填制系统内联行报单，将报单连同汇划凭证一起寄交汇入行所在地的本系统转汇行。其会计分录为：

借：活期存款——付款单位户
　　贷：清算资金往来

2. 转汇行的核算。

转汇行收到同系统的汇出行寄来的联行报单和有关结算凭证，经审核无误后，应填制转汇清单，通过同城票据交换，将有关凭证转与汇入行。其会计分录为：

借：清算资金往来
　　贷：存放中央银行款项

3. 汇入行的核算。

汇入行收到从票据交换所提入的转汇凭证，应据有关凭证办理转账。其会计分录为：

借：存放中央银行款项
　　贷：活期存款——收款单位户

（三）"先直后横再直"方式的核算

1. 汇出行的核算。汇出行收到单位提交的跨系统汇划凭证，填制系统内联行报单，将报单连同有关汇划凭证寄双设机构地区的系统内银行机构。其会计分录为：

借：活期存款——付款人户
　　贷：清算资金往来

2. 汇出行同系统的双设机构地区银行的核算。该行收到汇出行寄来的联行报单和有关汇划凭证，经审核无误后，办理转账。其会计分录为：

借：清算资金往来
　　贷：存放中央银行款项

3. 汇入行同系统的双设机构地区银行的核算。该行收到从票据交换所提入的转汇清单及有关汇划凭证，应填制系统内联行报单，连同有关汇划凭证一起寄汇入行。其会计分录为：

借：存放中央银行款项
　　贷：清算资金往来

4. 汇入行的核算。汇入行收到系统内联行报单和有关汇划凭证，经审核无误后，办理转账。其会计分录为：

借：清算资金往来
　　贷：活期存款——收款人户

第七节　商业银行与人民银行往来的核算

一、商业银行与人民银行的往来关系

中国人民银行是国家领导管理全国金融事业的中央银行，它是各商业银行的银行。商业银行在日常经营中，与开户人民银行主要存在如下往来关系：①在当地人民银行开立存款户，将业务资金存入人民银行，与人民银行建立收支往来关系；②商业银行上下级行处之间的业务资金调拨，可通过开户人民银行汇拨；③商业银行与其他商业银行的资金清算，要通过人民银行办理；④商业银行的业务现金，要向人民银行发行库或发行保管库办理存取；⑤商业银行要按规定向人民银行缴存法定的存款准备金；⑥商业银行可以在核定额度内向人民银行借入资金；商业银行按规定通过人民银行办理资金拆出拆入，再贴现；⑦商业银行可以接受人民银行的委托，办理人民银行的委托贷款业务等。

二、人民银行存款户日常收支的核算

商业银行各级核算主体行在人民银行开立存款账户，并按规定存入和支取款项。营业机构符合规定要求的可在当地人民银行开立一个备付金账户，并按照"先存后用，不得透支"的原则进行管理。

为反映和核算商业银行存入开户人民银行的业务资金收支及结存情况，商业银行会计制度设置了"存放中央银行款项"科目核算。存入资金时记借方，支取资金时记贷方，余额在借方，表现商业银行在人民银行的存款资金数额。

商业银行向"存款户"存取资金主要包括现金存取和转账存取两种方式。其现金存取留待现金出纳一章中说明，这里仅介绍转账存取资金的核算。

商业银行转账收入的各项资金主要包括上级行汇拨来的资金、同业行处转入的结算资金、同业拆入资金、向开户人民银行借入资金等。商业银行收到有关资金时，根据人民银行转来的回单填制借、贷方记账凭证办理转账。会计分录为：

借：存放中央银行款项——存款户
　　贷：××科目——××户

商业银行从开户人民银行存款户转账支取资金主要包括给下级行调出业务资金、付给同业行处结算资金、同业或系统行拆出资金、归还人民银行借款资金等。具体支取时，应签开存款户的支款凭证，送交开户人民银行办理支款手续。会计分录为：

借：××科目——××户

　　贷：存放中央银行款项——存款户

三、缴存存款的核算

（一）缴存范围和比例

缴存的准备金分为法定存款准备金和财政性存款准备金。各行吸收的存款应按人民银行规定的范围和比例缴存存款准备金。

人民银行总行对各金融机构的法定存款准备金按法人统一考核。商业银行吸收的机关团体存款、财政预算外存款、个人储蓄存款、单位存款及其他各项存款均作为一般存款，由商业银行总行按规定比例将一般存款的一部分作为法定存款准备金存入人民银行总行。法定准备金缴存比例，由人民银行根据宏观调控的需要予以核定与调整。目前缴存比例为17%。

商业银行代办的中央预算收入、地方金库存款和代理发行国债款项等财政性存款是中央银行的资金来源，应全额就地划缴中国人民银行。

（二）缴存的行处和缴存时间

法定准备金由各一、二级分行向上级行缴存，商业银行总行向人民银行总行缴存，人民银行总行按句进行考核，即从当旬第5日至下旬第4日营业终了时，总行存入的准备金余额与上旬末全行一般存款余额之比，不得低于17%。

财政性存款由经办行直接向开户的人民银行缴存。根据人民银行规定，各级商业银行向人民银行缴存财政性存款每旬调整一次，具体时间是总行、省分行在旬后8日内办理，其余行处（含计划单列市分行）在旬后5日内办理（最后一天遇例假日顺延）。不单独在人民银行开户的行处，其应缴的存款，委托其管辖行代为缴存，管辖行每月汇总调整一次。

（三）法定准备金的计算方法

各级行处在规定时间内缴存存款准备金时，根据旬（月）末的试算平衡表（总账传输数据为准），填制"应缴存存款科目余额表"，计算出本期应缴存的余额后，与上期已缴存的余额进行比较，大于上期止已缴存数时，应调增；少于上期止已缴存数时，应调减。初次上缴时以应缴存的全部余额作为调增金额。计算缴存金额时，按一般性存款余额总和计至角分，调整金额计至万元，万元以下四舍五入。

（四）缴存法定存款准备金的处理

法定存款准备金由核算主体行逐级向总行缴存，总行统一缴存人民银行。当商业银行在人民银行准备金存款未达到法定准备金的最低限额时，人民银行将按照欠缴金额和规定利率计收罚息。总行收到人民银行罚息单时，填制一联借方记账凭证，以人民银行的罚息单作贷方记账凭证。会计分录为：

借：营业外支出——欠缴人行存款准备金罚款支出户

　　贷：存放中央银行款项——存××人行存款户

（五）缴存财政性存款准备金的处理

应缴存的财政性存款，由各核算主体行直接向其开户的人民银行缴存。核算主体行根据"缴存财政性存款科目余额表"填制"缴存（或调整）财政性存款划拨凭证"一式四联，第一联作贷方记账凭证，第二联作借方记账凭证，第三、第四联和一份"缴存财政性存款科目余额表"提交人民银行。一份"缴存财政性存款科目余额表"作"存中央银行财政性存款"科目记账凭证附件（见表5－1、表5－2）。

表5－1
缴存财政性存款科目余额表
×××年3月10日

科目代号	余 额	科目代号	余 额
	位 数		位 数
261	250 000.00		
262	86 000.00		
296	43 000.00		
468	27 000.00		
合 计	406 000.00		

表5－2
缴存（或调整）财政性存款划拨凭证（贷方凭证）
×××年3月15日

收受银行	名称	中国人民银行××支行	缴存银行	名称	工商银行××市支行账号
	账号	××××		账号	××××
存款类别		×××年3月10日余额	缴存比例		应缴存金额
财政性存款		406 000.00	100%		406 000.00
1. 合计					406 000.00
2. 已缴存金额					350 000.00
3. 本次应补缴金额（1－2）					56 000.00
4. 本次应退回金额（2－1）					
上列缴存金额或应退回金额，已按规定办理转划			备注：		分计分录： 科目（借） 112 对方科目（贷） 11 会计 复核 记账

调增（补缴）财政性存款准备金时，会计分录为：

借：存中央银行财政性存款——缴存××人行财政性存款户

　　贷：存放中央银行款项——存××人行存款户

调减（退缴）财政性存款准备金时，会计分录为：

借：存放中央银行款项——存××人行存款户

　　贷：存中央银行财政性存款——缴存××人行财政性存款户

四、向人民银行借款的核算

中央银行向商业银行发放的贷款，称为再贷款。目前人民银行对商业银行发放的贷款按期限划分，可分为年度性贷款、季节性贷款和日拆性贷款。

为核算商业银行向中央银行借款业务，商业银行需设置"向中央银行借款"科目，并按借款期限设户进行核算。

商业银行向中央银行申请借款时，应向人民银行提交"贷款申请书"，经人民银行审核同意后，应填制一式五联借款凭证，送交人民银行办理借款手续。会计部门以人民银行的收账通知作借方记账凭证，另填制贷方记账凭证一式两联，一联作记账凭证，另一联送资金管理部门，人民银行的有关借款借据作贷方记账凭证附件。会计分录为：

借：存放中央银行款项——存××人行存款户

　　贷：向中央银行借款——××人行借款户

归还借款时，会计部门根据资金管理部门的书面通知，填制付款凭证送交人民银行，以回单联作贷方记账凭证，填制两联借方记账凭证，分别作"向中央银行借款"科目和"向中央银行借款利息支出"科目记账凭证。会计分录为：

借：向中央银行借款——××人行借款户

　　金融企业往来支出——向中央银行借款利息支出户

　　贷：存放中央银行款项——存××人行存款户

第八节　人民银行支付系统业务核算

现代化支付系统是由中国人民银行主办，为金融系统提高快捷、高效、安全、稳定的资金划拨与清算服务的支付清算系统。凡办理支付结算业务的银行、城市信用社、农村信用社以及其他特许机构，经中国人民银行批准，都可以作为现代支付系统的运行者，通过该系统进行款项划拨与清算。

一、现代化支付的系统构成

（一）支付系统参与者

现代支付系统参与者分为直接参与者、间接参与者和特许参与者。直接参与者是指直接与支付系统城市处理中心连接并在中国人民银行开设清算账户的银行机构，以及人民银行地市级以上中心支行。间接参与者是指未在人民银行开设清算账户而委托直接参与者办理资金清算的银行和非银行金融机构，以及人民银行县支行。特许参与者是指经人民银行批准通过现代支付系统办理特定业务的机构，如中央国债登记公司。

（二）现代化支付系统的基本程序

现代化支付系统处理支付业务的程序是：发起行发起业务后，经发起清算行、发报中心、国家处理中心、收报中心，最后至接收行止。发起行是向发起清算行提交支付业务的参与者。发起清算行是向支付系统提交支付信息并开设清算账户的直接参与者或特许参与者。发起行也可以直接向支付系统发起支付业务。发报中心是向国家处理中心转发发起清算行支付信息的城市处理中心。国家处理中心是接收、转发支付信息，并进行资金清算处理的机构。收报中心是向接收清算行转发国家处理中心支付信息的城市处理中心。接收清算行是向接收行转发支付信息并开设清算账户的直接参与者。接收行是从接收清算行接收支付信息的参与者。接收清算行也可以作为接收行接收支付信息。在该程序参与者中，发起行和接收行为间接参与者；发起清算行、发报中心、收报中心、接收清算行均为直接参与者。

二、现代支付系统的科目设置与清算账户的开立

（一）科目设置

现代支付系统分为大额支付系统和小额支付系统，以下以大额支付系统为例叙述其处理手续。大额支付系统设置以下会计科目。

1. 大额支付往来。该科目核算支付系统发起清算行和接收行通过大额支付系统办理的支付结算往来款项，余额轧差反映。年度终了，本科目余额全额转入"支付清算资金往来"科目，该科目余额为零。

2. 支付清算资金往来。该科目核算支付系统发起清算行和接收清算行通过大额支付系统办理支付结算汇差款项。年度终了，"大额支付往来"科目余额对清后，结转至本科目，余额轧差反映。

3. 汇总平衡（国家处理中心专用）。该科目用于平衡国家处理中心代理人民银行分支行账务处理，不纳入人民银行的核算。

（二）清算账户的设置

支付系统的直接参与者与支付系统城市处理中心是相连接的，其在人民银行当地分支行开设清算账户并集中摆放在国家处理中心。

当地城市行未直接接入支付系统，而通过省会城市处理中心集中接入支付系统的银行，其所属的地市分支行作为支付系统的间接参与者，在人民银行当地分支行开设专用账户，用于办理现金存取和同城票据交换轧差净额的清算，该专用账户不摆放在国家处理中心。

三、大额支付业务的处理

（一）大额实时支付业务的种类

大额实时支付业务包括：规定金额起点以上的跨行贷记支付业务、规定起点以下的紧急跨行贷记支付业务、商业银行行内需要通过大额支付系统处理的贷记支付业务；特许参与者发起的即时转账业务；城市商业银行银行汇票资金的移存和兑换资金的汇划业务；中国人民银行会计营业部门、国库部门发起的贷记支付业务及内部转账业务；中国人民银行规定的其他支付清算业务。

（二）发起大额支付业务的处理

大额实时支付业务处理，其信息从发起行发起，经发起清算行、发报中心、国际处理中心、收报中心、接收清算行至接收行止。

发起行是向发起清算行提交支付业务的参与者；发起清算行是向支付系统提交支付信息并开设清算账户的直接参与者或特许参与者；发报中心是向国际处理中心转发发起清算行支付信息的城市处理中心；国家处理中心是收、转发支付信息，并进行资金清算处理的机构；收报中心是向接收清算行转发国际处理中心支付信息的城市处理中心，接收清算行是向接收行转发支付信息并开设清算账户的直接参与者；接收行是从接收清算行接收支付信息的参与者。

发起行与清算行之间以及清算行与接收行之间的支付信息传输后的处理，按各行系统内往来的规定处理，以下只介绍发起清算行、发报中心、国家处理中心、接收清算行、接收行的基本处理方法。

1. 发起行（发起清算行）的处理。发起行可以为商业银行（如由支付结算业务引起的），也可以为人民银行（由系统内划拨款项引起或划拨国库款项引起的）。

发起行业务发生后将支付信息传输给发起清算行；发起清算行将发起行传输来的支付信息与本身发生的支付信息合并后，由操作员录入、复核，自动逐笔加编密押后发送发报中心。

（1）发起清算行为商业银行的，其会计分录为：

借：××科目

　　贷：存放中央银行准备金

（2）发起清算行为人民银行的，其会计分录为：

借：××科目

　　贷：大额支付系统——人民银行××行（库）户

2. 发报中心的处理。发报中心收到发起清算行发来的支付信息，确认无误后，逐笔加编全国密押，实时发送至国家处理中心。

3. 国家处理中心的处理。国家处理中心收到发报中心发来的支付报文，逐笔确认无误后，分别情况进行账务处理。

（1）发起清算行、接收行均为商业银行的，其会计分录为：

借：××银行准备金存款

　　贷：大额支付往来——人民银行××行户

借：大额支付往来——人民银行××行户

　　贷：××银行准备金存款

（2）发起清算行为商业银行，接收清算行为人民银行的，其会计分录为：

借：××银行准备金存款

　　贷：大额支付往来——人民银行××行户

借：大额支付往来——人民银行××行户

　　贷：汇总平衡科目——人民银行××行户

（3）发起清算行为人民银行，接收清算行为商业银行的，其会计分录为：

借：汇总平衡科目——人民银行××行户

　　贷：大额支付往来——人民银行××行户

借：大额支付往来——人民银行××行户

　　贷：××银行准备金存款

（4）发起清算行、接收清算行均为人民银行的，其会计分录为：

借：汇总平衡科目——人民银行××行户

　　贷：大额支付往来——人民银行××行户

借：大额支付往来——人民银行××行户

　　贷：汇总平衡科目——人民银行××行户

（5）发起清算行为商业银行的，其清算账户头寸不足时，国家处理中心将该笔业务进行排队处理。

（6）国家处理中心账务处理完成后，将支付信息发往收报中心。

（三）接收支付信息的处理

1. 收报中心的处理。收报中心接收国家处理中心发来的支付信息确认无误后，逐笔加编密押实时发送至接收清算行。

2. 接收清算行（接收行）的处理。接收行可以为商业银行，也可以为人民银行。接收清算行接到支付信息后，传输给接收行或对本行业务进行处理。其会计分录为：

借：存放中央银行准备金

　　贷：××科目

四、小额支付系统的处理

小额支付业务分为小额贷记业务、借记业务和定期借记业务三类。小额贷记业务主要包括汇兑、委托收款划回、托收承付划回等贷记业务和定期贷记业务；借记支付业务主要包括银行汇票、旅行支票、国库借记业务，即按照规定凭发起人提交的支付信息直接贷记发起人账户的业务；定期借记支付业务是根据发起人与接收人签订的协议，由收款人发起的，在约定时间生效的业务。对于借记业务，支付系统设置了严格的控制范围。

小额支付业务采取小额批量处理的方法，支付信息定时或实时转发，资金在日间规定时点轧差清算。

（一）发起（发起清算行）行

发起行的处理与大额支付相同。

（二）发报中心

发报中心接收发起行发来的小额支付信息，应当分本城市处理中心覆盖的业务和非本城市处理中心覆盖的业务。

对于非本城市处理中心覆盖的业务，即时发往国家处理中心。对于本城市处理中心覆盖的业务，应在规定的时点轧差后，将支付信息分发接收清算行，轧差结果即时自动发送至国家处理中心。

（三）国家处理中心

国家处理中心收到发报中心发来的小额支付信息，在规定的时间按接收清算行进行清分，并将小额支付明细信息发送收报中心，同时以直接参与者为单位进行轧差，通过清算账户管理系统进行清算。

（四）收报中心

收报中心接收国家处理中心发来的支付信息，即时转发接收清算行。

（五）定时轧差清算

城市处理中心可以定时轧算支付信息差额并通过国家处理中心清算资金。

1. 轧差公式：

$$\frac{借记业务}{往账金额} + \frac{贷记业务}{来账金额} > \frac{贷记业务}{往账金额} + \frac{借记业务来账}{金额为应收差额}$$

$$\frac{借记业务}{往账金额} + \frac{贷记业务}{来账金额} < \frac{贷记业务}{往账金额} + \frac{借记业务来账}{金额为应付差额}$$

2. 国家处理中心清算资金差额。

国家处理中心按清算行清算轧算资金差额。

（1）对于商业银行清算行为应付差额，进行清算的处理，其会计分录为：

借：××银行准备金存款

　　贷：小额支付往来——人民银行××行户

对于应收差额进行清算的会计分录相反。

（2）国家处理中心对于人民银行清算行轧算结果的处理。

对于应付差额进行清算的会计分录为：

借：汇总平衡——人民银行××行户

　　贷：小额支付往来——人民银行××行户

对于应收差额进行清算的会计分录相反。

第六章　支付结算业务核算

第一节　支付结算概述

一、支付结算的概念

支付结算是指各单位之间、单位与个人之间，由于商品交易、劳务供应、资金划拨等经济活动而产生的货币收付行为。支付结算按支付方式分为现金结算和转账结算两种形式。现金结算是收付款双方直接使用现金收付款项的货币收付行为。一般来说，单位与个人、个人与个人之间的结算，以及单位间的零星款项的结算可以使用现金结算方式。转账结算是指通过银行将款项从付款人存款账户划转到收款人存款账户的货币收付行为。

在商品经济发达的经济社会中，转账结算是货币收付的主要形式。在我国，银行是转账结算的中心。我国的《商业银行法》规定，"企业事业单位可以自主选择一家商业银行的营业场所开立一个办理日常转账结算和现金收付的基本账户"。《现金管理暂行条例》规定，"开户单位之间的经济往来，除按本条例规定的范围可以使用现金外，应当通过开户银行进行转账结算"；"国家鼓励开户单位和个人在经济活动中，采取转账方式进行结算，减少使用现金"。各单位之间的经济往来通过银行转账办理结算，有着多方面的优越性，主要表现在：一是可以节约现金的使用，减少货币发行，有利于节省社会流通费用，稳定货币流通。二是有利于加速资金周转，促进商品生产的发展和商品的流通。三是可以集中各单位的闲散资金，稳定和扩大信贷资金的来源。

二、支付结算的原则

支付结算原则是银行和客户在办理结算的过程中必须共同遵守的行为准则。在总结我国长期以来结算工作经验的基础上，《支付结算办法》确立了"恪守信用，履约付款；谁的钱进谁的账，由谁支配；银行不垫款"的三项基本原则。

（一）恪守信用，履约付款

"恪守信用，履约付款"原则，表明银行结算贯彻了《民法通则》"诚实信用"原则，是银行结算执行经济合同法中"当事人必须全面履行合同"规定的具体表现。这条原则要求，结算当事人必须树立信用观念，讲信誉，重信用，依法承担义务和行使权利，尤其是应按照约定的付款金额和付款日期进行支付。

（二）谁的钱入谁的账，由谁支配

"谁的钱入谁的账，由谁支配"原则，表明银行结算要维护存款人权益，保证存款人对其资金的自主支配。银行作为资金清算的中介机构，在办理结算时必须遵循存款人的委托，按照其意志，保证将所收款项支付给其指定的收款人，对存款人的存款，除国家法律另有规定之外，必须由其自主支配，其他任何单位、个人以及银行本身都不得对其资金进行干预和侵犯。

（三）银行不垫款

这一原则主要在于划清银行资金和存款人资金的界限。根据该原则，银行在办理结算过程中，只负责办理结算当事人之间的资金转移，即将款项从付款单位账户划转到收款单位账户，而不垫付资金。如果不坚持这一原则，发生银行在结算过程中垫付资金，不仅影响银行信贷资金的合理使用，还会被单位套用银行信用，信用规模被迫扩大，从而引起信用泛滥和通货膨胀，给国家经济带来不良后果。

三、支付结算纪律与责任

办理结算工作必须要有严明的支付结算纪律和责任，它是保证支付结算制度得以贯彻实施的重要条件。

（一）结算纪律

单位和个人在办理结算过程中，必须严格遵守的结算纪律有如下四条：第一，不准套取银行信用，不准签发空头支票、签章与预留签章不符的支票、支付密码不符的支票和远期支票以及没有资金保证的票据；第二，不准签发、取得和转让没有真实交易和债权债务的票据，套取银行和他人资金；第三，不准无理拒绝付款，任意占用他人资金；第四，不准违反规定开立和使用账户。

银行在办理结算过程中，必须认真执行的结算纪律归纳起来为"十不准"，它们是：第一，不准以任何理由压票、任意退票、截留挪用客户和他行资金；第二，不准无理拒绝支付应由银行支付的票据款项；第三，不准受理无理拒付、不扣少扣滞纳金；第四，不准违章签发、承兑、贴现票据，套取银行资金；第五，不准签发空头银行汇票、银行本票和办理空头汇款；第六，不准在支付结算制度之外规定附加条件，影响汇路畅通；第七，不准违反规定为单位和个人开立账户；第八，不准拒绝受理、代理他行正常业务；第九，不准放弃对企事业单位和个人违反结算纪律的制裁；第十，不准逃避向人民银行转汇大额汇划款项。

（二）支付结算责任

明确结算当事人各方面的结算责任是坚持结算原则和执行结算纪律的保证。结算当事人包括出票人、背书人、承兑人、保证人、持票人、付款人、收款人和银行等。凡是未按有关法律法规的规定处理，而影响他人利益的责任人，应视具体情况，承担票据责任，或民事责任，或行政责任，或刑事责任。如单位签发商业汇票后，必须承担保证该汇票承兑和付款的责任；单位和个人签发支票后，必须承担保证该支票付款的责任；银行签发银行汇票、银行本票后，即承担该票据付款的责任；承兑人或者付款人拒绝承兑或拒绝付款，未按规定出具拒绝证明或者出具退票理由书的，应当承担由此产生的民事责任；单位和个人签发空头支票、签章与预留银行签章不符或者支付密码错误的支票，应按有关规定承担行政责任；银行在结算制度之外规定附加条件，影响汇路畅通的，应按规定承担行政责任；金融机构的工作人员在票据业务中玩忽职守，对违反规定的票据予以承兑、付款、保证或者贴现的，应按规定承担行政责任或刑事责任等等。

四、支付结算种类

为了适应各部门、单位间经济往来的不同情况和资金清算的需要，《支付结算办法》制定了多种结算方法，按其规定，现行支付结算的种类有：支票、银行汇票、银行本票、商业汇票、信用卡、信用证、汇兑、托收承付和委托收款（见图6-1）。

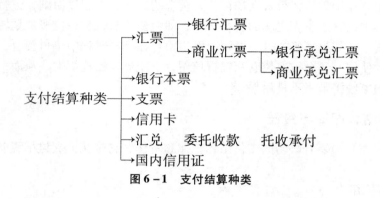

图6-1 支付结算种类

五、票据的基本制度

（一）票据的概念

票据是在商品交换中产生和发展起来的，是代表一定权利的凭证。票据有广义和狭义之分，广义的票据泛指用于商业交往和流通的各种单据，包括各种有价证券和凭证。狭义的票据是指出票人依照票据法律规定签发的，承诺无条件支付或委托他人无条件支付确定金额的有价证券。一般认为，它是具有法律规定的格式，约定由债务人按期无条件支付一定金额，并可以流通的书面凭证。

我们这里涉及的票据是指狭义的票据，包括汇票、本票和支票，具体是指银行汇票、商业汇票、银行本票和支票。

（二）票据的功能

票据之所以成为商品经济的推进器，票据制度之所以能与现代企业制度一起成为市场经济的重要支柱，是因为它在经济发展中发挥了多种功能、多种作用，其表现在以下几个方面：

1. 支付功能：在现代商业和国际贸易中，大量使用货币支付是十分频繁的，大量的现金支付不仅麻烦，而且过程十分不安全。使用支票代替现金似乎是人类文明进步的标志了，通过非票据汇兑、托收已经成为人们的习惯，随着通信的发达，可以使全世界最远的地区瞬间到达，而整个购买过程中就需要票据进行支付了。

2. 信用功能：现代的商业贸易，离不开信用为基础，票据不仅有即期还有远期，因此，以信用为背景的票据，结合支付手段和信用手段，把商业贸易推进到一个新的发展阶段，背书制度丰富和完善了它的信用手段的功能和作用，将借贷融合成为"短期信贷票据化"。票据还可以有多个担保人，可以为债务人、背书人、贴现人担保，多个票据关系人在单据上表明自己的责任，使票据的付款获得了多重保障，增加了债务人的信用。

3. 结算功能：利用票据进行债权债务的结算，是票据的重要作用，企业间债权、债务的抵冲都可以用票据来进行结算。现代商业银行的发展，促进了票据交换的高度发展，我国大中城市均设有票据交换中心，现在有的商业银行还有自己的票据处理中心，就是利用票据进行结算。

4. 融资功能：首先申请票据贴现就是将未到期的票据向商业银行和准许有票据贴现业务资格的金融机构办理融资，商业银行将购入的票据在到期托收赚取其利息。企业和银行各自运用票据获得资金融入和融出的机会，直接推进社会资金的周转加速。其次据统计，票据如果背书3~5次，实际上代替了现实货币流通了3~5次，对整个国民经济中资金运转起到积极作用。

（三）票据上的权利与票据关系人

1. 票据权利是指持票人向票据债务人请求支付票据金额的权利，包括付款请求权和追索权。付款请求权是指持票人请求票据的主债务人向自己履行付款义务的权利，是初次权利。追索权是持票人行使付款请求权而遭拒绝或因其他法定原因而不能实现时，向其前手请求偿还票据款的权利，是第二次权利，《票据法》对这两种权利都作了明确的规定。

2. 票据关系人是对票据具体享有某种权利或承担某种义务责任的当事人。它主要包括出票人、付款人和收款人及背书人、承兑人、持票人等。

（四）票据行为与票据行为特征

1. 票据行为。票据行为是指引起票据权利义务关系发生的法律关系。票据行为是确定票据当事人之间权利义务关系有效成立的重要条件。票据行为包括出票、背书、承兑、保证等几种。

出票是指出票人签发票据并将其交付给收款人的票据行为，出票是各种票据产生的前提，是基本票据行为。出票包括两个环节：一是签发票据即出票人在票据上按照法律规定记载必要的内容并签章；二是将票据交付给收款人。出票的两个环节缺一不可，否则出票行为未完成，票据不能产生。汇票、本票和支票均存在出票行为，这几种票据出票的法律效力各不相同，汇票出票后，出票人负有担保汇票承兑和付款的责任，付款人是承兑人；本票出票后，出票人负有无条件付款的责任；支票出票后，出票人负有担保付款的责任，付款人是出票人开户银行。

背书是指在票据背面或粘单上记载有关事项并签章的票据行为。背书是发生在出票之后，它是持票人所为的行为，是汇票、本票、支票共有的行为。

承兑是指汇票付款人承诺在汇票到期日支付汇票金额的票据行为。承兑是汇票特有的票据行为。

保证是指票据债务人以外的他人，为票据的某个特定债务人履行票据债务提供担保而在票据上所为的票据行为。票据的保证适用于汇票和本票。

2. 票据行为的特征。各种票据行为虽然目的不同、所引起的法律效力不同，但它们的基本特征是一致的，各种票据行为都具有要式性、无因性、文义性和独立性的特征。要式性是指票据行为是要式行为，即票据行为具有法律规定的行为方式及效力条件，行为人必须按法律规定的方式进行票据行为，由此所产生的票据权利义务关系才能得到法律的认可。无因性是指票据行为只要符合法律规定的形式要件，就发生效力，不受原因关系或资金关系的影响。文义性是指票据行为的内容完全取决于票据上所记载的文字。独立性是指票据有多个票据行为时，各个票据行为各自独立发生效力，互不影响。

（五）票据与结算凭证的签章问题

签章是指签名、盖章或签名加盖章，即在票据和结算凭证上签章，可以采用签名、盖章或签名加盖章的其中之一。签章是票据有效的一个重要条件。票据上的签章因票据行为的不同，签章人也不同。票据和结算凭证中签章人签章的有关规定如表6-1所示。

表6-1   票据和结算凭证中签章的有关规定

票据种类	正面出票人签章	背书签章
银行汇票	银行汇票专用章加其法定代表人或其授权经办人的签名或者盖章	预留印鉴
银行本票	银行本票专用章加其法定代表人或者其授权经办人的签名或者盖章	预留印鉴
银行承兑汇票	银行汇票专用章加其法定代表人或其授权经办人的签名或者盖章	预留印鉴
商业承兑汇票	单位的财务专用章或公章加其法人代表或者授权的代理人的签章	预留印鉴
支票	预留印鉴	单位的财务专用章或公章加其法人代表或者授权的代理人的签名

注：单位在票据和结算凭证上的签章，应为该单位的财务专用章或者公章加其法定代表人或其授权的代理人的签名或者盖章；个人在票据和结算凭证上的签章，应为该个人的签名或者盖章。

（六）票据背书问题

背书有转让背书、委托收款背书和质押背书三种。《票据法》规定了背书的方式，并规定了转让背书必须记载的事项有：背书人签章、被背书人名称、背书日期。前两项为绝对必须记载的事项，如欠缺，背书无效；背书日期为相对必须记载的事项，如欠缺则视为发生在票据到期前。无论何种背书都必须在票据背面或粘单上进行，并且必须以含义明确的文字记载有关事项。

通过背书转让的法律效力为三方面，①权利转移的效力。背书生效后，被背书人从背书人手中取得并享有票据权利。②权利证明效力。持票人只要持有背书连续的票据，法律上就推定他为合法的票据权利人，他可以不必证明取得票据的原因，仅凭背书连续即可行使票据权利。③权利担保的效力。背书生效后，背书人即成为票据上的债务人，必须承担担保承兑和付款的责任。票据背书不得附有条件，背书所附条件无效，但不影响背书的法律效力；也不能进行部分背书即将票据金额部分转让或转让给二人以上，否则，背书无效。

背书连续是指票据第一次背书转让的背书人是票据上记载的收款人，前次背书转让的被背书人是后一次背书转让的背书人，依次前后衔接，最后一次背书转让的被背书人是票据的最后持票人。票据背书不连续的，票据付款人可以拒绝向持票人付款。当出票人在票据上记载"不得转让"字样时，票据不得转让，否则，出票人对被背书人不承担票据责任。背书人在票据上记载"不得转让"字样，后手再背书转让的，原背书人对后手的被背书人不承担保证责任。

委托收款背书是持票人以行使票据的付款请求权为目的，而授予被背书人代理权的背书。商业汇票及用于转账的支票的持票人委托开户银行收取票据款时，应作委托收款背书，即由持票人在票据背面"被背书人"处填入委托银行的名称,在"背书人"处记载"委托收款"或"托收"字样并签章,签章为预留银行签章。在委托收款背书中,被背书人是代理人,可以代背书人行使被委托的票据权利,但未取得票据权利,背书人仍是票据权利的拥有者。

质押背书是持票人以票据权利设定质权为目的而在票据上所作的背书。质押背书应记载被背书人名称、"质押"字样及背书人的签章。被背书人是质权人,背书人是出质人。质押背书确立的是一种担保关系,当背书人对被背书人不履行债务的情况下,被背书人依法实现其质权,可以行使票据权利。

背书分类形式如图 6 – 2 所示。

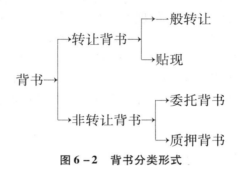

图 6 – 2 背书分类形式

附背书票样(见图 6 – 3)。

(背面)

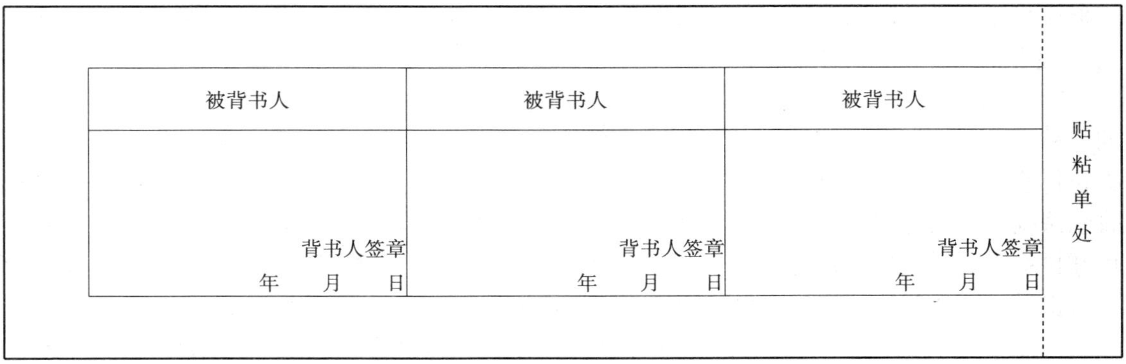

被背书人	被背书人	被背书人	贴粘单处
背书人签章 年　月　日	背书人签章 年　月　日	背书人签章 年　月　日	

图 6 – 3 背书票样

(七)票据拒付与追索

票据拒付是票据的债务人对票据债权人拒绝支付票据金额。票据债务人对下列情况的持票人可以拒绝付款:

1. 对不履行约定义务的与自己有直接债权债务关系的持票人拒付款。例如,A 签发一张票据给 B 支付货款,B 未按规定交货,则 A 可以对 B 拒付票据款,但如果 B 将该票据背书转让给 C,且 C 属善意、已对价取得票据的持票人,则票据债务人 A 不能对 C 拒付票据款。

2. 以欺诈、偷盗或者胁迫等手段取得票据的持票人。

3. 对明知有欺诈、偷盗或者胁迫等情形，出于恶意取得票据的持票人。

4. 明知债务人与出票人或者持票人的前手之间存在抗辩事由而取得票据的持票人。

5. 因重大过失取得不符合《票据法》规定的票据的持票人。

6. 对取得背书不连续票据的持票人、票据必须记载内容有欠缺的票据的持票人。

追索权是指持票人付款请求权得不到满足而向前手包括出票人、背书人、承兑人和保证人请求偿还票据金额及其他法定款项的一种票据权利。追索必须具备一定的条件，它们是：①票据到期被拒绝付款或者在到期前被拒绝承兑；②在票据到期前，承兑人或付款人死亡、逃匿的；③在票据到期前，承兑人或付款人被依法宣告破产的或者因违法被责令终止业务活动的。在发生上述情形之一的，持票人可以进行追索。持票人进行追索时，应当提供被拒绝承兑或者被拒绝付款的拒绝证明或者退票理由书以及其他有关证明。

追索权行使可分为三个步骤：①发出追索通知。持票人应当自收到被拒绝承兑或者被拒绝付款的有关证明之日起 3 日内，将被拒绝事由通知其前手。②持票人确定追索对象。持票人可以按《票据法》的规定，选择其中对其中任何一人、数人或者全体进行追索。③持票人受领追索金额。金额应包括票据金额、利息和作为拒绝证明及发出的追索通知的费用。

（八）丧失票据的补救

丧失票据即票据丧失，是指票据因灭失、遗失、被盗等原因而使票据权利人脱离其对票据的占有。票据权利与票据是紧密相连的，票据一旦丧失，票据权利的实现就会受到影响，而且票据一旦落入他人手中极易造成票款冒领，因此，《票据法》规定了一定的补救措施，以保护权利人。丧失票据的补救措施主要有三种形式，即挂失止付、公示催告、普通诉讼。无论采取哪种补救措施，均必须符合以下几个条件：一是要有丧失票据的事实。二是丧失的票据必须是未获付款的有效票据。根据我国《票据法》第 15 条第 1 款规定可以挂失止付的票据应当是已承兑的商业汇票、支票、填明"现金"字样和代理付款人的银行汇票以及填明"现金"字样的银行本票。

1. 挂失止付是指失票人将丧失票据的情况通知付款人并由接受通知的付款人暂停支付的一种方法。根据《票据法》的规定，失票人在发现票据丢失的 3 日内到商业银行办理挂失止付手续，并要求失票人在 12 日内取得法院"挂失止付通知书"，付款人或代理付款人收到法院"挂失止付通知书"后，查明挂失票据确未付款时，应立即暂停支付；付款人或代理付款人自受理挂失止付之日起 12 日内没有收到法院的止付通知书的，自第 13 日起，持票人提示付款并依法向持票人付款的，不承担责任。

2. 公示催告是指在票据丧失后，由失票人向人民法院提出申请，请求人民法院以公告方法通知不确定的利害关系人限期申报权利，逾期未申报者，则权利失效，而由人民法院通过除权判决宣告所丧失的票据无效的一种制度。失票人在票据丧失后，可以依法向人民法院申请公示催告。公示催告程序如下：

（1）失票人向票据支付地的基层人民法院提出公示催告的申请。票据支付地是指票据的履行地。银行汇票以出票人所在地为支付地；商业汇票以承兑人或付款人所在地为支付地；银行本票以出票人所在地为支付地；支票以出票人开户银行所在地为支付地。如果是已通知挂失止付的，应当在通知挂失止付后 3 日内向人民法院提出公示催告的申请。

（2）人民法院决定受理申请后，发出止付通知和公告。止付通知是由人民法院向付款人发出的停止付款的通知，付款人接到止付通知后，应当停止支付，直至公示催告程序终结。人民法院应在受理申请后 3 日内发出公告，公示催告的期间不得少于 60 日。

（3）利害关系人应当在公示催告期间，向人民法院申报票据权利，法院收到利害关系人的申报后，应当裁定终结公示催告程序。在公示催告期间没有申报的，或者申报人的申报被驳回的，法院应当裁定终结公示催告程序。

（4）公示催告申请人应当自申报权利期间届满的次日起 1 个月内申请法院作出判决。法院判决丧失的票据无效，判决应当公告，并通知付款人。判决生效后，公示催告申请人有权依据判决向付款人或向其他票据债务人行使追索权。至此，票据丧失后的权利补救措施完成。

3. 普通诉讼是指丧失票据的失票人向人民法院提起民事诉讼，要求法院判定付款人向其支付票据金额，从而使失票人的票据权利得以救济的一种制度。

失票人提起诉讼时，诉讼被告一般是付款人，在找不到付款人或付款人不能付款时，也可以将其他票据债务人（出票人、背书人、保证人等）作为被告。诉讼请求的内容是要求付款人或其他票据债务人在票据的到期日或判决生效后支付或清偿票据金额。失票人在向法院提起诉讼时，应提供所丧失的票据的有关书面证明。在判决前，丧失的票据出现时，付款人应以该票据正处于诉讼阶段为由暂不付款，而将情况通知失票人和法院，法院应终结诉讼程序。

第二节　支票业务的核算

一、支票的概念及种类

支票是出票人签发的、委托办理支票存款业务的银行或者其他金融机构在见票时无条件支付确定的金额给收款人或者持票人的票据。

支票可分为现金支票、转账支票和普通支票。支票上印有"现金"字样的称现金支票，现金支票只能用于支取现金。支票上印有"转账"字样的称转账支票，转账支票只能用于转账。支票上未印有"现金"或"转账"字样的称普通支票，普通支票可以用于支取现金，也可以用于转账，在普通支票左上角划两条平行线的称划线支票，它只能用于转账，不能支取现金。

二、基本规定

1. 单位和个人在同一票据交换区域的各种款项结算，均可以使用支票。

2. 支票的出票人为在经中国人民银行当地分支行批准办理支票业务的银行机构开立可以使用支票的存款账户的单位和个人。

3. 签发支票必须记载的事项有：表明"支票"的字样；无条件支付的委托；确定的金额；付款人名称；出票日期；出票人签章。支票的付款人为支票上记载的出票人开户银行。

4. 签发支票应遵守的规定有：签发支票应使用碳素墨水或墨汁填写；签发现金支票和用于支取现金的普通支票，必须符合国家现金管理规定；签发金额不得超过付款时在付款人处实有的存款金额，禁止签发空头支票；出票人在支票上的签章为预留银行签章，出票人不得签发与其预留银行签章不符的支票，使用支付密码的，出票人不得签发支付密码错误的支票；支票的金额、签发日期和收款人名称不得更改，其他内容如有更改，必须由出票人加盖预留银行印鉴证明。

5. 支票的提示付款期限自出票日起 10 日，到期日遇例假日顺延。

6. 出票人签发空头支票、签章与预留银行印章不符的支票和支付密码错误的支票，银行应予以退票，并按票面金额处以 5% 但不低于 1 000 元的罚款，持票人有权要求出票人赔偿支票金额 2% 的赔偿金。

7. 持票人提示付款应遵守的规定有：现金支票的收款人只能向支票付款人提示付款，收款人提示付款时，应在现金支票背面"收款人签章"处签章，收款人为个人的，还需在现金支票背面注明身份证件名称、号码及发证机关，并交验身份证件。

8. 实行大额付款确认制度。对超过额度或在审查中认为有疑点的支票，开户行应主动与单位财务主管人员电话联系，证实支票的真实性，并将通话时间、受话人、联系结果登记在支票的背面已备查核。

9. 支票可以在同一票据交换区域内背书转让，但用于支取现金的支票不能背书转让。

三、支票出售的核算

银行向支票存款户出售未使用支票时，由存款人填写一式三联空白重要凭证领用单，加盖预留银行签章。经银行审核领用单无误，收取支票工本费和手续费，领用单第二联代贷方传票，第三联代借方传票（收现金的本联注销），另一联特种转账贷方传票，办理转账。会计分录如下：

借：活期存款——领购人户
或借：现金
　　贷：营业费用——业务支出
　　　　中间业务收入

领用单第一联加盖转讫章或现金收讫章及经办人名章，交领购人。同时，登记空白重要凭证登记簿，注明领用日期、存款人名称、支票起讫号码以备查核。

银行出售支票，每个账户一次只准购买一本，业务量大的可以适当放宽。出售时应在每张支票上加盖本行行名和存款人账号。单位撤销、合并、结清账户时，应根据未用空白支票填制二联清单，注明支票种类、起止号码，连同空白支票一并交回银行，支票切角作废，清单一联由银行盖章退交存款人，一联作清户凭证附件。

四、支票的核算手续

由于现金支票的核算在前面存款业务核算中已表述，在此只介绍用于转账的支票（转账支票、划线支票）业务的核算。

（一）持票人、出票人在同一银行机构开户的处理手续

1. 银行受理持票人送交支票的处理手续。

银行接到持票人送来的支票（见表 6 - 2）和二联进账单（见表 6 - 3）时，应认真审查以下内容：支票是否统一规定印制的凭证，支票是否真实，是否超过提示付款期限；支票填明的持票人是否在本行开户，持票人的名称是否为该持票人，与进账单上的名称是否一致；

出票人账户是否有足够支付的款项；出票人的签章是否符合规定，与预留银行的签章是否相符，使用支付密码的，其密码是否正确；支票的大小写金额是否一致，与进账单的金额是否相符；支票必须记载的事项是否齐全，出票金额、出票日期和收款人名称是否更改，其他记载事项的更改是否由原记载人签章证明；背书转让的支票是否按规定的范围转让，其背书是否连续，签章是否符合规定，背书使用粘单的是否按规定在粘接处签章；持票人是否在支票的背面作委托收款背书。经审查无误后，支票作转账借方传票，进账单第二联作转账贷方传票，办理转账。会计分录如下：

借：活期存款——出票人户

贷：活期存款——持票人户

进账单第一联加盖转讫章作收账通知交给持票人。

表 6 – 2　　　　　　　　　　　　　　　　　　　转账支票

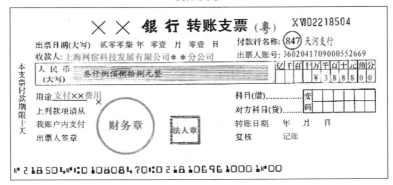

表 6 – 3　　　　　　　　　　　　　　　　　　　银行进账单

银行进账单
编号：（回单或收账通知）　　　年　月　日

（持票人：全　称／账　号／开户银行；人民币：千百十万千百十元角分；出票人全称；票据种类／票据张数；持票人开户行盖章）

银行进账单

（出票人：全　称／账　号／开户银行；持票人：全　称／账　号／开户银行；编号；年　月　日；人民币（大写）：千百十万千百十元角分；票据种类／票据张数；备注；科目（贷）／对方科目（借）／转账日期　年　月　日；持票人开户盖章；复核　记账）

该凭证为单联式，尺寸22.5×9厘米。白纸红色印油。

2. 银行受理出票人送交支票的处理手续。

银行接到出票人送来的支票和三联进账单时，应认真审查，审查的内容与持票人送交支票的审查内容基本一致。经审查无误后，支票作借方传票，进账单第二联作贷方传票，办理转账。会计分录与持票人送交支票的会计分录相同。

进账单第一联加盖转讫章作回单交给出票人，进账单第三联加盖转讫章作收账通知交给收款人。

（二）持票人、出票人不在同一银行机构开户的处理手续

1. 持票人开户行受理持票人送交支票的处理手续。

（1）持票人开户行的处理手续。银行接到持票人送交的支票和二联进账单时，按照有关规定认真审查无误后，在二联进账单上按票据交换场次加盖"收妥后入账"的戳记，将进账单第一联加盖转讫章交给持票人。支票按照票据交换的规定及时提出交换。俟退票时间过后，进账单第二联作贷方传票办理转账。会计分录如下：

借：存放中央银行款项或同城票据交换

或借：辖内往来

贷：活期存款——持票人户

（2）出票人开户行的处理手续。出票人开户银行收到交换提入的支票，应按有关规定认真审查，无误后不予退票的，支票作借方传票，办理转账。会计分录如下：

借：活期存款——出票人户

贷：存放中央银行款项或同城票据交换

或贷：辖内往来

支票发生退票的，出票人开户行应通过"其他应收款"科目核算；持票人开户行应通过"其他应付款"科目核算。

2. 出票人开户行受理出票人送交支票的处理手续。

（1）出票人开户行的处理手续。出票人开户银行受理出票人交来的支票和三联进账单时，应按照有关规定进行审查，经审核无误后。支票作借方传票，办理转账。会计分录如下：

借：活期存款——出票人户

贷：存放中央银行款项或同城票据交换

或贷：辖内往来

进账单第一联加盖转讫章作回单交给出票人，进账单第二联加盖业务公章连同进账单第三联按照票据交换的规定及时提出交换。

（2）收款人开户行的处理手续。收款人开户银行收到交换提入的进账单第二、三联，经审核无误，进账单第二联加盖转讫章作贷方传票，办理转账。会计分录如下：

借：存放中央银行款项或同城票据交换

或借：辖内往来

贷：活期存款——收款人户

进账单第三联加盖转讫章作收账通知交给收款人。

第三节 银行本票业务的核算

银行本票是银行签发的，承诺自己在见票时无条件支付确定的金额给收款人或者持票人的票据。银行本票又分为定额银行本票和不定额银行本票两种。定额银行本票的面额有 1 000 元、5 000 元、10 000 元和 50 000 元。银行本票可以转账，注明"现金"字样的银行本票可以支取现金。

一、银行本票的基本规定

1. 单位和个人在同一票据交换区域需要支付各种款项，均可使用银行本票。

2. 银行本票出票人，为经中国人民银行当地分支行批准办理银行本票业务的银行机构。

3. 签发银行本票必须记载的事项有：表明"银行本票"的字样；无条件支付的承诺；确定的金额；收款人名称；出票日期；出票人签章。

4. 银行本票经主机系统签发，代理付款行通过实时清算系统或小额支付系统发送相关信息至出票银行，并根据实时返回的相关信息办理银行本票的付款业务。申请人和收款人均为个人才能签发现金银行本票；不定额本票要用压数机压印出票金额。

5. 银行本票的提示付款期自出票之日起最长不超过两个月。逾期的银行本票，代理付款人不予受理，持票人在票据权利时效内向出票银行作出说明，并提供本人身份证件或单位证明，可持银行本票向出票银行请求付款。

6. 填明"现金"字样的银行本票不得背书转让。转账的银行本票可以在同一票据交换区域背书转让。

7. 跨系统银行本票的兑付，持票人开户行可根据中国人民银行规定金融机构同业往来利率向出票银行收取利息。

二、银行本票的核算手续

（一）银行本票业务流程

银行本票核算有两种情况：一是银行本票核算只涉及出票银行，如现金银行本票、持票人在出票行开户的转账银行本票的核算。二是银行本票核算涉及出票行和代理付款银行，如持票人不在出票行开户的转账银行本票的核算。

银行本票涉及出票行和代理付款银行的流程见图 6 - 4。

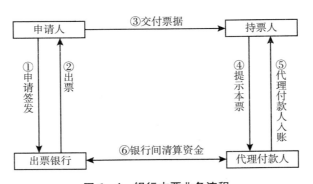

图 6 - 4　银行本票业务流程

（二）银行本票核算手续

1. 出票行出票的处理手续。

　　申请人需要使用银行本票，应向银行填写"银行本票申请书"申请书一式三联，第一联存根，第二联借方凭证，第三联贷方凭证。交现金办理本票的，第二联注销。申请人和收款人均为个人申请签发用于支取现金的银行本票时，应在申请书的"支付金额"栏先填写"现金"字样，后填写支付金额。

　　银行受理申请人提交的第二、第三联申请书时，应认真审查其填写的内容是否齐全、清晰；申请书填明"现金"字样的，申请人和收款人是否均为个人。经审查无误后，申请书第二联作借方传票（交现金的此联注销），第三联作贷方传票，办理转账。申请人转账交付款项时，会计分录如下：

　　借：活期存款——申请人户
　　　　贷：开出本票
　　申请人交付现金时，会计分录如下：
　　借：现金
　　　　贷：开出本票

　　银行本票表外科目账务由系统自动处理，日终后，柜员必须填制表外付出传票，汇总当日银行本票的使用量，出账：

　　付：空白重要凭证——银行本票

　　出票行在办理转账和收取现金以后，出票行应通过实时清算系统进行银行本票的签发，并将签发银行本票的信息打印在申请书和银行本票一式两联上，第一联卡片，第二联本票；经复核无误后，在本票正联上加盖本票专用章并由授权的经办人签名或盖章，签章必须清晰。本票正联交给申请人，副本专夹保管（见表6－4）。

表6－4　　　　　　　　　不定额本票样式（正面）

付款期限 ×个月	商业银行		地 名	本票号码
	本票2			
	出票日期　　贰零　　年　　月　　日 （大写）			第　　号
收款人：				
凭票即付	人民币 （大写）			
转账　　现金	出票行签章	科目（借）_____ 对方科目（贷） 付款日期　　年　　月 出纳　　复核　　经办		
备注：				
（使用清分机的，此区域供打印磁性字码）				

（右侧竖排）此联出票行结清本票时作借方凭证

　　2. 银行本票付款的处理手续。

（1）代理付款行付款的处理手续。代理付款行接到在本行开户的持票人直接交来的本票三联进账单时，应认真审查以下内容：银行本票是否真实；是否超过提示付款期限；本票填明的持票人是否在本行开户，持票人名称与进账单上的名称是否相符；出票行的签章是否符合规定；不定额本票是否有统一制作的压数机压印金额，与大写出票金额是否一致；本票必须记载的事项是否齐全，出票金额、出票日期、收款人名称是否更改；持票人是否在本票背面签章，背书转让的本票是否按规定的范围转让，背书是否连续等。经审查无误后，通过实时清算系统或小额支付系统将银行本票信息录入主机系统，由出票行系统自动核验密押等银行本票信息，并使用《通用机打凭证》打印业务回执。

在银行本票、进账单第二联上加盖核算用章和记账、授权柜员名章，柜员在银行本票上记载兑付日期。银行本票作借方传票附件，进账单第二联作贷方传票，办理转账。会计分录如下：

借：存放中央银行款项或同城票据交换

或借：待处理汇划款项

贷：活期存款——持票人户

进账单第一联加盖转讫章作收账通知交给持票人。本票加盖转讫章，通过票据交换向出票行提出交换。

（2）出票行直接向收款人付款的处理手续。出票行接到收款人交来的注明"现金"字样的本票时，抽出专夹保管的本票卡片或存根，经核对相符，确属本行签发，同时还必须认真审查本票上填写的申请书和收款人是否均为个人，核验收款人身份证件，并留复印件备查。经审核无误后，手续同前，以本票作借方传票，本票卡片或存根联作附件，办理转账。会计分录如下：

借：开出本票

贷：现金

出票行接到在本行开户的持票人交来转账银行本票时，经审核无误，银行本票确系本行签发，本票作借方传票，本票卡片或存根联作附件，办理转账。会计分录如下：

借：开出本票

贷：活期存款——持票人户

3. 银行本票结清的处理手续。

出票行收到票据交换提入的本票时，抽出专夹保管的本票卡片或存根，经核对无误后，本票作借方传票，本票卡片或存根联作附件，办理转账。会计分录如下：

借：开出本票

贷：存放中央银行款项或同城票据交换

或贷：待处理汇划款项

4. 银行本票退款、超过提示付款期限付款的处理手续。

（1）出票行退款的处理手续。申请人因本票超过提示付款期限或其他原因要求出票行退款时，应填制一式二联进账单连同本票交给出票行，并提交证明或身份证件。出票行经与原专夹保管的本票卡片或存根核对无误后，即在本票上注明"未用退回"字样，进账单第二联作贷方传票（如果退付现金，则本联作借方传票的附件），本票作借方传票，本票卡片或存根联作附件，办理转账。会计分录如下：

借：开出本票

　　贷：活期存款——申请人户

或贷：现金

（2）出票行支付超过付款期限票款的处理手续。持票人超过付款期限不获付款，在票据权利时效内（自出票日起2年）向出票行请求付款时，应当向出票行说明原因，并将本票交给出票行。出票行经与原专夹保管的本票卡片或存根核对无误，即在本票上注明"逾期付款"字样，办理付款手续。持票人在本行开户的，应填制二联进账单，以进账单第二联作贷方传票，本票作借方传票，本票卡片或存根作附件，会计分录如下：

借：开出本票

　　贷：活期存款——持票人户

持票人未在本行开户的，填制三联进账单，本票作借方传票，本票卡片或存根作附件，会计分录如下：

借：开出本票

　　贷：存放中央银行款项

或贷：辖内往来

进账单第一联加盖转讫章作回单退回持票人，进账单第二、第三联按规定提出交换。

第四节　银行汇票业务核算

银行汇票是出票银行签发的，由其在见票时按照实际结算金额无条件支付给收款人或者持票人的票据。银行汇票的出票银行为银行汇票的付款人。银行汇票可用于转账，注明"现金"字样的银行汇票可支取现金。

一、银行汇票的基本规定

1. 单位和个人各种款项的结算，均可使用银行汇票。银行汇票主要用于异地间的款项结算，如果同城结算使用银行汇票，则必须在另一家具备办理银行汇票业务资格且与出票行属同一系统的银行使用方可。

2. 签发银行汇票必须记载的事项有：表明"银行汇票"字样；无条件支付的承诺；出票金额；付款人名称；收款人名称；出票日期；出票人签章。

3. 签发银行汇票应遵守的规定有：①出票行收妥款项后签发银行汇票，并用压数机压印出票金额，将银行汇票和解讫通知书一并交申请人；②签发转账银行汇票，不得填写代理付款人名称，但由人民银行代理兑付银行汇票的商业银行，向设有分支机构地区签发转账银行汇票的除外；③签发现金银行汇票，申请人和收款人必须均为个人，收妥申请人交存的现金后，在银行汇票"出票金额"栏先填写"现金"字样，后填写出票金额，并填写代理付款人名称，申请人或收款人为单位的，银行不得为其签发现金银行汇票。

4. 银行汇票的提示付款期限自出票日起1个月。持票人超过提示付款期限提示付款的，代理付款人不予受理，但持票人在票据权利时效内（自出票日起2年）向出票行作出说明，并提供本人身份证件或单位证明，持银行汇票和解讫通知可以向出票银行请求付款。

5. 银行汇票的代理付款人是代理本系统出票行或跨系统签约银行审核支付汇票款项的银行。代理付款行不得受理未在本行开立账务的持票人为单位直接提交的银行汇票。跨系统银行签发的转账银行汇票的付款，应通过同城票据交换将银行汇票和解讫通知提交给同城的有关银行审核支付抵用。

6. 银行汇票可以背书转让，但填明"现金"字样的银行汇票不得背书转让；银行汇票的转让背书应当连续。

7. 持票人或申请人因汇票超过付款提示期限或其他原因要求退款时，应将银行汇票和解讫通知同时提交到出票银行，并出具单位证明或个人身份证件，经审核无误后，方可办理。如缺少解讫通知，出票银行应于汇票提示付款期满 1 个月后才能办理。出票银行对于转账银行汇票的退款，只能转入原申请人存款账户；对于符合规定填明"现金"字样银行汇票的退款，才能退付现金。

8. 实行大额付款确认制度。对签发银行汇票超过额度或业务申请书在审查中认为有疑点的，银行应主动通过电话向申请人进行确认，查实后办理，并将通话时间、受话人、查实就结果登记在申请书背面以备查考。

二、银行汇票的核算手续

异地使用的银行汇票涉及申请人、持票人、出票行和代理付款行四个方面，银行的核算包括出票、付款和结清三个环节，其业务流程见图 6-5。

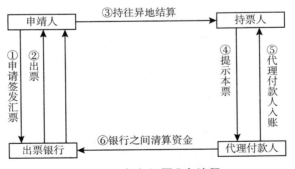

图 6-5 银行汇票业务流程

（一）出票行出票的处理手续

申请人需要使用银行汇票，应向银行填写汇票申请书（见表 6-5），申请书一式三联，第一联存根，第二联借方凭证，第三联贷方凭证。交现金办理汇票的，第二联注销。申请人和收款人均为个人，要求签发现金银行汇票时，须在申请书上填明代理付款人名称，在"汇票金额"栏先填写"现金"字样，后填写金额。

会计分录如下：

借：活期存款——申请人户

　　贷：汇出汇款

申请人交付现金的，申请书第二联注销作附件，第三联作现金收入传票。会计分录如下：

借：现金

　　贷：汇出汇款

出票行在办好转账或收妥现金后，通过实时清算系统进行银行汇票签发（见表6-6），并将银行汇票信息打印在《银行汇票申请书》和银行汇票上。银行汇票凭证一式四联，第一联卡片，第二联汇票，第三联解讫通知，第四联多余款收账通知。

表6-5　　　　　　　　　　　　　　汇票申请书

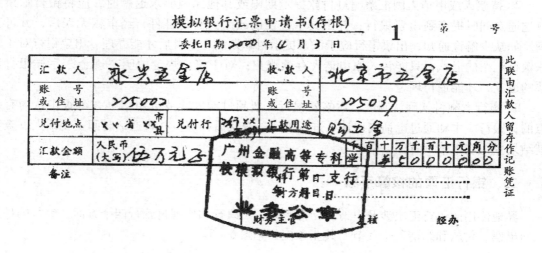

表6-6　　　　　　　　　　　　　　银行汇票

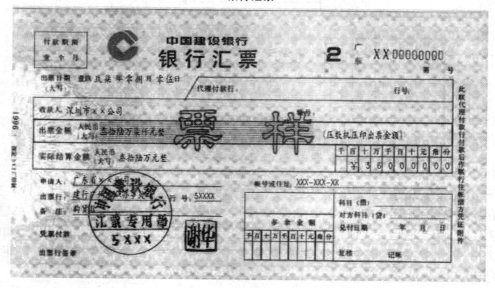

　　银行汇票经复核无误后，在第二联上加盖汇票专用章并由授权的经办人签章，签章必须清晰；在实际结算金额栏的小写金额上端用总行统一制作的压数机压印出票金额，然后连同第三联一并交给申请人。第一联上加盖经办人、复核人名章，在逐笔登记汇出汇

款账并注明汇票号码后，连同第四联一并专夹保管。

（二）代理付款行付款的核算

代理付款行接到在本行开立账户的持票人直接交来的汇票、解讫通知和二联进账单时，应认真审查以下内容：

1. 汇票和解讫通知是否齐全，汇票号码和记载的内容是否一致。

2. 汇票是否是统一规定印制的凭证，汇票是否真实，是否超过提示付款期限。

3. 汇票填明的持票人是否在本行开户，持票人名称是否为该持票人，与进账单上的名称是否相符。

4. 出票行的签章是否符合规定，加盖的汇票专用章是否与印模相符。

5. 使用密押的，密押是否正确；压数机压印的金额是否由统一制作的压数机压印，与大写的出票金额是否一致。

6. 汇票的实际结算金额大小写是否一致，是否在出票金额以内，与进账单所填金额是否一致，多余金额结计是否正确。如果全额进账，必须在汇票和解讫通知的实际结算金额栏内填入全部金额，多余金额栏填写"—0—"。

7. 汇票必须记载的事项是否齐全，出票金额、实际结算金额、出票日期、收款人名称是否更改，其他记载事项的更改是否由原记载人签章证明。

8. 持票人是否在汇票背面"持票人向银行提示付款签章"处签章，背书转让的汇票是否按规定的范围转让，其背书是否连续，背书使用粘单的是否按规定在粘接处签章。

经审查无误后，汇票作借方凭证附件，进账单第二联作贷方传票，办理转账。会计分录如下：

借：清算资金往来

　　贷：活期存款——持票人户

办理转账后，在进账单第一联上加盖转讫章作收账通知交给持票人，解讫通知加盖转讫章随联行报单寄给出票行。

代理付款行接到未在本行开立账户的持票人为个人交来的汇票和解讫通知及二联进账单时，除了认真审查上述规定的内容外，还必须审查持票人的身份证件，在汇票背面"持票人向银行提示付款签章"处是否有持票人的签章和证明身份的证件名称、号码及发证机关，并要求提交持票人身份证件复印件留存备查。对现金汇票持票人委托他人向代理付款行提示付款的，代理付款行必须查验持票人和被委托人的身份证件，在汇票背面是否作委托收款背书，以及是否注明持票人和被委托人身份证件名称、号码及发证机关，并要求提交持票人和被委托人身份证件复印件留存备查。经审核无误后，通过实时清算系统将汇票款项记入"应解汇款及临时存款"科目，并使用《通用机打凭证》打印交易信息。以进账单第二联作贷方传票，办理转账。会计分录如下：

借：清算资金往来

　　贷：应解汇款及临时存款——持票人户

原持票人需要支取现金的，代理付款行经审查汇票上填写的申请人和收款人确为个人并填明"现金"字样，以及填写的代理付款行名称确为本行，可以办理现金支付手续；未填明"现金"字样，需要支取现金的，由代理付款行按照现金管理规定审查支付，另填制一联现金付出传票，办理转账。会计分录如下：

借：应解汇款及临时存款——持票人户

　　贷：现金

原持票人需要一次或分次办理转账支付的，应由其填制支付凭证，并向银行交验本人身份证件，经审查无误后，办理转账。会计分录如下：

借：应解汇款及临时存款——持票人户

　　贷：活期存款——××户

或：

　　贷：存放中央银行款项或同城票据交换

或：

　　贷：辖内往来

（三）银行汇票结清的处理手续

出票行接到代理付款行寄来联行报单及解讫通知时，属系统内银行汇票划回核销实时清算汇划收报业务。系统对报文中的汇票号码、签发日期、金额及付款账号等核对相符，分别作如下处理。

1. 汇票全额付款，无多余金额的，系统自动销记收报行的汇出汇款账户，并核销汇票登记簿相应汇票记录，手工的应在汇票卡片的实际结算金额栏填入全部金额，在多余款收账通知的多余金额栏填写"—0—"，汇票卡片作借方传票，解讫通知和多余款收账通知作借方传票的附件，办理转账。会计分录如下：

借：汇出汇款

　　贷：清算资金往来

同时，销记汇出汇款账。

2. 汇票有多余款的，系统自动销记收报行的汇出汇款账户，并核销汇票登记簿相应汇票记录，同时实现多余款记账或多余款挂账。手工填写的，应在汇票卡片和多余款收账通知上填写实际结算金额，汇票卡片作借方传票，解讫通知作多余款贷方传票，办理转账。会计分录如下：

借：汇出汇款

　　贷：清算资金往来

　　　　活期存款——申请人户

同时，销记汇出汇款账，在多余款收账通知多余金额栏填写多余金额，加盖转讫章后通知申请人。

3. 申请人未在银行开立账户，多余金额应先转入"其他应付款"科目，以解讫通知代"其他应付款"科目贷方传票，办理转账。会计分录如下：

借：汇出汇款

　　贷：清算资金往来

　　　　其他应付款——申请人户

同时销记汇出汇款账，并通知申请人持申请书存根及本人身份证件来行办理取款手续。银行付款时，以多余款收账通知代"其他应付款"科目借方传票，办理转账。会计分录如下：

　　借：其他应付款——申请人户

　　　　贷：现金

（四）银行汇票退款、超过提示付款期限付款的处理手续

　　1. 银行汇票退款的处理。申请人由于汇票超过付款期限或其他原因要求退款时，应交回汇票和解讫通知，并提交证明或身份证件。出票行经与原专夹保管的汇票卡片核对无误，即汇票和解讫通知的实际结算金额大写栏填写"未用退回"字样，汇票卡片作借方传票，汇票作附件，解讫通知作贷方传票（如系退付现金，即作为借方传票的附件），办理转账。会计分录如下：

　　借：汇出汇款

　　　　贷：活期存款——申请人户

　　或贷：现金

　　同时销记汇出汇款账。多余款收账通知的多余金额栏填入原出票金额并加盖转讫章作收账通知，交给申请人。

　　2. 银行汇票超过付款期限出票行付款的处理。持票人超过付款期限不获代理付款人付款的，在票据权时效内请求付款的，应当向出票行说明原因，并提交汇票和解讫通知。持票人为个人的，还应交验本人身份证件。出票人经与原专夹保管的汇票卡片核对无误，多余金额结计正确，即在汇票和解讫通知的备注栏填写"逾期付款"字样，办理付款手续。并一律通过"应解汇款"科目核算，分别作如下处理：

　　（1）汇票全额付款，应在汇票卡片的实际结算金额栏填入全部金额，在多余款收账通知的多余金额栏填写"—0—"，汇票卡片作借方传票，解讫通知作贷方传票，多余款收账通知作贷方传票的附件，办理转账。会计分录如下：

　　借：汇出汇款

　　　　贷：应解汇款——持票人户

　　同时销记汇出汇款账。向持票人付款时，如果持票人填写汇款凭证，即委托银行汇款；如果持票人填写银行汇票申请书，即申请签发银行汇票，办理转账。会计分录如下：

　　借：应解汇款——持票人户

　　　　贷：清算资金往来

　　或贷：汇出汇款

　　（2）汇票有多余款的，应在汇票卡片和多余款收账通知上填写实际结算金额，汇票卡片作借方传票，解讫通知作多余款贷方传票，另填制一联特种转账贷方传票，办理转账。会计分录如下：

　　借：汇出汇款

　　　　贷：应解汇款——持票人户

　　　　　　活期存款——原申请人户

　　或贷：其他应付款——原申请人户

　　同时销记汇出汇款账。多余款收账通知多余金额栏填写多余金额，并加盖转讫章，通知原申请人。向持票人付款的处理与上述（1）的处理相同。

第五节 汇兑业务的核算

一、概述

汇兑是汇款人委托银行将其款项支付给收款人的结算方式。汇兑分为信汇和电汇两种，由汇款人选择使用。汇兑结算方式有以下规定：

1. 单位和个人异地结算各种款项，均可使用汇兑结算方式。

2. 汇款人填制汇兑凭证必须记载下列事项：①表明"信汇"或"电汇"字样；②无条件支付的委托；③确定的金额；④收款人名称；⑤汇款人名称；⑥汇入地点、汇入行名称；⑦汇出地点、汇出行名称；⑧委托日期；⑨汇款人签章。汇兑凭证上欠缺记载上列事项之一的，银行不予受理。汇兑凭证记载的汇款人名称、收款人名称，其在银行开立存款账户的，必须记载其账号，欠缺记载的，银行不予受理。

3. 汇兑凭证上记载收款人为个人的，收款人需要到汇入银行领取汇款，汇款人应在汇兑凭证上注明"留行待取"字样；留行待取的汇款，需要指定单位的收款人领取汇款的，应注明收款人的单位名称；信汇凭证收款人签章支取的，应在信汇凭证上预留其签章。汇款人确定不得转汇的，应在汇兑凭证备注栏注明"不得转汇"字样。

4. 汇款人和收款人均为个人，需要在汇入银行支取现金的，应在信汇、电汇凭证的"汇款金额"大写栏先填写"现金"字样，后填写汇款金额。

5. 未在银行开立存款账户的收款人，凭信汇、电汇的取款通知或"留行待取"的，向汇入银行支取款项时，必须交验本人的身份证件，在信汇、电汇凭证上注明证件名称、号码及发证机关，并在"收款人签章"处签章；信汇凭签章支取的，收款人的签章须与预留信汇凭证上的签章相符。银行审核无误后，以收款人名义开立应解汇款及临时存款账户，该账户只付不收，付完清户，不计利息。

6. 汇入银行对于收款人拒绝接受的汇款，应及时办理退汇。汇入银行对于向收款人发出取款通知，经过两个月无法交付的汇款，应主动办理退汇。

二、汇兑业务的核算手续

汇兑业务涉及汇款人、汇出行、汇入行和收款人。汇出行、汇入行为同系统银行的汇兑结算流程见图 6-6。

图 6-6 汇兑业务流程

（一）汇出行的处理

汇款人委托银行办理汇款时，使用信汇的，应向银行填制一式四联信汇凭证，第一联回单，第二联借方凭证，第三联贷方凭证，第四联收账通知或代取款收据。使用电汇的，向银行填制一式三联电汇凭证。汇兑凭证的内容必须按前述基本规定填写。审核无误后，汇兑凭证第一联加盖转讫章退给汇款人。汇兑凭证第二联作借方传票，转账交付的，会计分录如下：

借：活期存款——汇款人户
　　贷：清算资金往来

汇款人交付现金时，还需填制一联现金收入传票，汇兑凭证作应解汇款科目的借方凭证。会计分录如下：

借：现金
　　贷：应解汇款——汇款人户

借：应解汇款——汇款人户
　　贷：清算资金往来

转账后，信汇凭证第三联加盖联行专用章，与第四联随同联行报单寄汇入行。如为电汇凭证，则根据第三联编制电划报单凭以向汇入行拍发电报。

（二）汇入行的处理

系统内汇入，分实时和批量业务，实时业务及时传至收报经办行，批量业务经批量处理次日传至收报经办行。汇入行的业务处理方式分为集中式和分散式两种。如果接到的是汇出行寄来的报单以及信汇凭证第三、第四联，应审查信汇凭证第三联上的联行专用章与联行报单印章一致，无误后集中处理的，按下列情况分别处理：

1. 汇入款项收款单位名称账号清晰的，直接以信汇凭证第三联作贷方传票，会计分录如下：

借：清算资金往来
　　贷：活期存款——收款人户

信汇凭证第四联加盖转讫章作收账通知交给收款人。

2. 汇入款项为个人或收款单位名称账号不清晰不能直接收账的，由系统自动登记《应解汇款登记簿》并更新应解汇款账户，以信汇凭证第三联作贷方传票，会计分录如下：

借：清算资金往来
　　贷：应解汇款——收款人户

登记应解汇款登记簿，在信汇凭证上编列应解汇款顺序号，信汇凭证第四联留存保管，另以便条通知收款人来行办理取款手续。

收款人持便条来行办理取款时，汇入行应按规定认真审查，无误后，按下列手续处理：

（1）转账支取的，应由原收款人向银行填制支款凭证，会计分录如下：

借：应解汇款——收款人户
　　贷：××科目

以信汇凭证第四联作借方传票附件，同时销记应解汇款登记簿。

（2）支取现金的，应一次办理现金支付手续。未注明"现金"字样，需要支取现金的，由汇入行按照现金管理规定审查支付。另填制一联现金付出传票，信汇凭证第四联作附件。

会计分录如下：

借：应解汇款——收款人户

贷：现金

同时销记应解汇款登记簿。

（3）需要分次支取的，应凭信汇凭证第四联注销应解汇款登记簿中的该笔汇款，并如数转入应解汇款科目分户账内（不通过分录，以丁种账代替），银行审核收款人填制的支款凭证，其预留签章和收款人身份证件无误后，办理分次支付手续。待最后结清时，将信汇凭证第四联作借方传票附件。

（4）需要转汇的，应重新办理汇款手续，其收款人及汇款用途必须是原汇款人的收款人和用途，并在信汇凭证第三联上加盖"转汇"戳记，会计分录如下：

借：应解汇款——收款人户

贷：清算资金往来

同时，销记应解汇款登记簿。信汇凭证第三联备注栏注明不得转汇的，不予办理转汇。

汇入行如果收到汇出行电报，经审核无误后，应编制电划贷方补充报单，其余处理手续及会计分录均与信汇的处理相同。

（三）退汇的处理手续

1. 汇款人要求退汇的处理手续。

（1）汇出行承办退汇的处理。

汇款人要求退汇时，对收款人在汇入行开立账户的，由汇款人与收款人自行联系退汇；对收款人未在汇入行开立账户的，应由汇款人备函或将本人身份证件连同原信汇或电汇回单交汇出行办理退汇。

汇出行接到退汇函件或身份证件以及回单，应填制四联"退汇通知书"（用异地结算通知书代），在第一联上批注"×月×日申请退汇，待款项退回后再办理退款手续"字样，交给汇款人，第二、第三联寄交汇入行，第四联与函件和回单一起保管。

如汇款人要求用电报通知退汇时，只需填制两联退汇通知书，比照信汇退汇通知书的第一、第四联手续处理，并凭退汇通知书拍发电报通知汇入行。

（2）汇入行的处理。

汇入行接到汇出行寄来的第二、第三联退汇通知书或通知退汇电报，如该笔汇款已转入应解汇款科目，尚未解付的，应向收款人联系索回便条，以第二联退汇通知书代借方传票，第四联汇款凭证作附件。会计分录如下：

借：应解汇款——收款人户

贷：清算资金往来

编制报单，第三联退汇通知书随同报单寄原汇出行。如电报通知退汇的，应另填一联特种转账借方传票，并填制电划报单，凭以拍发电报。

如该笔汇款已解付，应在第二、第三联退汇通知书或电报上注明解付情况及日期后，将第二联退汇通知书或电报留存，以第三联退汇通知书（或拍发电报）通知汇出行。

（3）汇出行收到退汇的处理。

汇出行接到汇入行寄来的报单及第三联退汇通知书或退汇电报时，应以第三联退汇通知书或第二联补充报单代贷方传票（第三联补充报单作贷方传票附件）。会计分录如下：

借：清算资金往来

　　贷：活期存款——原汇款人户

如汇款人未在银行开立存款账户，应另填制一联现金付出传票，会计分录如下：

借：清算资金往来

　　贷：其他应付款——原汇款人户

借：其他应付款——原汇款人户

　　贷：现金

在原第二联汇款凭证上注明"此款已于×月×日退汇"字样，以备查考。以留存的第四联退汇通知书注明"退汇款汇回已代进账"字样，加盖转讫章后作为收账通知交给原汇款人。

如接到汇入行寄回的第三联退汇通知书或发来的电报注明汇款已解付时，应在留存的第四联退汇通知书上批注解付情况，通知原汇款人。

2. 汇入行主动退汇的处理手续。

（1）汇入行的处理。

汇款超过两个月，收款人尚未来行办理取款手续或在规定期限内汇入行已寄出通知，但因收款人住址迁移或其他原因，以致该笔汇款无人领受时，汇入行可以主动办理退汇，退汇时应填制一联特种转账借方传票和两联特种转账贷方传票，并在传票上注明"退汇"字样，第四联汇款凭证作借方传票附件。会计分录如下：

借：应解汇款——原收款人户

　　贷：清算资金往来

在一联特种转账贷方传票上加盖联行专用章连同另一联特种转账贷方传票随同邮划报单寄原汇出行。

（2）原汇出行的处理。

原汇出行接到原汇入行寄来的邮划报单及所附二联特种转账贷方传票，以加盖原汇入行联行专用章的一联特种转账贷方传票作贷方传票。会计分录如下：

借：清算资金往来

　　贷：活期存款——原汇款人户

另一联特种转账贷方传票加盖转讫章代收账通知交给原汇款人。

如汇款人未在银行开立存款账户，其处理手续与前面汇款人要求退汇中汇出行收到退汇款的处理相同。

第六节　委托收款和托收承付业务的核算

一、委托收款与托收承付的异同点

委托收款与托收承付两者都是收款人委托银行向付款人收取款项。但委托收款既适合同城结算又适合异地结算，而托收承付只适合异地结算；单位和个人款项的结算都可以使用委托收款方式，而托收承付方式则只有符合条件的单位间的结算才能使用；委托收款无结算金额起点的规定，托收承付则有结算金额起点的要求；托收承付结算的付款人拒付款项时，付款人开户银行有责任审核拒付理由是否符合规定，如拒付理由不充分，付款人银行可以付款，而委托收款方式无此规定。

二、委托收款业务的处理手续

委托收款是收款人委托银行向付款人收取款项的结算方式。

（一）委托收款的基本规定

1. 单位和个人凭已承兑的商业汇票、债券、存单等付款人债务证明办理款项的结算，均可以使用委托收款结算方式。

2. 委托收款在同城、异地均可使用。

3. 委托收款结算款项的划回方式，分邮寄和电报两种，由收款人选用。

4. 签发委托收款凭证必须记载下列事项：表明"委托收款"的字样；确定的金额；付款人名称；收款人名称；委托收款凭据名称及附寄单证张数；委托日期；收款人签章。欠缺记载上列事项之一的，银行不予受理。

5. 委托收款以银行为付款人的，银行应当在当日将款项主动支付给收款人；以单位为付款人的，银行应及时通知付款人，付款人应于接到通知的当日书面通知银行付款。付款人在接到通知日的次日起 3 日内未通知银行付款的，视同付款人同意付款，银行应于付款人接到通知日的次日起第四日上午开始营业时，将款项划付给收款人。

6. 付款人审查有关债务证明后，对收款人委托收取的款项需要拒绝付款的，可以在接到付款通知日的次日起 3 日内办理拒绝付款。

（二）委托收款的处理手续

委托收款结算涉及收款人、受托行（收款人开户行）、付款人和付款人开户行。受托行、付款人开户行为同系统银行机构委托收款异地结算流程见图 6 - 7。

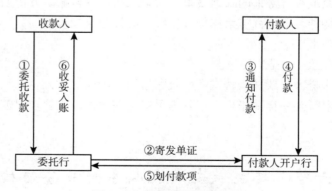

图 6 - 7　委托收款业务流程

1. 收款人开户行受理委托收款的处理。

收款人办理委托收款时，应填制邮划或电划委托收款凭证。邮划委托收款凭证一式五联（见表 6 - 7）：第一联回单；第二联贷方凭证；第三联借方凭证；第四联收账通知；第五联付款通知。电划委托收款凭证也是一式五联，除第四联为发电依据外，其余凭证均与邮划委托收款凭证相同。收款人在委托收款凭证第二联上盖章后，连同有关债务证明一并提交开户行。

表 6－7 邮划委托收款凭证

委托收款 凭证（贷方凭证）2
委托日期 年 月 日

委邮

委托号码：

第 号

汇款人	全 称		收款人	全 称										
	账 号或住址			账 号或住址										
	开户银行			开户银行			行号							
委收金额	人民币（大写）						千	百	十	万	千	百	十元角分	
款项内容			委托收款凭据名称			附寄单证张数								
备注：		上列委托收款随附有关单证请予办理收款收款人签章				科目（贷） ————————对方科目（借）————————转账 年 月 日复核 记账								

收款人开户银行到期日 年 月 日

此联收款人开户银行作贷方凭证

10×17.5 厘米（白纸红油墨）

收款人开户行收到上述凭证后，经审查无误后，将委托收款凭证第一联加盖业务公章，退给收款人。第二联专夹保管，并登记发出委托收款结算凭证登记簿，第三联凭证加盖带有联行行号的结算专用章，连同第四、第五联凭证及有关债务证明，一并寄交付款人开户行。

收款人开户行如不办理全国或省辖联行业务的，向付款人开户行直接发出委托收款凭证，均应在委托收款凭证的备注栏加盖"款项收妥划收××（行号）转划我行（社）"戳记，以便付款人开户行向指定的转划行填发报单。

2. 付款人开户行的处理手续。

付款人开户行接到收款人开户行寄来的邮划或电划的第三、第四、第五联委托收款凭证及有关债务证明时，应审查是否属于本行的凭证。审查无误后，在凭证上填注收到日期，根据邮划或电划第三、第四联凭证逐笔登记收到委托收款登记簿，将邮划或电划第三、第四联凭证保管，分别作如下处理：

付款人为银行的，接到委托收款凭证和有关债务证明，银行按规定付款时，以委托收款凭证第三联作借方传票，有关债务证明作借方传票附件。会计分录如下：

借：××科目

贷：清算资金往来

转账后，银行在收到委托收款凭证登记簿上填明转账日期。属于邮寄划款的，将委托收款凭证第四联填注支付日期后，随联行邮划报单寄收款人开户行。属于电报划款的，应根据委托收款凭证第四联填制联行电划报单，凭以向收款人开户行拍发电报。

付款人为单位的，银行接到付款人付款通知时，如果付款人账户足够支付全部款项的，委托收款凭证第三联作借方传票，会计分录如下：

借：活期存款——付款人户

贷：清算资金往来

转账后，银行在收到委托收款凭证登记簿上填明转账日期。属邮寄划款的，委托收款凭证第四联填明支付日期后，随联行报单寄交收款人开户行。属电报划款的，应根据委托收款凭证第四联填制电划报单，凭以向收款人开户行拍发电报。

付款期满日付款人银行存款账户不足支付全部款项的，银行在委托凭证和收到委托收款凭证登记簿上注明退回日期和"无款支付"字样，并填制三联付款人未付款通知书（用异地结算通知书代），将一联通知书和委托收款凭证第三联留存备查，将第二、第三联通知书连同委托收款凭证第四联邮寄收款人开户行。留存债务证明的，其债务证明一并邮寄收款人开户行。如系电报划款的，不另拍发电报。

付款人若办理拒绝付款的，应在规定的时间内向开户行提交四联拒绝付款理由书以及债务证明和第五联委托收款凭证，经核对无误后，在委托收款凭证和收到委托收款凭证登记簿备注栏注明"拒绝付款"字样。然后将第一联拒付理由书加盖业务公章作为回单退还付款人，将第二联拒付理由书连同第三联委托收款凭证一并留存备查，将第三、第四联拒付理由书连同付款人提交的本行留存的债务证明和第四联委托收款凭证一并寄收款人开户行，如系电报划款的，不另拍发电报。

3. 收款人开户行办理委托收款划回的处理手续。

（1）款项划回的处理手续。收款人开户行收到付款人开户行寄来的邮划报单和所附委托收款凭证第四联时，应将留存的委托收款凭证第二联抽出，经核对无误后，在两联委托收款凭证上填注转账日期，以委托收款凭证第二联作转账贷方传票。会计分录如下：

借：清算资金往来

贷：活期存款——收款人户

转账后，将委托收款凭证第四联加盖转讫章作收账通知送交收款人，并销记发出委托收款凭证登记簿。如系电报划回的，应编制电划补充报单办理转账。其余处理与邮划相同。

（2）付款人无款支付的处理手续。若收到无款支付而退回的委托收款凭证第四联及有关单据时，应抽出委托收款凭证第二联，在备注栏注明"无款支付"字样，销记发出委托收款凭证登记簿，将委托收款凭证第四联及一联未付款项通知书和债务证明退交收款人。收款人在未付款项通知书上签收后，收款人开户行将一联未付款通知书连同委托收款凭证第二联一并保管备查。

（3）拒绝付款的处理手续。收款人开户行接到委托收款凭证第四、第五联及有关债务证明和第三、第四联拒绝付款理由书，经核对无误后，抽出委托收款凭证第二联，并在备注栏注明"拒绝付款"字样。销记发出委托收款凭证登记簿。然后将委托收款凭证第四、第五联及有关债务证明和第四联拒付理由书一并退给收款人。收款人在第三联拒付理由书上签收后，收款人开户行将第三联拒付理由书连同第二联委托收款凭证一并保管备查。

三、托收承付的核算

托收承付是根据购销合同由收款人发货后委托银行向异地付款人收取款项，由付款人向银行承认付款的结算方式。

（一）托收承付的基本规定

1. 采用托收承付结算方式的单位，必须是国有企业、供销合作社以及经营管理较好，并经开户银行审查同意的城乡集体所有制工业企业。

2. 办理托收承付结算的款项，必须是商品交易，以及因商品交易而产生的劳务供应的款项。代销、寄销、赊销商品的款项，不得办理托收承付结算。收付双方使用托收承付结算必须签有符合《经济合同法》的购销合同，并在合同上订明使用托收承付结算方式。收款人办理托收，须具有商品确已发运的证件。

3. 托收承付结算每笔金额起点为 1 万元。款项划回的方式分为邮寄和电报两种，由收款人选择使用。

4. 付款人承付货款分为验单付款和验货付款两种，由收付款双方商量后选用一种，并在合同中明确规定。①验单付款。验单付款的承付期为 3 天，从付款人开户银行发出承付通知的次日算起（承付期内遇节假日顺延）。②验货付款。承付期为 10 天，从运输部门向付款人发出提货通知的次日算起。

5. 付款人在承付期内，未向银行提出异议，银行即视作承付，并在承付期满的次日（法定休假日顺延）上午银行开始营业时，将款项主动从付款人账户内付出，按照收款人指定的划款方式，划给收款人。

6. 付款人在承付期满日银行营业终了时，如无足够资金支付货款，其不足部分，即为逾期付款。付款人开户行对逾期支付的款项，应当根据逾期付款金额和逾期天数，按每天万分之五计算逾期付款赔偿金。

7. 付款人开户银行对逾期未付的托收凭证，负责进行扣款的期限为 3 个月（从承付期满日算起）。期满时，付款人仍无足够资金支付尚未付清的欠款，银行应于次日通知付款人将有关交易单证在 2 天内退回银行，付款人逾期未退回单证的，银行自发出通知的第三天起，按照应付的结算金额对其处以每天万分之五但不低于 50 元的罚款，并暂停其向外办理结算业务，直到退回单证时止。

（二）托收承付的核算手续

托收承付结算业务的核算过程分为受理托收、通知承付、办理划款、款项划回四个阶段。收款人开户行、付款人开户行为同系统银行机构托收承付的结算流程见图 6-8。

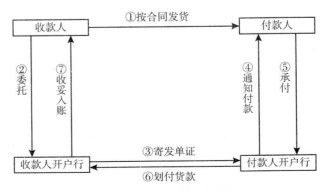

图 6-8　托收承付业务流程

1. 收款人开户行受理托收的处理。

收款人办理托收时，采用邮划款的，应填制一式五联邮划托收承付凭证（与委托收款凭证相同），第一联回单，第二联贷方凭证，第三联借方凭证，第四联收账通知，第五联承付通知。采用电划款的，填制一式五联电划托收承付凭证，除第四联为发电依据外，其余联次与邮划凭证相同。收款人应在第二联托收凭证上签章后，将托收凭证和有关单证提交开户行收款人开户行收到上述凭证后，应按规定认真审查：托收款项是否符合托收承付结算方式规定的条件；有无商品确已发运的证件；托收凭证的各项内容是否齐全；托收凭证与所附单据的张数是否相符；托收凭证第二联上的签章是否符合规定。必要时，还应查验收付款人签订的购销合同。审核无误后，在邮划或电划托收凭证第一联加盖业务公章退交收款人。对收款人提供发运证件交银行后需自行保管或自寄的，应在各联凭证和发运证件上加盖"已验发运证件"戳记，然后将发运证件退还收款人。根据托收凭证第二联登记发出托收结算凭证登记簿后专夹保管。将托收凭证第三、第四、第五联（均在第三联上加盖带有联行行号的结算专用章）连同交易单证，一并寄交付款人开户行。收款人开户行如不办理全国或省辖联行业务，向付款人开户行直接发出托收凭证的，均应在托收凭证的备注栏加盖"款项收妥请划收××（行号）转划我行"戳记，以便付款人开户行向指定的转划行填发报单。

2. 付款人开户行的处理手续。

（1）付款人开户行通知承付的处理。付款人开户行接到收款人开户行寄来的邮划或电划托收凭证第三、第四、第五联及交易单证时，应审核付款人是否在本行开户，所附单证的张数与凭证的记载是否相符。审核无误后，在凭证上填注收到日期和承付期。然后根据邮划或电划托收凭证第三、第四联逐笔登记定期代收结算凭证登记簿，将托收凭证第三、第四联专夹保管，托收凭证第五联加盖业务公章后，连同交易单证一并及时送交付款人。

（2）付款人开户行办理全额付款的处理。付款人在承付期内，未向银行表示拒绝付款，且付款人账户有足够资金支付全部款项的，付款人开户行应在承付期满的次日（遇节假日顺延）上午营业开始时，办理划款手续，以托收凭证第三联作借方传票，办理转账。会计分录如下：

借：活期存款——付款人户
　　贷：清算资金往来

转账后，在登记簿上填注转账日期，属于邮寄划款的，在邮划托收凭证第四联上填注日期后，随同联行邮划报单寄交收款人开户行。属于电报划款的，则应根据电划托收凭证第三联编制联行电划报单，凭以向收款人开户行拍发电报。

（3）提前承付的处理。付款人在承付期满前通知银行提前付款，银行划款的手续与全额付款的手续相同，但应在托收凭证和登记簿备注栏分别注明"提前承付"字样。

（4）多承付的处理。付款人如因商品的价格、数量或金额变动等原因，要求对本笔托收多承付款项且一并划回时，付款人应填制四联"多承付理由书"（以托收承付拒绝付款理由书改用）提交开户行。银行审查后，在托收凭证和登记簿备注栏注明多承付的金额，以多承付理由书第二联代借方传票（托收凭证第三联作附件），办理转账。会计分录如下：

借：活期存款——付款人户
　　贷：清算资金往来

转账后，将多承付理由书第一联加盖转讫章作支款通知交给付款人，多承付理由书第

三、第四联和邮划托收凭证第四联随同联行邮划报单一并寄收款人开户行。如属电报划款，除按规定格式拍发电报外，另将多承付理由书第三、第四联邮寄收款人开户行。

（5）部分付款的处理。在承付期满次日上午银行划款时，如果付款人账户只能支付部分款项，银行应在托收凭证上注明当天可以扣收的金额，邮划款项的，应填制特种转账借方、贷方传票各两联；电划款项的，填制二联特种转账借方传票，并注明原托收号码及金额。以一联特种转账借方传票办理转账。会计分录如下：

借：活期存款——付款人户

　　贷：清算资金往来

转账后，另一联特种转账借方传票加盖转讫章作付款通知交付款人，并在登记簿备注栏注明已承付金额和未承付金额及"部分付款"字样。托收凭证第三、第四联按付款人及先后日期单独保管，作为继续扣款的依据。邮划款项的，在一联特种转账贷方传票上加盖联行专用章连同另一联随联行邮划报单寄交收款人开户行；电划款项的，根据电划报单向收款人开户行拍发电报。

付款人开户行要随时掌握付款人账户余额，以便将未承付的款项及早划转收款人开户行，同时应扣收逾期付款赔偿金，待最后付清款项时，应在托收凭证上注明"扣清"字样，托收凭证第三联作借方传票附件。邮划款项的，将托收凭证第四联连同特种转账贷方传票随联行邮划报单一并寄收款人开户行；电划款项的，依据电划报单向收款人开户行拍发电报，并销记登记簿。

（6）逾期付款的处理。付款人在承付期满日银行营业终了前，账户无款支付的，付款人开户行应在托收凭证和登记簿备注栏分别注明"逾期付款"字样，并填制三联"托收承付结算到期未收通知书"，将通知书第一、第二联寄收款人开户行，通知书第三联与托收凭证第三、第四联一并保管，待付款人账户有款可以一次或分次扣款时，比照部分付款的有关手续办理，将逾期付款的款项和赔偿金一并划给收款人。赔偿金的计算公式为：

赔偿金金额＝逾期付款金额×逾期天数×万分之五

逾期付款天数从承付期满日算起。承付期满日银行营业终了时，付款人如无足够资金支付，其不足部分，应当算作逾期一天，计算一天的赔偿金。在承付期满的次日（如遇节假日，逾期付款赔偿金的天数计算也相应顺延，但以后遇节假日应当照算逾期天数）银行营业终了时，仍无足够资金支付，其不足部分，应当算作逾期两天，计算两天的赔偿金。其余类推。

逾期付款期满，付款人账户不能全额或部分支付该笔托收款项，开户行应向付款人发出索回单证的通知，付款人于银行发出通知的次日起两日内（到期日遇节假日顺延，邮寄的加邮程）必须将全部单证退回银行，经银行核对无误后，在托收凭证和登记簿备注栏注明单证退回日期和"无款支付"的字样，并填制三联"逾期无款支付通知书"，通知书第一联和托收凭证第二联留存备查；另二联通知书连同托收凭证第四、第五联及有关单证一并寄收款人开户行。

（7）全部拒绝付款的处理。付款人在承付期内提出全部拒付时，应填制四联全部拒绝付款理由书，连同有关的拒付证明、托收凭证第五联及所附单证送交开户行。银行应严格审查拒付手续是否齐全、拒付理由是否充足。不同意拒付的，要实行强制扣款；对无理的拒付，而增加银行审查时间的，应从承付期满日起，为收款人计扣逾期付款赔偿金。对符合规定同意拒付的，经银行主管部门审批后，在拒绝付款理由书上签注意见，由经办人员和会计主管人员签章，托收凭证和登记簿备注栏注明"全部拒付"字样；然后将拒付理由书第一联加盖业务公章，作为回单退付款人，将拒付理由书第二联连同托收凭证第三联一并留存备查，另两联通知书连同托收凭证第四、第五联及有关单证一并寄收款人开户行。

（8）部分拒绝付款的处理。付款人在承付期内提出部分拒绝付款，应填制四联部分拒绝付款理由书，连同有关的拒付证明、拒付部分商品清单送交银行。经银行审查同意拒付的，依照全部拒付的审查手续办理，并在托收凭证和登记簿备注栏注明"部分拒付"字样及部分拒付金额，对同意承付部分，以拒绝付款理由书第二联代借方传票（托收凭证第三联作借方凭证附件）。会计分录如下：

借：活期存款——付款人户
　　贷：清算资金往来

转账后，将拒绝付款理由书第一联加盖转讫章作为支款通知交付款人，部分拒付理由书第三、第四联和托收凭证第四联连同其他单证，随联行邮划报单一并寄收款人开户行。如系电报划款，部分拒付和部分承付，除拍电报外，另将部分拒付理由书第三、第四联连同拒付部分的商品清单和有关证明邮寄收款人开户行。

3. 收款人开户行办理托收款划回的处理。

（1）全额划回的处理手续。收款人开户行接到付款人开户行寄来的邮划报单及所附托收凭证第四联，应将留存的托收凭证第二联抽出，核对相符后，在二联托收凭证上填注转账日期，以第二联作贷方传票，办理转账。会计分录如下：

借：清算资金往来
　　贷：活期存款——收款人户

转账后，将托收凭证第四联加盖转讫章作收账通知交收款人，并销记登记簿。如系电报划回的，应编制三联联行电划补充报单，以第二联代贷方凭证（托收凭证第二联作传票附件），第三联代收账通知，其余处理手续与邮寄划回相同。

（2）多承付款划回的处理手续。收款人开户行接到联行邮划报单及所附托收凭证第四联和多承付理由书第三、第四联后，抽出留存的托收凭证第二联，在备注栏注明多承付的金额。以多承付理由书第三联代贷方传票，托收凭证第二联作贷方传票附件，办理转账。转账后，按原金额销记登记簿，托收凭证第四联和多承付理由书第四联一并交收款人。如系电报划回的，在电划补充报单备注栏注明多承付金额，托收凭证第二联作贷方传票的附件，待收到邮寄来的多承付理由书第三、第四联后，第三联留存备查，第四联交收款人。

（3）部分划回的处理手续。收款人开户行接到部分划回的邮划报单及两联特种转账贷方传票，以一联特种转账贷方传票代转账贷方传票，办理转账。会计分录如下：

借：清算资金往来
　　贷：活期存款——收款人户

转账后，将另一联特种转账贷方传票加盖转讫章，作收账通知交收款人，并在托收凭证第二联和登记簿上注明部分划回的金额。如系电报部分划回的，应比照电报全额划回的有关手续处理。

（4）逾期划回、无款支付退回凭证或单独划回赔偿金的处理手续。收款人开户行收到托收结算到期未收通知书第一、第二联后，应在托收凭证第二联上加注"逾期付款"字样及日期，然后将通知书第二联交给收款人，通知书第一联附于托收凭证第二联后一并保管。待接到一次划回款或分次划款或单独划回赔偿金的邮划报单时，比照部分划回的有关手续办理。如系电报一次划回的，比照电报全额划回的处理；电报分次划回的，应在托收凭证第二联上注明分次划回的金额。

收款人开户行在逾期付款期满后接到托收凭证第四、第五联（部分无款支付系第四联）及两联无款支付通知书和有关单证，经核对无误后，抽出托收凭证第二联，并在该凭证备注栏注明"无款支付"字样，销记登记簿。然后将托收凭证第四、第五联（部分无款支付系托收凭证第四联）及一联无款支付通知书和有关单证退交收款人。收款人在另一联无款支付通知书上签收，银行连同托收凭证第二联一并保管备查。

（5）全部拒绝付款的处理手续。收款人开户行收到付款人开户行寄来的全部拒绝付款理由书第三、第四联和托收凭证第四、第五联及其他单证时，经核对无误，抽出托收凭证第二联，在备注栏注明"全部拒付"字样、日期，销记登记簿。然后将托收凭证第四、第五联和拒绝付款理由书第四联及拒付证明退给收款人。待收款人在拒绝付款理由书第三联上签收后，连同托收凭证第二联一并保管。

（6）部分拒绝付款的处理手续。收款人开户行收到邮划报单及所附的托收凭证和拒付部分的商品清单、证明后，抽出托收凭证第二联，并在备注栏上注明"部分拒付"字样、日期及部分拒付金额，以拒付理由书作贷方传票，办理转账。其余处理与部分划回相同。如系电报划回的，比照部分划回的手续处理，待接到第三、第四联拒绝付款理由书及拒付部分的商品清单和证明后，第三联拒付理由书留存备查，第四联拒付理由书及所附清单和证明交给收款人。

第七节　商业汇票业务核算

商业汇票是出票人签发的，委托付款人在指定日期无条件支付确定的金额给收款人或者持票人的票据。商业汇票分为商业承兑汇票和银行承兑汇票。商业承兑汇票是由银行以外的付款人承兑，银行承兑汇票是由银行承兑。商业汇票的付款人为承兑人。

一、商业汇票的基本规定

1. 凡在银行开立存款账户的法人以及其他组织之间，必须具有真实的交易关系或债权债务关系，才能使用商业汇票。可用于同城和异地结算。

2. 商业承兑汇票的出票人，为在银行开立存款账户的法人以及其他组织，与付款人具有真实的委托付款关系，具有支付汇票金额的可靠资金来源。

3. 出票人不得签发无对价的商业汇票用以骗取银行或者其他票据当事人的资金。

4. 签发商业汇票必须记载的事项有：表明"商业承兑汇票"或"银行承兑汇票"的字样；无条件支付的委托；确定的金额；付款人名称；收款人名称；出票日期；出票人签章。

5. 商业承兑汇票可以由付款人签发并承兑，也可以由收款人签发交由付款人承兑。银行承兑汇票应由在承兑银行开立存款账户的存款人签发。

6. 商业汇票的付款期限，最长不超过 6 个月，商业汇票的提示付款期限，自汇票到期日起 10 日，商业汇票只能转账，不能支取现金。

7. 银行承兑汇票的出票人应于汇票到期前将票款足额交存其开户银行，未能足额交付票款时，承兑银行除凭票向持票人无条件付款外，对出票人尚未支付的汇票金额按照每天万分之五计收利息。

二、商业承兑汇票的核算

收付款双方使用商业承兑汇票结算的，由付款人或收款人签发商业承兑汇票，由银行以外的付款人承兑。商业承兑汇票一式三联（见表 6 - 8）。第一联卡片，由承兑人留存；第二联汇票，此联持票人开户行随委托收款凭证寄付款人开户行作借方传票附件；第三联存根，出票人存查。商业承兑汇票到期，持票人以其作为付款人债务凭证委托开户银行收款，因此它与委托收款结算方式有密切关系，其结算流程见图 6 - 9。

表 6 - 8

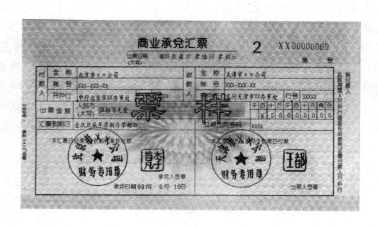

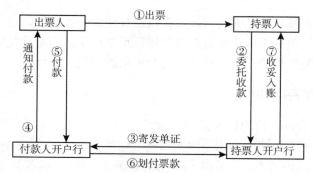

图 6 - 9　商业承兑汇票业务流程

（一）持票人开户行受理汇票的处理受理

持票人凭商业承兑汇票委托开户行收款时，应填制邮划或电划委托收款凭证，在"委托收款凭据名称"栏注明"商业承兑汇票"及其汇票号码，连同汇票一并送交开户银行。银行应审核以下内容：汇票是否统一规定印制的凭证，是否超过提示付款期限；汇票上填明的持票人是否在本行开户；出票人、承兑人的签章是否符合规定；汇票必须记载的事项是否齐全，出票金额、出票日期、收款人名称是否更改，其他事项的更改是否符合规定；是否做成委托收款背书，背书转让的汇票其背书是否连续，签章是否符合规定；委托收款凭证的记载事项是否与汇票记载的事项相符。

经审查无误，在委托收款凭证各联上加盖"商业承兑汇票"戳记。其余手续按照发出委托收款凭证的手续处理。

（二）付款人开户行收到汇票的处理手续

付款人开户行接到持票人开户行寄来的委托收款凭证及汇票时，应按照上述持票人开户行审核汇票的规定认真审查：付款人确在本行开户，承兑人在汇票上的签章与预留银行的签章相符，即将汇票留存，并将委托收款凭证第五联交给付款人并签收。凭委托收款凭证第三、第四联登记"收到委托收款结算凭证登记簿"后，专夹保管。

付款人开户行接到付款人的付款通知或在付款人接到开户行的付款通知的次日起3日内仍未接到付款人的付款通知的，应按照支付结算办法规定的划款日期和以下情况处理：

1. 付款人的银行账户有足够票款支付的，委托收款凭证第三联作借方传票，汇票加盖转讫章作附件。销记"收到委托收款结算凭证登记簿"，委托收款凭证第四联加盖业务公章随联行报单寄持票人开户行。会计分录如下：

借：活期存款——付款人户
　　贷：清算资金往来

2. 对付款人的银行账户不足支付的，银行应填制三联付款人未付票款通知书（用异地结算通知书代替），在委托收款凭证备注栏注明"付款人无款支付"字样。将一联通知书和委托收款凭证第三联留存备查，将通知书第二联连同委托收款凭证第四联及汇票邮寄持票人开户行转交持票人。如系电报划款的，不另拍发电报。

如银行在付款人接到通知日的次日起3日内收到付款人的拒绝付款证明时，经核对无误后，在委托收款凭证和"收到委托收款结算凭证登记簿"备注栏注明"拒绝付款"字样。然后，将拒绝付款证明连同委托收款凭证及汇票一起邮寄持票人开户行转交持票人。

（三）持票人开户行收到划回票款或退回凭证的处理手续

1. 持票人开户行接到付款人开户行寄来的联行报单和委托收款凭证第四联或拍来的电报，应在留存的委托收款凭证第二联上填注转账日期作贷方传票。会计分录如下：

借：清算资金往来
　　贷：活期存款——持票人户

转账后，将委托收款凭证第四联加盖转讫章作收账通知交给持票人，并销记发出委托收款结算凭证登记簿。

2. 持票人开户行接到付款人开户行发来的付款人未付票款通知书或付款人的拒绝证明和汇票以及委托收款凭证，经核对无误，应在原专夹保管的委托收款凭证第二联和发出委托收款凭证登记簿上作相应记载后，将委托收款凭证、未付票款通知书或拒绝付款证明及汇票退给持票人，并由持票人签收。

三、银行承兑汇票的核算

银行承兑汇票一式三联（见表6-9），第一联卡片，第二联汇票，第三联存根。银行承兑汇票由在承兑银行开立存款账户的存款人签发。银行承兑汇票到期，持票人是委托开户银行收取票款，其结算流程见图 6 – 10。

表 6 – 9

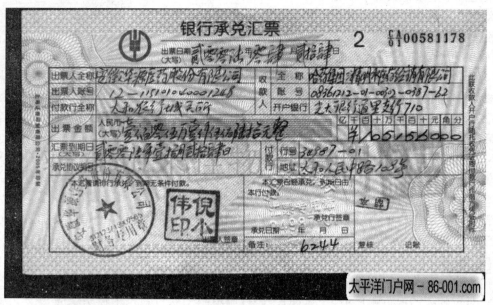

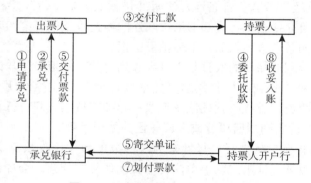

图 6 – 10　银行承兑汇票业务流程

承兑银行办理汇票承兑的处理手续如下。

出票人或持票人持银行承兑汇票向汇票上记载的付款银行申请或提示承兑时，承兑银行的信贷部门负责对出票人的资格、资信、购销合同和汇票记载的内容进行认真审查，并按客户的信用等级核定应缴保证金比例，符合规定和承兑条件的，即与出票人签订银行承兑协议一式两联，第一联留存，第二联交运行管理部门，信贷部门通过资产管理系统完成审批程序，并发出电子准签证。

客户缴存保证金的，需要提交转账支票及一式三联进账单，承兑银行审核无误后，依据信贷管理部门提交的银行承兑协议、纸质电子准签证及资产管理系统发出的缴存保证金电子准签证办理保证金缴存。会计部使用《通用机打凭证》打印保证金缴存信息，作支票的附件，在进账单第一联加盖受理凭证专用章，在转账支票及进账单第二联加盖核算用章及柜员章分别作借贷方凭证，会计分录为：

借：活期存款——某某户

　　贷：银行承兑汇票短期保证金

有抵押担保的，纳入表外科目核算；按照承兑金额的 0.5‰向出票人收取手续费。会计分录如下：

借：活期存款——出票人户

　　贷：中间业务收入

会计部门柜员审查承兑协议及纸质电子准签证无误后签发银行承兑汇票，在汇票第二联"承兑人签章"处加盖汇票专用章并由授权的经办人签章。由出票人申请承兑的，将汇票第二联连同一联承兑协议交给出票人；第一联连同承兑汇票审批表、承兑协议副本、不可撤销承诺函留存专夹保管。

承兑银行根据汇票卡片（第一联）填制"银行承兑汇票"表外科目收入传票，登记表外科目登记簿。表外科目的记账为：

收入：银行承兑汇票

对银行承兑汇票登记簿的余额要经常与保存的汇票卡片（第一联）进行核对，以保证金额相符。

（一）持票人开户行受理汇票办理委托收款的处理手续

持票人凭汇票委托开户行向承兑银行收取票款时，应填制邮划或电划委托收款凭证，在"委托收款凭据名称"栏注明"银行承兑汇票"及其汇票号码，连同汇票一并送交开户行。

银行按照商业承兑汇票有关的审查内容审查无误后，在委托收款凭证各联上加盖"银行承兑汇票"戳记。其余手续与发出委托收款凭证相同，即委托收款凭证第一联回单加盖业务公章退给持票人；委托收款凭证第二联专夹保管，并登记"发出委托收款凭证登记簿"；委托收款凭证第三联加盖带有联行行号的结算专用章，连同第四、第五联和银行承兑汇票邮寄承兑银行。

（二）承兑银行在汇票到期收取票款的处理手续

承兑银行应每天查看汇票的到期情况，对到期的汇票，应于到期日（法定休假日顺延）向出票人收取票款，专户存储。

1. 保证金划回：票据到期，承兑银行将保证金划回承兑申请人账户，使用特种转账凭证打印保证金划回信息，并加盖核算用章。

借：银行承兑汇票短期保证金

　　贷：活期存款——申请人户

2. 扣收票据金额：保证金划回后，当承兑申请人账户有款支付时，填制二联特种转账借方传票，一联特种转账贷方传票，并在"转账原因"栏注明"根据××号汇票划转票款"。会计分录如下：

借：活期存款——出票人户

　　贷：应解汇款——出票人户

一联特种转账借方传票加盖转讫章后作支款通知交给承兑申请人。

3. 出票人账户无款或不足支付时，应转入该出票人的逾期贷款户，每日按0.5‰计收利息。填制二联特种转账借方传票，一联特种转账贷方传票，在"转账原因"栏注明"××

号汇票无款支付转入逾期贷款户"。会计分录如下：

      借：逾期贷款——出票人逾期贷款户

         贷：应解汇款——出票人户

一联特种转账借方传票加盖业务公章交给出票人。

账户不足支付的，应填制四联特种转账借方传票，一联特种转账贷方传票，在"转账原因"栏注明"××号汇票划转部分票款"。会计分录如下：

      借：活期存款——出票人户

        逾期贷款——出票人逾期贷款户

         贷：应解汇款——出票人户

根据两联特种转账借方传票和一联特种转账贷方传票加盖转讫章作记账凭证，另两联特种转账借方传票分别作为支款通知和逾期贷款通知。

（三）承兑银行支付汇票款项的处理手续

承兑银行接到持票人开户行寄来的委托收款凭证及汇票，抽出专夹保管的汇票卡片和承兑协议副本及其他资料，认真审查无误后，应于汇票到期日或到期日之后的见票当日，通过实时清算系统或同城票据交换或跨行支付系统划转收款人账户。会计分录如下：

      借：应解汇款——出票人户

         贷：清算资金往来或辖内往来或同城票据交换

另填制银行承兑汇票表外科目付出传票，销记表外科目登记簿。表外科目的记账为：

      付出：银行承兑汇票

委托收款凭证第四联填写支付日期后，作联行报单的附件寄交持票人开户银行。电划款时，向持票人开户行拍发电报。

（四）持票人开户行收到汇票款项的处理手续

持票人开户行接到承兑银行寄来的联行报单和委托收款凭证第四联或拍来的电报，抽出专夹保管的委托收款凭证第二联，核对相符后，销记发出委托收款凭证登记簿，在委托收款凭证第四联上加盖转讫章作收账通知交给持票人。委托收款凭证第二联注明转账日期作贷方传票。会计分录如下：

      借：清算资金往来或辖内往来或同城票据交换

         贷：活期存款——持票人户

第八节　商业汇票贴现业务的核算

商业汇票贴现是指商业汇票的持票人在汇票到期日前，为了取得资金而将票据转让给银行的票据行为。它是持票人在需要资金时，将未到期的商业汇票，以贴付自贴现日至票据到期日的利息为条件，经过背书后转让给银行，银行将票面金额扣除贴现利息后的余额付给持票人使用，汇票到期时，银行凭汇票直接向承兑人收取票款。由此可见，汇票贴现既是一种票据转让行为，又是银行的一种授信方式。

商业汇票贴现有两个当事人：一是持票人，又称贴现申请人；二是贴现人，即贴现银行。

一、商业汇票贴现业务的有关规定

1. 贴现申请人必须是在申请贴现银行开立存款账户的企业法人以及其他组织，并与出票人或者直接前手之间具有真实的商品交易关系。优先支持中国人民银行和国家部委公布的重点行业、企业和产品。

2. 贴现申请人应在汇票上做成转让背书，提供与其直接前手之间的增值税发票和商品发运单据的复印件。

3. 办理贴现的商业银行必须是参加全国联行或省辖联行，并且内部管理完善，制度健全，有相应的贷款权限。

4. 贴现的票据是经过承兑人承兑的商业汇票。实付贴现金额根据以下公式计算：

贴现利息＝汇票金额×贴现天数×（月贴现率÷30天）

承兑银行在异地的，贴现天数加3天划款期。

实付贴现金额＝汇票金额－贴现利息

二、贴现资产或负债的确认与计量

（一）贴现资产的确认

当贴现业务发生时，只有同时满足以下条件时，可以确认为贴现资产：

1. 由过去的交易或者事项形成的，由银行拥有或者控制的预期会给银行带来经济利益的资产。

2. 该资产的有关经济利益很可能流入银行。

3. 该资产的成本或价值能可靠计量。

贴现资产主要包括直贴和转贴现转入。直贴是指交易对手为非金融同业的企业的贴入；转贴现转入是指交易对手为银行及其他金融同业机构的贴入票据，包括买断式转贴现转入和回购式转贴现转入。

（二）贴现资产的终止确认

当满足以下条件之一时，贴现资产应终止确认：

1. 已将贴现票据所有权上几乎所有的风险和报酬转移给了转入方。

2. 虽然没有转移也没有保留贴现票据所有权上几乎所有的风险和报酬，但放弃了对该票据的控制。

（三）贴现负债的确认

当贴现业务发生时，只有同时满足以下条件即可确认为贴现负债：

1. 过去的交易或时限形成的、预期会导致经济利益流出银行的现时义务。

2. 与该业务有关的经济利益很可能流出银行。

3. 未来流出经济利益的金额能够可靠计量。

贴现负债主要包括回购式再贴现及回购式转贴现转出。回购式再贴现是指交易对手为中央银行的回购式贴出票据（目前央行规定，再贴现均为买断式，系统不允许操作回购式再贴现）。回购式转贴现转出是指交易对手为除中央银行外其他银行或其他金融同业机构的回购式贴出票据。

（四）贴现负债的终止确认

当满足以下条件时，贴现负债应终止确认：

1. 当预期会导致经济利益流出企业的现时义务消失时。

2. 因回购业务完成等导致其相关现时义务已消失。

符合确认条件的贴现资产和贴现负债，初始确认应按照公允价值计量。票面金额与实际收付金额的差额，作为递延利息收入或递延利息支出。贴现资产和贴现负债一经确认，其所关联的经济利益流入就应以权责发生制为原则，按照实际利率法进行损益的确认，并按摊余成本计量。由于贴现业务的期限一般不超过 6 个月，合同利率与实际利率差异较小，银行统一将合同贴现率视为实际利率。贴现资产的递延利息收入、贴现负债的递延利息支出，应在贴现存续期间按照直线法摊销记入收入、支出。

三、商业汇票买断贴现业务的核算

（一）银行受理汇票贴现的处理手续

1. 持票人持未到期的汇票向银行申请贴现时，柜员应对票面的真伪进行审核。系统内的查询查复可由汇票经办人填制一式三联的查询查复书，加盖汇票专用章及主管人员章后，一联按规定专夹保管，一联由柜员通过核心系统拍发自由格式报文。跨系统的，须通过承兑银行的同城对口行办理查询。

2. 贴现行将查询查复书随贴现协议书一同专夹保管；承兑银行将查询查复书随协议书一同保管。未经承兑行确认的银行承兑汇票不得办理贴现。

3. 贴现申请人填写贴现凭证一式五联，在第一联上加盖预留银行签章，连同汇票一并送交银行信贷部门审核。信贷部门按照有关规定审查，并会同会计部门进行双线查询。会计柜员在核心系统查询业务登记票据查询的信息，生成业务编号，收到查复后，录入相符或不符，在贴现入账交易系统根据该业务编号进行相关校验。

4. 对符合条件的，信管部门经办人和负责人在贴现凭证"银行审批"栏签注"同意"字样，有关人员签章后送交会计部门入账。

会计部门接到信贷部门审批的贴现凭证和汇票，应认真审核以下内容：汇票是否统一规定印制的凭证；第一联"银行审批"栏处盖有银行资金部门印章和经办人、负责人名章；汇票上填明的持票人是否在本行开户；出票人、承兑人的签章是否符合规定；汇票必须记载的事项是否齐全，出票金额、出票日期、收款人名称是否更改；是否做成转让背书；贴现凭证填写的内容与汇票是否相符。审核无误后，在核心系统使用贴现登记交易录入相关信息。

（1）贴现卖方付息：

借：贴现

  贷：活期存款——××户

    递延贴现利息收入

（2）贴现买方付息：

借：贴现

  贷：活期存款——××户

借：买方付息账户

  贷：递延贴现利息收入

【例6-1】某单位于9月10日持9月1日签发，12月1日到期，面额为1 000 000.00元的银行承兑汇票到开户银行申请贴现，银行同意按9‰的贴现率贴现（卖方付息），则：

贴现利息 = 1 000 000.00 × 82 × (9‰ ÷ 30) = 24 600.00（元）

实付贴现金额 = 1 000 000.00 - 24 600.00 = 975 400.00（元）

将贴现率、贴现利息和实付贴现金额填入贴现凭证的有关栏目内，以贴现凭证第一联作借方传票，第二、第三联分别作活期存款科目和利息收入科目的贷方传票，办理转账。会计分录如下：

借：贴现——汇票户   1 000 000.00

 贷：活期存款——持票人户   975 400.00

   递延贴现利息收入   24 600.00

第四联加盖转讫章作收账通知交持票人，第五联和汇票按到期日顺序排列，专夹保管。

（二）转入票据到期收回款项的处理手续

贴现银行根据"贴现到期提示清单"（异地票据提前7天、同城票据提前3天）核对商业汇票到期日，匡算邮程，向承兑人或承兑行办理委托收款。贴现银行作为持票人，在汇票背面背书栏加盖结算专用章，并由授权的经办人签章，注明"委托收款"字样，填制委托收款凭证，在"委托收款凭据名称"栏注明"商业承兑汇票"或"银行承兑汇票"字样及汇票号码，委托收款凭证第三、第四、第五联连同汇票寄交付款人办理收款，填制表外收入传票，登记表外科目账。

收到系统内承兑人开户行或承兑行的清算报文，或跨系统转汇行的转汇清单和划收凭证，以及所附第四联划收凭证（办理邮划的），应与留存的第一、第二联托收凭证和第五联贴现凭证进行核对。使用交易归还贴现款，系统自动销记贴现账户并修改贴现借据的余额，状态改为"贴现归还"，将贴现借据的记录状态修改为"结清"。交易成功打印和实行，第二联托收凭证作贷方记账凭证，第五联贴现凭证和第一联托收凭证作附件。在记账凭证联加盖转讫章。会计分录如下：

借：××存款（或相关科目）

 贷：贴现（312201—0057）

或贷：买断式转贴现转入（312206—1044）

（三）贴现汇票到期未收回票款的处理手续

贴现行在收到承兑行或付款人开户行退回的托收凭证、商业汇票和拒付理由书或未付款通知书后，向贴现申请人追索贴现款。

1. 贴现申请人账户余额足以扣收贴现款时，填制一式两联特种转账借方凭证，转账原因注明"未收到××号汇票款，贴现款已由你账户扣收"，凭证应由柜台经理签章审核。

2. 贴现申请人账户余额不足扣收贴现款，发生银行垫款时，按贴现申请人账户余额填制两借一贷特种转账凭证，转账原因注明"未收到××号汇票款，贴现款已由你账户扣收"，凭证应由柜台经理签章审核；按不足金额填制贷款凭证，并在贷款用途中注明"××号汇票款，贴现款到期未收回"。

柜员使用交易记账、交易复核，由会计主管授权入账，系统自动生成新的垫款借据号，并将原贴现借据号和垫款借据号建立关联关系，原贴现借据的状态改为"贴现转垫款"，将贴现借据的记录状态修改为"结清"。将与原贴现借据关联的抵质押物的关联关系解除，将该抵质押物与的垫款借据建立关联关系。

编制特转借方凭证一联作记账凭证，贷款凭证第一联作记账凭证，第五联贴现凭证作特转贷方凭证附件，在记账凭证联加盖转讫章。将特转借方凭证一联、贷款凭证第三联加盖转讫章连同拒付理由书或未付款通知书及汇票交贴现申请人。其会计分录为：

借：贴现垫款（314404—0244）
　　贷：贴现（312201—0057）
　或贷：买断式转贴现转入（312206—1044）

（四）批量摊销贴现利息收支

商业银行核心系统每月末倒数第二日在批量处理时由批量交易"贴现利息按月分摊处理"将收取或支付的贴现利息和再转贴利息分摊入账。系统会按照"利息收入/支出的金额×本次应摊销的贴现天数÷贴现总天数"的原则分借据计算本期应摊销的利息收支，并自动记账。柜员可以使用"内部账明细查询"交易查询待摊销账户和利息收支账户的明细账。会计分录：

借：递延贴现利息收入
　　贷：贴现利息收入

第七章　出纳业务的核算

第一节　出纳工作概述

一、出纳工作的任务

现金出纳是直接用货币现钞进行的资金收付行为。由于我国对货币发行实行中央银行集中统一管理，并对一切机关、团体和企业、事业单位实行现金管理，因而，银行现金出纳就成为国民经济的总出纳，银行是现金活动中心。商业银行在各项业务经营中，大量的资金收付活动都是通过转账方式进行的，但也有相当一部分业务需要通过现金收付来完成。如银行解付个人汇款、收兑个人金银、办理储蓄业务；开户单位支取工资、奖金、个人劳务报酬、提取备用金或交存商品销售和劳务供应所得现金等，这些业务一般都要通过现金收付活动来实现。因此，商业银行各分支机构都建立有现金出纳业务部门，集中办理现金出纳业务。

银行的现金出纳工作，是银行实现其基本职能的重要环节，也是银行整个经营活动的一项基础性工作。根据国家有关金融政策和现金管理规定，认真做好现金出纳及其核算工作，对于确保国家财产安全，监督资金的合理使用，调节市场货币流通，加速资金周转，更好地为客户服务，促进商品流通和经济发展，都具有重要意义。

现金出纳业务既是银行工作的重要组成部分，也是国民经济中的一项重要工作，其主要任务是：①贯彻执行国家金融法规、政策和银行有关的制度，实施临柜检查与监督，制止不合理的现金收支。②办理现金的收付、整点、调运业务，登记现金收付的有关账簿，正确反映现金收付的来源和用途。③办理人民币的挑残和兑换业务，协助人民银行调剂市场流通中各券别的货币比例，做好现金的投放和回笼工作。④保管现金、外币、金银和有价证券及其他贵重物品；做好库房管理、票样管理、现金运送安全保卫工作。⑤进行爱护人民币的宣传工作，做好防假、反假人民币工作。

二、出纳的基本规定

为保证现金出纳人员顺利地完成工作任务，银行必须建立健全严格的责任制度，要求做到"手续严密，责任分明，及时清点，准确收付，确保安全"。为此，在实际现金出纳工作中必须坚持以下基本规定。

（一）钱账分管，双人经办的规定

钱账分管，就是管钱不管账，管账不管钱，做到账实分开，责任分明。这样，就可以从

组织上划清管钱管账的分工界限，有利于会计和出纳发挥各自的专业特长，提高工作效率和质量。双人经办，就是要做到双人临柜、双人管库、双人守库、双人押运。坚持双人经办原则，可使两人互相帮助、互相监督，防止和减少差错和意外事故的发生。

实行综合柜员制的柜台和网点，也应采取相应的方式落实现金监控责任。

（二）按程序办理现金收付的规定

现金收付是现金出纳业务中最频繁的一项工作，必须按程序办理，坚持收入现金时先收款后记账，付出现金时先记账后付款。坚持这一原则，可使银行在出现差错时占据主动地位，维护银行和客户的资金安全，提高银行的信誉度。

（三）款项复核的规定

办理现金收付业务，必须做到收款要换人复点，付款要换人复核，避免发生差错而影响银行信誉和造成国家财产的损失。因此，对外办理业务的各级行、处，必须配备专职或兼职的复点复核人员，业务量减少的行、处，必须备配专职的出纳员，实行会计出纳交叉复核。

（四）办理交接手续和查库的规定

在款项交接或出纳人员调换时，必须办理交接手续，有交接人员同时在交接登记簿上签名盖章，以明确责任。对于库房管理，除坚持双人管库、双人守库、双人出入库外，还必须履行定期和不定期的查库制度，以加强对库房工作的督促检查，防微杜渐，避免意外事故的发生。

第二节　现金收付、整理和票币兑换

一、现金收付的核算

（一）现金收入的核算

柜员受理客户交来的现金和一式两联的"现金交款单"或其他存款凭证时，清点现金、审查交款凭证要素无误后，在交款单和其他凭证上加盖个人名章，登记"现金收付清单"，将现金、交款单或其他存款凭证交复核员复核。经复核无误记账后，在现金交款单或其他存款凭证上加盖"现金收讫"和个人名章，以现金交款单第二联或其他存款凭证作贷方记账凭证，使用现金交款单交存现金的，应将计算机打印确认的现金交款单第一联加盖"现金收讫"章后退客户。会计分录为：

借：现金
　　贷：活期存款——××户（或××科目——××户）

（二）现金支出的核算

柜员受理客户提交的"现金支票"或其他取款凭证时，按有关规定审查无误后，以现金支票或其他取款凭证作借方记账凭证。会计分录为：

借：活期存款——××户（或××科目——××户）
　　贷：现金

同时登记"现金收付清单"，按现金支票金额配款，并在现金支票背面登记付款券别，在现金支票正面加盖"现金付讫"章和个人名章。大额现金还须将现金、取款凭证交复核员复核，经复核无误后将现金交点客户。

二、现金的整理

现金的整理是指对票币进行的清理和整点，现金整理的基本要求是：点数准确、墩放齐整、挑拣干净、捆扎紧实、盖章清楚、封装严密。

现金整理时，应先对损伤票币进行挑剔。损伤票币是指在流通过程中因长期使用磨损或由于天灾人祸等特殊原因使货币损伤而不能继续流通使用的货币现钞。损伤票币的挑剔就是按损伤票币的挑剔标准，将损伤票币挑拣出来，以便完整票币与损伤票币分别整理。损伤票币挑剔标准是：

（1）票面缺少一块，损及行名、花边、字头、号码、国徽之一者。

（2）裂口超过纸幅1/3或票面裂口损及花边图案者。

（3）纸质较旧，四周或中间有裂缝或票面断开又粘补者。

（4）票面由于油浸、墨渍造成脏污面积较大或涂写字迹过多，妨碍票面整洁者。

（5）票面变色严重影响图案清晰者。

（6）硬币破残、穿孔、变形或磨损、氧化、腐蚀、损坏部分花纹者。

损伤票币挑剔时，既要考虑市场中票币的整洁，便于流通使用，同时又要有节约意识，防止挑剔过严，增加票币印制量，造成国家不必要的浪费。

损伤票币挑剔后，将完整票币和损伤票币分别进行整理。完整票币按券别分类平铺整齐，同类券每100张成一把用纸带扎紧，10把为一捆；硬币每百枚或50枚为一卷用纸包好，10卷为一捆，每把（卷）上须加盖带行号的经手人名章。票币成捆时，第一把票券应正面朝上，第十把票券应背面朝下，左右各五把以纸条边章分别左右，用绳以十字形捆紧。票币成捆后，每捆应在绳头结扣处按券别粘贴本行封签。封签上应注明行名、券别、金额、封捆日期、封捆人名章。损伤票币的主币按完整票币的整点要求且要分版别成把扎紧成捆捆扎，辅币可以不分版别整理，在每把两头分别用纸条捆扎，封签上加盖"破"或"损伤"字样的戳记，以便识别。

三、票币兑换

票币兑换是指银行对损伤票币的兑换和大小票的兑换。银行在办理损伤票币兑换时，要严格执行《残缺人民币兑换办法》的规定，力求做到实事求是，既要维护银行和群众双方的利益，又要防止少数不法分子投机取巧，从中渔利。损伤票币兑换的具体标准是：

（1）凡票面残缺不超过1/5，其余部分的图案、文字能照样连接的和票面污损、熏焦、水湿、油浸、变色，但能辨别真假，票面完整或残缺不超过1/5，其余部分的图案、文字能照样连接的，均按票面全额兑换。

（2）凡票面残缺1/5至1/2，其余部分的图案、文字能照样连接的，按票面半额兑换。

（3）凡票面残缺1/2以上的，和票面污损、熏焦、水湿、油浸、变色不能辨别真假的以及故意挖补、涂改、剪贴、拼凑、揭去一面的，均不予兑换。

全额兑换和半额兑换的残缺票币，应当兑换人之面在票面上加盖"全额"或"半额"戳记；收进不予兑换的残缺票币，应解缴中国人民银行打洞作废。

为便利人民群众，搞好市场流通，各营业行处、所、社应办理大小票兑换及硬币换纸币业务。

四、现金错款的处理

（一）现金长款的处理

发生出纳长款应及时退还原主。当日无法退还的，营业终了前，错款人应填制"出纳错款列账报告单"，经出纳负责人审核签章、主管人员审批签字后，按暂收款项列账处理，填制借、贷方记账凭证各一联办理转账，登记"现金收付清单"。会计分录为：

借：现金——××机构业务现金户
　　贷：其他应付款——出纳长款户

同时登记"现金错款登记簿"。

确实无法查清的长款，应按规定审批处理权限经授权或上级行审批。经批准作为本行收益的，应填制借、贷方记账凭证，经办人的情况说明及有关批复文件（或通知）作借方记账凭证附件。会计分录为：

借：其他应收款——出纳长款户
　　贷：营业外收入——出纳长款及结算长款收入户

同时登记"现金错款登记簿"。

（二）现金短款的处理

发生出纳短款应及时收回。当日无法收回的，营业终了前，错款人应填制"出纳错款列账报告单"，经出纳负责人审核签章、主管人员批准后，按暂付款项列账处理，填制借、贷方记账凭证各一联办理转账，并登记"现金收付清单"。会计分录为：

借：其他应收款——出纳短款户
　　贷：现金——××机构业务现金户

并登记"现金错款登记簿"。

经授权列为本行损失的出纳短款，列支时填制借、贷方记账凭证各一联，经办人的情况说明和有关批复文件复印件作借方记账凭证附件。会计分录为：

借：营业外支出——出纳短款户
　　贷：其他应收款——出纳短款户

同时登记"现金错款登记簿"。

第三节　现金提取、交存及出入库

一、商业银行向人民银行取存现金的核算

1. 商业银行向人民银行提取现金的核算。

商业银行中心库向人民银行发行库提取现金时，先由管库员根据库存现金情况和用款计划，填制一式两联"现金调拨单"，签章后报金库主任审核批准，第二联由管库员留存，第一联交库址所在行或核算主体行会计部门凭以签发人民银行现金支票，加盖预留人民银行印鉴后交提款人员，提款人员在现金支票存根联上签章，然后持支票随同押运人员向人民银行

提取现金。提款时，借款人员应当场查验券别，并逐捆卡把点清数额。

现金到达商业银行后，解款人员应立即与管款员办理交接手续，管库员要随即办理现金入库手续。管库员清点数额无误后，填制一式两联"现金出/入库票"，由两名管库员签章，并加盖"现金讫"章后，一联现金入库票留存，中心库凭现金调拨单第二联和留存的现金入库票手工登记"现金收付清单"，日终据以手工登记"库存现金登记簿"；另一联现金入库票由解款人员交库址所在行或核算主体行会计部门。会计部门根据现金支票存根联和入款票登记"现金收付清单"，以"现金调拨单"第一联和现金入库票作借方记账凭证的附件，以现金支票存根联作为贷方记账凭证。会计分录为：

　　借：现金——××中心库现金户
　　　　贷：存放中央银行款项——存××人行存款户

2. 商业银行向人民银行交存现金的核算。

商业银行中心库向人民银行发行库交存现金时，由管库员填制一式两联"现金出/入库票"和人民银行"现金交款单"，经出纳负责人审核签章后办理现金出库手续，管库员手工登记"现金收付清单"，由两名管库员在两联出库票上签章，并加盖"现金讫"章后，一联出库票留存，日终据以登记手工登记现金登记簿；另一联出库票交库址所在行或核算主体行会计部门。管库员与解款人员办理现金交接手续，由解款人员将现金连同现金交款单交人民银行。

现金交存后，人民银行退回现金交款单回单联，由解款人员将其交会计部门，会计部门根据现金交款单回单和出库票登记"现金收付清单"，以现金交款回单作借方记账凭证，出库票作贷方记账凭证的附件。会计分录为：

　　借：存放中央银行款项——存××人行存款户
　　　　贷：现金——××中心库现金户

二、商业银行各分支机构之间现金调拨的核算

商业银行各分支机构之间现金调拨是指分金库向中心库、营业机构向中心库或分金库领交现金的活动。

1. 分金库向中心库领交现金的处理。

（1）分金库向中心库领取现金的处理。分金库向中心库提取现金，要在提款前一日下班前，将用款计划报中心库。分金库在提款当天，由分金库管库员填制一式两联"现金调拨单"并签章，经分金库主任审核无误签章后，第二联留存，第一联转交分金库库址所在行或管辖行会计部门据以换开一式两联"现金调拨单"，并加盖预留中心库库址所在行或管辖行会计部门印鉴。提款员持"现金调拨单"会同押运人员到中心库库址所在行或管辖行会计部门办理记账手续。中心库库址所在行或管辖行会计部门接到提款员所交现金调拨单，认真审核无误后，登记"运送中现金"，经双方确认无误后签章，交中心库管库员。管库员收到本库库址所在行或管辖行会计部门交来的现金调拨单审核无误后，填制一式两联现金出库票，办理现金出库，并在出库票、现金调拨单上加盖"现金讫"章和个人名章，将现金调拨单第二联连同现金交提款员，一联出库票留存，手工登记"现金收付清单"，日终据以手工登记库存现金登记簿，另一联出库票与现金调拨单第一联交本库库址所在行或管辖行会计部门。中心库库址所在行或管辖行会计部门根据收到出库单和现金调拨单登记"现金收付

清单"，出库票和现金调拨单作贷方记账凭证的附件，另填制一联借方记账凭证。会计分录为：

借：系统内存放款项——××机构存放×款项户

　　贷：现金——××中心库现金户

现金到达分金库后，提款人员应立即与管库员办理交接手续，管库员将提回的现金与留存的现金调拨单第二联核对无误后，填制一式两联现金入库票，并加盖"现金讫"章和个人名章，一联现金入库票留存，手工登记"现金收付清单"，日终据以手工登记库存现金日记簿；另一联现金入库票和中心库退回的由会计部门换开的现金调拨单第二联送本库库址所在行或管辖行会计部门。会计部门将收到的现金入库票、现金调拨单与留存的、管库员填制的现金调拨单核对无误后，根据现金入库票及现金调拨单登记"现金收付清单"，现金入库票及现金调拨单作借方凭证附件，另填制贷方记账凭证，并对运送中现金进行双向确认。会计分录为：

借：现金——××分金库现金库

　　贷：存放系统内款项——存放××机构×款项户

（2）分金库向中心库交存现金的处理。分金库向中心库交存现金，应在解缴款的前一日下班前，将交款计划报中心库。解缴款时，管库员填制"现金出库票"和"现金调拨单"各一式两联，经出纳负责人审核无误盖章后办理出库手续，并在出库票上加盖"现金讫"章和个人名章，一联出库票留存，手工登记现金收付清单，日终据以手工登记库存现金登记簿，另一联出库票转本库库址所在行或管辖行会计部门，会计部门据以登记"运送中现金"。待运钞车押运人员和解款人员到位后，管库员与解款人员当面办理交接手续。交接完毕后，会计部门登记现金收付清单，会计部门另填一联制借方凭证，会计分录为：

借：存放系统内款项——存放××机构×款项户

　　贷：现金——××分金库现金户

当中心库管库员收到解款人员交来的现金调拨单和现金时，审核现金调拨单、清点现金无误后，填制一式两联"现金入库票"办理现金入库手续，在现金调拨单和现金入库票上加盖"现金讫"章和个人名章，一联入库票留存，手工登记"现金收付清单"，日终据以手工登记"库存现金登记簿"，另一联入库票与第二联现金调拨单转送会计部门，第一联现金调拨单退回解款人员。中心库库址所在行或管辖行会计部门根据入库票和第二联现金调拨单登记现金收付清单，入库票与第二联现金调拨单作借方记账凭证附件，另填制一联贷方记账凭证，并对运送中现金进行双向确定。会计分录为：

借：现金——××分金库现金户

　　贷：系统内存放款项——××机构存放××款项户

分金库将中心库退回的第一联调拨单经核对确认无误后作贷方记账凭证的附件。

2. 营业机构向中心库或分金库领交现金的处理。

（1）营业机构向中心库或分金库领取现金的处理。

营业机构中心库或分金库提款，应在提款的前一日下班前，将用款计划报中心库或分金库。营业机构向中心库或分金库提取现金时，由营业机构负责现金领交的综合柜员填制一式两联"现金调拨单"并签章，经营业机构负责人审核无误签章后，第二联留存，第一联转上级行会计部门凭以换开一式两联"现金调拨单"，并加盖中心库或预留分金库会计部门印鉴。提款人员持现金调拨单会同押运人员到中心库或分金库库址所在行或管辖行会计部门办理手续。中心库或分金库库址所在行或管辖行会计部门接到现金调拨单后，进行认真审查，并登记"运送中现金"，经双方确认无误后签章，将现金调拨单交管库员。管库员收到库址所在行或管辖行会计部门交来的现金调拨单，审查无误后，填制一式两联现金出库票，手工登记"现金收付清单"，办理现金出库，并在出库票、现金调拨单上加盖"现金讫"章和个人名章，将现金调拨单第二联连同现金交提款人员，一联出库票留存，日终据以手工登记库存现金登记簿，另一联出库单与第一联现金调拨单交会计部门。会计部门据以登记"现金收付清单"，出库票及现金调拨单作贷方记账凭证的附件，另填制一联借方记账凭证。会计分录为：

借：系统内存放款项——××机构存放××款项户（会计主体行分散核算时）

贷：现金——××中心库或分金库现金户

现金提回后，解款人员应当面与营业机构综合员办理交接手续，综合员清点现金与现金调拨单核对无误后入箱，根据留存的现金调拨单和库址所在行或管辖行会计部门退回的现金调拨单第二联登记"现金收付清单"，并将留存的现金调拨单作借方记账凭证的附件，另填制贷方记账凭证，对运送中现金进行双向确认。会计分录为：

借：现金——××机构业务现金户

贷：辖内往来——××机构往来户

营业机构将中心库或分金库退回的第二联现金调拨单，确认无误后送上级行会计部门，上级行会计部门填制借、贷方记账凭证，下级行用来换开现金调拨单的第一联现金调拨单作借方记账凭证附件，中心库或分金库退回的第一联现金调拨单作贷方记账凭证。会计分录为：

借：辖内往来——××机构往来户

贷：存放系统内款项——存放××机构××款项户

（2）营业机构向分金库交存现金的处理。

营业机构向中心库或向分金库交存现金，应在解缴的前一日下班前，将交款计划报中心库或分金库。营业机构向中心库或分金库交款时，应由营业柜台综合员填制一式两联"现金调拨单"，经营业机构负责人审核签章后，登记"运送中现金"，待运钞车、押运人员和解款人员到位后，与解款人员当面办理交接手续。交接完毕后，营业柜台综合员登记现金收付清单，解款人员将现金调拨单连同现金一并交金库，营业柜台综合员另填制借方记账凭证一联，会计分录为：

借：辖内往来——××机构往来户

贷：现金——××机构业务现金户

中心库或分金库库管员收到现金调拨单和现金时，经审核、清点复核现金无误后，填制一式两联"现金入库票"办理入库手续，在现金调拨单和现金入库票上加盖"现金讫"章和个人名章，一联入库票留存，手工登记现金收付清单，日终据以手工登记库存现金登记簿，另一联入库票与现金调拨单第二联转送库址所在行或管辖行会计部门。现金调拨单第一联退解款人员。中心库或分金库库址所在行或管辖行会计部门根据入库票与现金调拨单第二联登记现金收付清单，入库单与现金调拨单作第二联作借方记账凭证附件，另填制一联贷方记账凭证，并对运送中现金进行双向确认。会计分录为：

借：现金——××中心库或分金库现金户

贷：系统内存放款项——××机构存放××款项户

营业机构将中心库或分金库退回的第一联现金调拨单经核对确认无误作后贷方记账凭证附件。

三、商业银行内部现金出入库的核算

商业银行内部现金出入库的处理包括处所与其派出行之间现金的领交、柜员领交现金（即同一银行机构普通柜员与综合柜员之间现金的领交，普通柜员之间是不允许相互调拨现金的）。

1. 处所与其派出行之间现金领交的处理。

（1）处所向派出行领取现金的处理。领取现金时，由处所负责现金领交的出纳人员填制一式两联"现金调拨单"并签章，经负责人审核无误签章后，第二联留存，第一联加盖预留派出行印鉴后由提款人员送派出行会计部门。派出行会计部门接到"现金调拨单"后办理有关手续，填制一式两联"辖内往来划付款报单"并加盖名章，经会计主管审核签章后，通知联加盖预留处所印鉴，连同第一联"现金调拨单"内部传递交金库或出纳柜台办理付款手续。管库员或出纳人员根据报单和现金调拨单办理配款（管库员须填制一式两联现金出库票并加盖"现金讫"章和个人名章），登记现金收付清单，在报单上加盖"现金讫"章和个人名章，将"辖内往来划付款报单"通知联连同现金交提款人。管库员或出纳人员及时将现金调拨单退会计部门作"辖内往来"借方记账凭证附件。派出行会计分录为：

　　借：辖内往来——××机构往来户
　　　　贷：现金——××金库户

储蓄所提回现金后，登记现金收付清单，将"辖内往来划付款报单"通知联作贷方记账凭证，留存的现金调拨单作贷方记账凭证附件，会计分录为：

　　借：现金——××机构业务现金户
　　　　贷：辖内往来——××机构往来户

（2）处所向派出行交存现金的处理。处所向派出行交存现金时，由负责现金领交的出纳人员填制一式两联"现金调拨单"并签章，处所会计人员填制一式两联"辖内往来划付款报单"并签章，交处所负责人审核无误签章，在"辖内往来划付款报单"通知联加盖预留派出行印鉴，登记现金收付清单，两联"现金调拨单"和现金一同交解款人员送派出行金库或出纳柜台。处所将"辖内往来划付款报单"存根联作借方记账凭证，会计分录为：

　　借：辖内往来——××机构往来户
　　　　贷：现金——××机构业务现金户

派出行管库员或出纳人员按规定程序收妥现金后，管库员填制一式两联现金入库票并加盖"现金讫"章和个人名章，登记现金收付清单，在"辖内往来划付款报单"和两联"现金调拨单"加盖"现金讫"章和个人名章，由处所解款人员送派出行会计部门。第一联"现金调拨单"由会计部门负责人审核无误签章后，退回处所解款人员，第二联留存登记现金台账。派出行将"辖内往来划付款报单"作贷方记账凭证，"现金调拨单"第二联作贷方记账凭证附件，会计分录为：

　　借：现金——××金库户
　　　　贷：辖内往来——××机构往来户

处所会计人员收到解款人员交来的"现金调拨单"第一联作借方记账凭证附件。

2. 柜员领交现金的处理。

（1）柜员领取现金的处理。营业机构柜员向综合员领取现金时，应填制"现金调拨单"一式两联，加盖个人名章，经出纳负责人审核签字后交综合员。综合员接到领款柜员交来的现金调拨单，经审查无误后加盖个人名章和"现金讫"章，登记"现金收付清单"，第二联现金调拨单连同现金交领款柜员。领款柜员收妥现金，根据现金调拨单第二联登记"尾箱库存现金登记簿"。

（2）柜员上交现金的处理。营业机构柜员向综合员上交现金时，应填制一式二联"现金调拨单"并加盖个人名章，经出纳负责人审核无误签字后连同现金交综合员。综合员收妥现金后，在两联现金调拨单上加盖个人名章和"现金讫"章，登记"现金收付清单"，第一联现金调拨单退交柜员。交款柜员根据第一联现金调拨单登记"尾箱库存现金登记簿"。

第四节　金库管理

一、库房的主要任务

银行金库可分为中心金库、分金库和尾款箱集中保管库。同一城市原则上只能设置一个中心金库。一级分行金库的设置由总行审批、验收；二级分行金库的设置由一级分行审批、验收。

金库的主要任务：①负责对金库的管库人员、日常业务的管理。②负责向人民银行发行库上缴和提取现金。③保管现金、有价单证，办理现金、有价单证的出入库，登记库存登记簿，保证实物、登记簿、明细账三者相符。④保管或代保管贵重物品和按规定应入库保管的重要机具，要认真做好交接登记工作，保证账实相符。⑤受理辖属分金库或营业机构（向其存取现金、寄存尾款箱的支行、办事处、分理处、储蓄所的统称，下同）的现金缴存、领取及主辅币兑换。⑥办理辖属营业机构尾款箱的寄存保管。⑦负责辖属分金库或营业机构损伤币的收缴、整理和解缴。⑧负责伪、变造币的收缴和解缴人民银行。⑨合理匡算库存现金头寸，灵活调剂现金余缺，最大限度地压缩库存现金。

二、库款管理规则

1. 中心库的管辖行应在人民银行统一开立存款账户，其辖属营业机构不在人民银行开立存款账户。中心库的库款及收支业务，由中心库管辖行会计部门单设账户核算。中心库与管辖行不在同一处的，为方便营业机构存取现金，也可委托中心库库址所在行会计部门代理核算。中心库向人民银行存取现金时，通过中心库管辖行会计部门换开凭证办理，其资金通过系统内往来账户划转。

2. 分金库的库款及收支业务，可委托分金库库址所在行会计部门代理核算。代理核算行应在中心库库款核算行开立系统内往来账户，放足备付金，购买现金支票，用以向中心库调缴现金。

3. 中心库、分金库所辖营业机构，应分别在中心库、分金库库款核算行的会计部门开立系统内往来账户，放足备付金，购买现金支票，用以日常现金的提取。

4. 中心库、分金库库款核算行的会计部门应为中心库、分金库单独设立现金明细账，专门用以核算中心库、分金库库存现金，以区分中心库、分金库和该行出纳柜台尾款箱的库存现金。

5. 发生现金存取业务的行处之间（网点上下之间，网点与中心库、分金库之间，分金库与中心库之间），已经开立系统内往来账户的，其现金存取业务通过原已开立的账户核算，未开立系统内往来账户的，应开立专用于现金存取业务核算的系统内往来账户。

6. 金库的库存现金量由金库管辖行计财部门会同出纳部门，按照所辖营业机构的数量、现金业务的大小、运输的距离等因素核定 3~5 天的正常库存限额。营业机构尾款箱库存限额由其管辖行按照现金业务量的大小、距离金库远近等因素核定。超过库存限额的要及时上缴，现金不足时要及时领取。

7. 金库不得直接对外办理现金收付业务，金库、尾款箱必须坚持每天盘库结账，严禁不盘库结计库存现金。

三、运钞管理规则

金库管辖行应统一印制、办理"接送钞专用证"，有关人员在办理接送钞业务时应携带"接送钞专用证"、身份证和工作证，与营业机构人员交接时进行核对。

运钞方式因不同情况分为集中运钞和分散运钞两种形式。集中运钞是指由金库集中运钞车、押运人员、接送款人员统一运送钞币及尾款箱；分散运钞是指有关营业机构自行管理运钞车，配备押运人员、接送款人员，自行负责运送钞币及尾款箱。分散运钞应报一级分行批准。

四、库房管理

1. 库房钥匙管理。①金库门（含保险柜）应安装两把不同钥匙的银行专用库（柜）门锁，每把锁应配有正、副钥匙各一套，或安装使用无钥匙三密码的银行专用库门锁，任意两组密码正确即可开启金库，第三组密码可作为备用密码使用。②正钥匙的使用与保管：金库库门两把钥匙的领用，应有两名管库员在"出纳重要物品交接登记簿"上签收，并妥善掌管、使用。管库员不得将库房钥匙交他人代管、代开库、代关库，两名管库员分管的钥匙不得互借、互换、互用。开库工作期间，管库员应将钥匙随身携带。每天营业终了，两把正钥匙应放进守库室（或行内其他安全可靠的地方）专用保险柜的小箱内分别保存。③副钥匙的保管：金库库门的两把副钥匙以及专用保险柜的两把副钥匙，应由管库员会同出纳负责人和主管行长，在"金库、保险柜副钥匙（密码）保管登记簿"登记后，当场共同装袋密封，加盖骑缝章，由出纳负责人（金库主任）和另一名行领导分别妥善保管。在同一城市的金库库门副钥匙和专用保险柜副钥匙，可采用统一交管辖行，由管辖行集中管理的办法。④密码的保管与使用按正、副钥匙的管理规定进行管理。在密码记录上，写好密码数字和所转圈数后，按副钥匙密封规定，将密码记录装袋密封。登记"金库、保险柜副钥匙（密码）保管登记簿"，登记时应只登记件数，不得将密码登记在登记簿上。⑤密封保管的副钥匙，除在正钥匙丢失、损坏等特殊情况下，不得随意启封动用。启封动用时，必须经主管行长批准，由主管行长、出纳负责人（金库主任）会同管库员共同启封。启封前，应先检验封包有无异常，无误后方可启封。启封后，要在"金库、保险柜副钥匙（密码）登记簿"上登记启封动用原因、时间等情况。⑥对金库（保险柜）副钥匙的保管情况，各行处要定期进行检查，每年拆封检查一次，并做好检查记录。

2. 库房安全管理。①各级行设置金库，需征求当地公安部门意见，并就库房面积、结构、内部设施等问题征求同级出纳管理部门意见，并报分行出纳管理部门和保卫部门审批。金库竣工交付使用，必须经分行出纳管理部门和保卫部门共同验收合格后方可启用。未经分行审批、验收的金库一律不得使用。②金库限于存放、保管以下物品：盖有封包章的整捆主、辅币现金，出纳柜台尾款箱，残损人民币，票样，寄库保管的外币、有价证券，定额存单。严禁存放枪支弹药和各种易燃易爆物品，严禁存入各种空白凭证以及与库款无关的其他物品。寄库保管物品必须封包保管，不得与库存现金混放，未经封包的物品一律不得寄库保管。③库房必须配备有灭火器、沙箱等安全防火设备，以便库内发生火灾，立即组织抢救，同时要监控现金、有价证券。如外库发生火灾，必须立即关闭库门，严禁人员出入。④库房必须装备防盗报警装置，并建立和加强治安联防工作。遇有案情，要注意保护现场，并立即通知公安部门抓紧破案。⑤分行出纳管理部门要建立金库管理档案，详细记载所辖金库的有关情况。⑥日常开、关库时，必须由两名管库员在场共同进行，严禁一人持有两把不同库房钥匙开、关库。⑦开库前，要检查库门有无异常现象，确定无异常，方可关闭报警装置，接通库内照明电路，打开库门。⑧关库后，管库员要确定库门已关，开通报警装置，关闭库内照明电路方可离开。⑨开密码锁时，应禁止任何人旁观（包括非管密码的另一名管库员）。关库后，应随即将密码锁号拨乱。

3. 查库的规则。①金库必须坚持查库制度，按查库内容进行检查。中心库管辖行的负责人（中心库主任）每旬对中心库和分金库查库不少于一次，分管行长每月对中心库和分金库查库不少于一次。查库时，除检查金库管理与安全、库存现金、有价单证外，还要检查代保管重要空白凭证和物品等。②上级行要对下级行进行定期或不定期的查库，采用出纳部门逐级检查、越级检查，分管行长督促查库、检查查库记录、抽查的方式。一级分行出纳部门对二级分行的查库每年不少于两次，每年越级抽查面不少于10%，二级分行的出纳部门对下级行每季查库不少于一次，每年越级抽查面不少于20%。③查库时，查库人员要亲自动手核点库存，不得监而不查，敷衍马虎。上级行的分管行长、出纳负责人查库时，必须出示查库人身份证、工作证和经金库管辖行分管行长签字的介绍信。中心库、分金库管辖行或尾款箱集中保管库的库址所在行的分管行长、出纳负责人（中心金库主任）查库时，管库员必须始终在场，上级行的分管行长、出纳负责人查库时，金库管辖行的分管行长、金库主任及管库员必须始终陪同在场。④每次查库结束，查库人应填制一式两份"查库登记簿"，由查库人留存备查。⑤一级分行、二级分行分管出纳的行长，应定期或不定期督促、检查出纳部门的查库情况及查库发现的问题落实情况，必要时应抽查部分金库。

第五节　现钞识别

一、人民币的特殊性

1. 人民币制造过程中纸张的特殊性。

普通纸张制造的原材料是木材、竹子、稻草等。普通纸张的特点是：有荧光反应，在紫外线下有呈现白色荧光，质地绵软、表面虽平滑，但手感较厚，韧性和张力均显不足，纤维容易断裂，用手指轻弹，声音发闷。用于印制人民币的是特殊的造币纸，造币纸制造的原材料是棉、麻。造币纸的特点是：在紫外线下无荧光反应，质地细腻，手感薄，纤维不容易断裂而坚韧耐折，用手指轻弹，发出清爽明脆的声音。另外，造币纸还设有防伪措施，就是在币纸中不规则分布着红蓝色荧光短纤维，日光下肉眼可见，这些纤维不规则地分布在纸张中，与纸张很好地结合在一起。

2. 人民币制造过程中印制方法的特殊性。

人民币制造过程中印制方法的特殊性表现在两方面：其一是印制所采用的油墨，同时采用了磁性油墨、荧光油墨和折光油墨等多种油墨。其二是印制所采用的印刷方法，同时采用了雕刻凹版印刷、花纹对接、对印、接线印刷、多色叠印和胶版印刷等多种印刷方法和技术。雕刻凹版印刷是指在版面上雕刻出均匀、细致的线条，组成清晰美观的图案从而制成雕刻凹版，再用雕刻凹版进行印制。用雕刻凹版印制出来的印刷品，粗线条墨层厚实、在纸面上略略凸出，并有光泽；细线条即便细如毫发，也仍清晰可辨。线条分明，色泽经久不变，有利于杜绝伪造假冒。我国人民币在正面的行名、面额、盲文和少数民族文字以及国徽与毛泽东头像等均采用了凹印技术，用手触摸即可感知。花纹对接是一种底纹印刷的技术，当货币或票据按规定的尺寸裁切后，切口边底纹上原有的花纹线条已不完整，但如果把两个切口边对接，又可组成一幅线对线、图对图的完整底纹图案。我国 1999 年版第五套人民币 100 元、20 元和 10 元券在正、背面的两边均采用了花纹对接技术。对印是指在印刷品正面、背面同一部位相对应的图案透光观察，完全可以重合，或是正背两面的部分图案透光观察后又通过互补，重新组成一个完整的新图案。对接印刷是一种对同一版面上的连贯线条分段施用不同颜色的油墨，在两种颜色连接时，使变色的连接处两种颜色既不会有空隙又不会重叠或错位的技术。这需要有精密的设备和高超的工艺水平。我国已能一次完成 4 种颜色花纹图案及其线条的精确对接。多色叠印是在接线印刷的基础上，再用几种颜色的油墨对同一图案叠印，由此形成多种颜色的重叠，使图案的花纹五彩缤纷，这是一种精度很高的胶版印刷技术，一般很难仿制。胶版印刷方法是通过滚筒式胶质印模把沾在胶面上的油墨转印到纸面上。由于胶面是平的，没有凹下的花纹，所以印出的纸面上的图案和花纹也是平的，没有立体感。随着经济发展，1、2、5 角辅币的购买力越来越低，无人去伪造它，为了降低印刷成本，这几种面值的纸币采用的是胶版印刷。

二、假人民币的类型及其特征

假人民币是指仿照人民币纸张、图案、水印、安全线等原样，利用各种技术手段非法制作的票币，简称假币。

1. 假币的类型。

假人民币包括伪造币和变造币两种。

伪造币是指仿造真币原样，利用各种手段非法重新仿制的各类假货币。伪造币因仿制手段的不同可分为以下几种：手绘假币、蜡印假币、石印假币、手刻凸版假币、拓印假币、复印合成假币、机制假币、彩色复印假币、照相假币等。

变造币是指在真币基础上或以真币为基本材料，通过挖补、剪接、涂改、揭层等办法加工处理，使原币改变数量、形态，以此实现升值的假货币。变造币按对真币加工处理方法的不同可分为以下几种：涂改币、剪贴币、揭页币等。

2. 假币的特征。

伪造币因仿制的手段不同而各有独自的特点，现按其不同的仿制手段分述如下：

（1）手绘假币的特征：手绘假币是按真币的样子临摹仿绘的，一般质量比较粗劣。它的特点是使用普通的胶版纸或书写纸，颜色则是一般的绘画颜料或广告色，看起来笔调粗细不匀，颜色和图纹与真币差异较大。这类假钞较易识别，但老人、小孩较易受骗。

（2）蜡印假币的特征：蜡印假钞是手工刻制蜡纸版油印的假钞。制作方法一般是在蜡纸上按照真币的样子刻制图纹蜡版，再以油墨黑白漏印在纸上，然后在图纹上着颜色。也有的是用彩色，在蜡版上印刷。它的特点是由于刻制蜡版时手法有轻有重，使蜡版漏墨多少不一样，会使成品颜色深浅不一，很不协调，漏墨过多的地方还易出现油浸现象。又因蜡纸比较柔软，印制中容易使图纹变形。所以，这类假钞较易识别。

（3）石印假币的特征：这是用石板和石印机印制的假钞。制作方法一般是在石板上手工或用机器雕刻制成印版，然后在小型机具上印制。它的特点是由于石板较硬，容易出现油墨外溢或油浸现象；又因印版表面不平整，使印出的图纹虚虚实实深浅不一，画面不协调。由于印版刻制不精确，套色印刷也不可能十分准确，假币常存在重叠、错位、漏白等现象。

（4）手刻凸版假币的特征。这是木质印版印制的假钞。制作方法是用木板作为基料，采取手工雕刻方法制成凸版的印版，在小型机具上印制的。它的特点也是质量粗劣。由于木板有天然的木质纹路，纹路与非纹路之处吃墨程度不一样，从而印出的图纹往往也有深有浅，套色也不准确，假币常存在重叠、错位等现象。

（5）拓印假钞的特征。拓印假币就是利用化学药品复印的假币。制作方法是以真币为基础，用某种化学药品使真币上的图纹油墨脱离一部分拓印到另外的纸上而形成假钞。它的特点是图案、花纹等和真币完全一样，无懈可击，但由于它只得到真币上的一部分油墨，因此墨色较浅，图案显得单薄清秀，给人以薄、脆的感觉，像是水洗过似的。真币被拓印后也遭受到一定损坏，有的颜色变浅或图纹模糊不清，又叫做被拓印币。

（6）复印合成假币的特征：复印合成假钞是利用黑白复印机制作的假钞。制作方法是先将真币在复印机上复印出真币的黑白图案花纹，再用彩色套印的方法合成钞票样的假钞。其主要特征是线条一般不光洁、不整齐；特别是用放大镜观察会发现有毛边，而且空白的位置有少量的墨粉。

（7）机制假币的特征。机制假币是利用特制的机器设备伪造的假钞。制作方法是用手工或机器雕刻制版，或利用照相、电子扫描分色制版，在中小型印刷机上印制。机制假钞又有机制胶印假钞和机制凹印假钞之分。其特点是："水印"大多是印上去的，不用透光就可看见，其纸张在紫光灯下会发出荧光，其线条多为网点结构。这类假钞仿造的效果逼真，一次印制的数量也较多，易于扩散，危害较大。

（8）彩色复印假币的特征。彩色复印假币是利用彩色复印设备伪造的假钞。制作方法是运用比较高级的彩色复印设备印制。其特点是：在图纹、图景方面比较逼真，但纸张、油墨、凹印等方面与真币有明显区别，通过一定的仪器或高倍显微镜就可以看出它的破绽。

（9）照相假币的特征。照相假币就是利用真币照版制作的假钞。制作方法是把真币拍摄、冲洗成照片，经过剪贴制作而成。其特点是：纸张厚脆，易于折断，并且假钞表面有光泽，较易识别。

（10）剪贴假币的特征。剪贴假币是剪贴真币图片所制成的假钞。制作方法是将报纸、刊物或画册上印的人民币图片剪下来，正面和背面粘合起来即成。其特点是：纸张不是薄而绵软，就是厚而脆硬，并且币面的颜色和大小都不一样，很易识别。

各种变造币由于对真币加工处理方法的不同而各有不同特征：

（1）涂改币的特征。涂改币是将真币票面金额用化学药剂涂掉，再用油墨或颜料加以涂改，使其面额增大的假钞。其特点是：涂改部分在颜色、花纹等方面和真币有明显的不一样，它的破绽是较易识别的。

（2）剪贴币。剪贴币是将真币剪贴拼凑成局部缺位，由5张拼成6张，或8张拼成10张。也有的是将票面金额部分进行挖补，使其面额增值。其特点是：拼凑、挖补部分的图案、花纹、线条不能完全对接准确，有时对接的花纹、线条也不一样，因此，只要留心注意，就可以发现问题。

（3）揭页币。揭页币是将真币的纸层揭开，一分为二，再用其他纸张粘贴于背后的单面假币。其特点是：一面的图案、花纹等和真币一样，另外一面的图案、花纹是伪造的，由于一面是真币，掺在众多的真币当中不易识别，因此，在清点大批量钞票时应需特别注意防范这类假币。

三、真假币的识别方法

1. 眼看、手摸、耳听辨别真伪法。

要有效运用这种方法识别真假币，前提是必须熟悉真币的特征和主要防伪技术。现将第五套人民币的有关情况介绍如下。

1999年10月1日，中国人民银行陆续发行第五套人民币（1999年版），共有1角、5角、1元、5元、10元、20元、50元、100元八种面额，其中1角、5角、1元有纸币、硬币两种。第五套人民币根据市场流通需要，增加了20元面额，取消了2元面额，使面额结构更加合理。各面额货币正面均采用毛泽东新中国成立初期的头像，底衬采用了中国著名花卉图案，背面主景图案通过选用有代表性的寓有民族特色的图案，充分表现了中国悠久的历史和壮丽的山河，弘扬了中国伟大的民族文化。2005年年底，中国人民银行发行2005年版第五套人民币，主图案与1999年版保持一致，但变光数字、面额水印位置调整，背面面额数字加后缀"YUAN"等。

第五套人民币的防伪特征有如下几方面：

（1）纸张。真钞用纸系专用的造币纸，手感薄，整张币纸在紫外线下无荧光反应。在第五套人民币100元、20元的票面上，可看到纸张中不规则分布着红色和蓝色纤维。日光下肉眼可见，在紫外线下纤维有荧光反射。假钞用纸是普通胶版纸或普通书写纸，手感较厚，表面平滑，在紫外光下币纸呈现白色荧光，且无黄蓝色荧光纤维。但有时真币也会在紫外光下呈现白色荧光，这是因为纸币被含荧光剂的物质（最普遍的就是日用的洗衣粉）污染了。

（2）印刷。真钞的正背面图案均为雕刻凹版印刷，用眼可见人物的头发根根丝缕清晰可辨，线条光洁凸立，仔细摸索，能够感觉到人像上每根头发的纹路。而假钞是胶版印刷、四色套印，所以图案着墨不匀、纹理不清晰。特别肖像的头发是由网点油墨堆积成片，用眼所见人物头发成縷，因此发丝无法辨认。

　　（3）磁性安全线。真钞安全线具有磁性，可用机器辅助识别，肉眼可见安全线内有缩微文字（限于 100 元、50 元、20 元），文字清晰，间隔有序，线条宽窄一致。假钞安全线很难做到有磁性，虽也有文字但并不齐整，线有宽窄。由于是手工埋设，纸张皱褶不平，加上塑料质的安全线与纸张伸缩率不同，埋设地又不伏贴，致使安全线两端长出一段，呈银白色的点状线头，由此可以看出蛛丝马迹。

　　（4）水印。真钞水印是造纸过程中趁纸浆未完全吃水、干燥之前经模具挤压形成，压力轻重大小形成图像的明暗层次，且层次过渡自然，富有神韵，图像清晰，立体感强。第五套人民币 50 元、100 元为毛泽东人头像固定水印；1 元、5 元、10 元、20 元为花卉固定水印。假钞水印由手工制作，质量低劣。目前所知的制作方法有揭开纸张的夹层，在其中涂上一层糊状物，再将两层纸一并合压，趁湿把纸垫在刻有图像的凹版上，经压而成。由于手工操作，动作笨拙，会导致具有水印一端的假钞纸张发皱不平。

　　（5）正背面阴阳互补对印图案。第五套人民币纸币正面左下角和背面右下角各有一圆形局部图案，透光观察，正背图案组成一个完整的古钱币图案。真钞的正背互补对印图案是印钞专用设备正背面一次印刷完成，正背面图案完全吻合。而假钞分作正背面两次平印印刷，对印图案往往不能吻合，如果加上纸张的伸缩原因，对印偏离更大，会出现对印图案上下错位，图案间距宽窄不一或叠压等现象。

　　（6）无色荧光油墨。真钞左上角紫外光下显现出一矩形框"100"、"50"、"20"、"10"、"5"字样，发出强亮的橘黄色荧光。假钞在紫外光下，同样在上述真钞部位有荧光反映，但颜色浓度、荧光强度均相差甚远，黯淡无色。如发现荧光有异，可与真币进行对比。

　　（7）光变面额数字。第五套人民币 50 元、100 元正面左下方用新型的折光油墨印刷了面额数字，当与票面垂直观察其为绿色，而倾斜一定角度则变为蓝色。假钞制作时，由于无法得到这种特别的光变油墨，只得用草绿色油墨印刷"100"、"50"、"20"、"10"字样，不会变色。

　　（8）隐性面额数字。第五套人民纸币正面右上角在"100"、"50"、"20"、"10"、"5"字样下端有一团花装饰图案内，有"100"、"50"、"20"、"10"、"5"字样隐形数字，字样系由规律性线条组成，用雕刻凹印印刷，直视或平视时产生不同视角效应。将票面置于与眼睛接近平行的位置，面对光源作平面旋转 45 度或 90 度角，可看到面额数字字样。假钞因是胶版印刷，线条由网点组成，全然破坏了设计者构想的视角效应，凭此一点也完全可以判断钞票的真伪。平视，没有"100"、"50"、"20"、"10"、"5"隐形字样的钞票一定是假钞无疑。

　　（9）号码凸印。真钞号码是双色横号码，号码左半部分为红色，右半部分为黑色，由凸印印刷，号码部位的背面有压痕，字形工整、标准，墨量、颜色、压力均匀一致，质量好，号码绝无重复。假钞号码的特点是：多张假币号码数字相同；字形不标准；颜色深浅不一致；由于是胶版印刷，背面无压力痕迹。

　　（10）磁性油墨。真钞正面左下角采用双色横号码（两位冠字、8 位号码）具有磁性，可用机器辅助鉴别（新版 5 元无此设计）。假钞双色横号码无磁性，但往往制作假钞时会在该部位涂上磁粉，以欺骗机器，所以有磁性并不代表一定为真币，但无磁性一定为假币。

　　（11）胶印接线印刷。第五套人民币 100 元正面左侧的中国传统图案是用胶印接线技术印刷的，每根线均由两种以上的颜色组成。

　　（12）凹印缩微文字。第五套人民币纸币在正面右上方装饰图案中印有凹印缩微文字，在放大镜下，可看到"RNB100"、"RMB20"等字样。

（13）花纹对接。第五套人民币100元、20元和10元券的正面的底纹线条图案可以花纹对接，就是把同一张人民币两边对接，就可组成一幅线对线、图对图的完整底纹图案。

2. 用笔拓和尺量辨别真伪方法。

（1）笔拓：就是用薄纸和软铅笔拓水印轮廓。

（2）尺量：就是用尺衡量钞票规格尺寸。如第四套人民币：100元券规格为165×77毫米；50元券规格为160×77毫米，第五套人民币：100元券规格为155×77毫米。

3. 借助于检测仪器鉴别真伪方法。

如果用以上方法很难鉴别真伪时，就需要借助于检测仪器来鉴别。简单的是用放大镜观察，看其线条、图案是否与真币相同。还可利用磁性检测仪和紫光灯检测，看是否在磁性印记部位有无磁性反应，在紫光灯下检测无色荧光图纹，以及是否出现异常荧光反应。如第五套人民币100元券安全线防伪措施是缩微文字和磁性，横号码有磁性，两种彩色纤维是红色、蓝色。

第八章　外汇基本业务的核算

第一节　外汇买卖核算方法

一、外汇分账制的概念及内容

（一）外汇分账制的概念

外汇银行在办理各项业务过程中，必然涉及本币与外币之间以及外币与外币之间的交易。由于本币与外币、外币与外币之间不仅货币符号不同，而且代表的价值也不一致，在记账时为了能将本币和外币币值同时表现在账上，并使借贷双方保持平衡，据以编制各种报表和计算损益，反映本、外币业务和交易的实际情况，外汇银行采用"外汇分账制"这一专门方法来处理外汇业务。所谓"外汇分账制"是指外汇银行办理各项外汇业务时，所有账务组织和处理都以原币作为记账单位的外汇业务记账方法，即原币记账法。

（二）外汇分账制的主要内容

外汇分账制的主要内容包括以下三点：

1. 人民币与外币分账。在外汇分账制下，平时对每一项经济活动，都要按业务的计价货币（原币）填制会计凭证、登记账簿和编制财务报表；各货币的账务要自成体系，自求平衡，使各种货币分账核算，账务互不混淆。这样处理，银行能够全面了解各种外币资金活动情况及其头寸的多寡，便于银行更好地调拨和运用有关外汇资金。

2. 专门设置"外汇买卖"科目，起桥梁和平衡作用。

"外汇买卖"科目是外汇分账制下的专用科目。在外汇分账制的要求下，各种货币分账核算，以反映各种货币资金活动情况及其结果，便于外汇资金调拨运用；但另一方面，外汇资金是我国整个国民经济资金的一部分，所以必须用人民币将它综合反映出来。为此，根据复式记账原理的要求，为了平衡账务，凡是外汇业务涉及两种或两种以上货币相互兑换时，就必须通过"外汇买卖"这个特定科目作为桥梁，在人民币账和外币账上同时等值反映。这样，才能使人民币和外币账都符合复式借贷原理，实现各自的平衡，使外币资金活动和人民币资金占用情况有机地联系起来。当买入外汇时，外币"外汇买卖"科目记入贷方；相应的人民币"外汇买卖"科目记借方；当卖出外汇时，外币"外汇买卖"科目记入借方；相应的人民币"外汇买卖"科目记贷方。"外汇买卖"科目如为贷方余额，说明买入大于卖出，称"多头"；如为借方余额，说明卖出大于买入，称"空头"。外汇"多头"或"空头"，称外汇敞口，即外汇风险暴露部分。

3. 年终并表，以本币资金统一反映经营状况和财务成果。年终决算时，各种外币业务除分别编制原币的财务报表外，还要按照规定的汇率折合成本币，并与本币报表合并，编制各货币汇总折本币的财务报表，以便总括反映资产、负债及业主权益，以及收入、支出和利润的发生情况。

二、外汇买卖科目的运用

（一）买入外汇

所谓结汇是指境内企事业单位、机关和社会团体按国家的外汇政策规定，将各类外汇收入按银行挂牌汇率结售给商业银行。商业银行购入外汇，付给相应的人民币，利息找零业务比照结汇处理，即商业银行在支付储户本息时，元以下辅币不能支付外币零头，可以按牌价以人民币折付。

当买入外汇时，外币金额记入"外汇买卖"科目的贷方，与原币有关科目对转，相应的人民币金额记入该科目的借方，与人民币有关科目对转。买入外汇（包括结汇及外币兑本币业务）的基本账务处理如下：

借：××科目　　　　　　　　　　　　　　　　　　　　　　　（外汇）
　　贷：外汇买卖——汇买价　　　　　　　　　　　　　　　　　（外汇）
借：外汇买卖　　　　　　　　　　　　　　　　　　　　　　　（本币）
　　贷：××科目　　　　　　　　　　　　　　　　　　　　　　（本币）

【例8-1】某客户持港币1 000.00元，需要兑换人民币，当日港币的钞买价是86.66%。则其分录如下：

借：现金　　　　　　　　　　　　　　　　　　　　　HKD1 000.00
　　贷：外汇买卖——钞买价86.66%　　　　　　　　　　HKD1 000.00
借：外汇买卖——钞买价　　　　　　　　　　　　　　　￥866.60
　　贷：现金　　　　　　　　　　　　　　　　　　　　　￥866.60

【例8-2】某进出口企业（账号2010012）收到纽约银行汇入销货款USD100 000.00元，当日牌价美元兑人民币牌价为678.61%，转入企业单位存款账户。

借：汇入汇款　　　　　　　　　　　　　　　　　　　USD100 000.00
　　贷：外汇买卖——678.61%　　　　　　　　　　　　USD100 000.00
借：外汇买卖　　　　　　　　　　　　　　　　　　　￥678 610.00
　　贷：活期存款——2010012　　　　　　　　　　　　￥678 610.00

（二）卖出外汇

所谓售汇是指境内企事业单位、机关和社会团体的经常项目下的正常对外支付外汇，持有关有效凭证，用人民币到商业银行办理兑换，商业银行收进人民币，支付等值外汇。

当卖出外汇时，外币金额记入"外汇买卖"科目的借方，与原币有关科目对转，相应的人民币金额记入该科目的贷方，与人民币有关科目对转。卖出外汇（包括售汇及本币兑外币业务）的基本账务处理如下：

借：××科目　　　　　　　　　　　　　　　　　　　　　　　（本币）
　　贷：外汇买卖——汇卖价　　　　　　　　　　　　　　　　　（本币）
借：外汇买卖　　　　　　　　　　　　　　　　　　　　　　　（外汇）

　　　　贷：××科目　　　　　　　　　　　　　　　　　　　　　　　　　（外汇）

【例8-3】某进出口企业纺织品公司（账号201032）支付货款HKD2 000.00元汇往香港。当日港币的汇卖价是87.62%。则其分录如下：

　　借：活期存款——201032　　　　　　　　　　　　　　　¥1 752.40
　　　　贷：外汇买卖——87.62%　　　　　　　　　　　　　　　¥1 752.40
　　借：外汇买卖　　　　　　　　　　　　　　　　　　　HKD2 000.00
　　　　贷：汇出汇款　　　　　　　　　　　　　　　　　　HKD2 000.00

（三）套汇

所谓套汇是指外汇银行按挂牌人民币汇率，以一种外汇通过人民币折算，兑换成另一种外汇的业务活动。包括两种情况：一是两种外币之间的套算，即一种外币兑换为另一种外币，必须通过人民币进行套汇，也就是先买入一种外币，按买入价折成人民币数额，再卖出另一种外币，把人民币数额按卖价折算为另一种外币。二是同种货币之间的套算包括钞兑汇或汇兑钞，因为同一外币体现在汇率上，现钞和现汇价值有所差异，所以也必须按套汇方法处理。套汇业务的基本账务处理如下：

1. 买进A币：
　　借：××科目　　　　　　　　　　　　　　　　　　　　　A种货币
　　　　贷：外汇买卖——汇买价　　　　　　　　　　　　　　　A种货币
2. 通过人民币套算：
　　借：外汇买卖　　　　　　　　　　　　　　　　　　　　　本币
　　　　贷：外汇买卖——汇卖价　　　　　　　　　　　　　　　本币
3. 卖出B币：
　　借：外汇买卖　　　　　　　　　　　　　　　　　　　　　B种货币
　　　　贷：××科目　　　　　　　　　　　　　　　　　　　　B种外币

（1）不同币种套汇。

【例8-4】某合资企业从其HKD账户支付USD10 000.00元汇往国外（港币汇买价87.28%，美元汇卖价681.33%），则其分录如下：

　　借：外侨合资企业存款　　　　　HKD78 062.56（68 133.00÷0.8728）
　　　　贷：外汇买卖——87.28%　　　　　　　　　　　　HKD78 062.56
　　借：外汇买卖　　　　　　　　　　　　　　　　　　　¥68 133.00%
　　　　贷：外汇买卖——681.33%　　　　　　　　　　　　　¥68 133.00
　　借：外汇买卖　　　　　　　　　　　　　　　　　　　USD10 000.00
　　　　贷：汇出汇款　　　　　　　　　　　　　　　　　USD10 000.00

（2）同一币种套汇。

【例8-5】某港商持美元现钞USD1 000.00，要求汇往纽约（美元钞买价673.17%，美元汇卖价681.33%）。则其分录如下：

　　借：现金　　　　　　　　　　　　　　　　　　　　　USD1 000.00
　　　　贷：外汇买卖——673.17%　　　　　　　　　　　　USD1 000.00
　　借：外汇买卖　　　　　　　　　　　　　　　　　　　¥6 731.70
　　　　贷：外汇买卖——681.33%　　　　　　　　　　　　　¥6 731.70

借：外汇买卖 USD988.02
贷：汇出汇款 USD988.02

三、外汇买卖凭证

（一）外汇买卖业务的传票

外汇买卖科目凭证分外汇买卖借方传票和外汇买卖贷方传票两种，每种均由两联套写传票构成（一般加一联外汇兑换水单和一联外汇买卖统计卡），其中一联为外币外汇买卖传票，另一联为人民币外汇买卖传票。格式见表8－1和表8－2（表8－1为外汇买卖借方传票，表8－2为外汇买卖贷方传票）。

表8－1   外汇买卖借方传票

外汇买卖借方传票（外币）

①   年 月 日   传票编号

结汇单位	全　称		（借）　　　外汇买卖
	账号或地址		（对方科目：　　　　）

外汇金额	牌价	人民币金额
		￥

摘要		会计　复核　记账　制票

（附件 张）

外汇买卖贷方传票（人民币）

②   年 月 日   传票编号

结汇单位	全　称		（贷）　　　外汇买卖
	账号或地址		（对方科目：　　　　）

外汇金额	牌价	人民币金额
		￥

摘要		会计　复核　记账　制票

（附件 张）

表 8 – 2   外汇买卖贷方传票

外汇买卖贷方传票（外币）

传票 编号

① 　　　　　　　　　　　　　　　年　　月　　日

结汇单位	全　　称		（借）　　　　　　外汇买卖
	账号或地址		（对方科目：　　　　　　　）
	外汇金额	牌　价	人民币金额
			￥
摘要			会计 复核 记账 制票

（附件　张）

外汇买卖借方传票（人民币）

传票 编号

② 　　　　　　　　　　　　　　　年　　月　　日

结汇单位	全　　称		（借）　　　　　　外汇买卖
	账号或地址		（对方科目：　　　　　　　）
	外汇金额	牌　价	人民币金额
			￥
摘要			会计 复核 记账 制票

（附件　张）

　　银行买入外汇（结汇和兑入外币）时，使用外汇买卖贷方传票（一式三联）；银行卖出外汇（售汇和兑出外币）时，使用外汇买卖借方传票（一式三联）。外汇买卖传票的外币金额、人民币金额和外汇牌价，必须同时填列，以反映一笔外汇买卖业务的全貌。外汇买卖传票必须同时与对方有关科目转账，不得只转一方。外汇买卖的外币一联传票应与对应的外币传票自行平衡；外汇买卖的人民币一联传票应与对应的人民币传票自行平衡。

（二）套汇业务的传票

　　银行在办理外汇买卖的套汇业务时，使用外汇买卖套汇传票，格式见表 8 – 3。由于套汇包括买入和卖出两种行为，所以，套汇传票为一式六联，其中四联分别用于登记不同外币的外汇买卖科目，两联用于登记人民币的外汇买卖科目。套汇传票的折合率栏应填明套汇时使用的两个价格，一般规定左上方填写买入价，右下方填写卖出价。

表 8-3　　　　　　　　　　　外汇买卖套汇传票

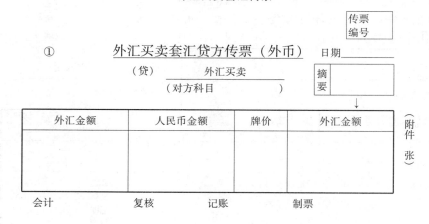

① 　　　　　　外汇买卖套汇贷方传票（外币）

四、外汇买卖分户账

外汇买卖科目分户账，以各分账货币立账，人民币不设外汇买卖分户账。它的格式比较特殊（把本、外币分户账结合在一起）。外汇银行结汇时，外币反映在贷方，人民币反映在借方，两者都应记入买入栏；外汇银行售汇时，外币反映在借方，人民币反映在贷方，两者都应记入卖出栏。对于套汇业务，如是不同种货币套汇，则应分别在各自货币外汇买卖分户账上登记；如是同一种货币套汇，则在同一货币账户里平行登记。外汇买卖分户账的结余数额以外币和人民币分别结计，同时反映，方向正好相反。当结余中的外币金额反映在借方时，表明卖出外币多于买入外币，称为"空头"；当外币金额反映在贷方时，表明买入外币多于卖出外币，称为"多头"。可见，外汇买卖分户账的这种区别于一般账簿的特种格式，既便于记账，又便于了解两种货币资金的增减情况和外币头寸的多头、空头情况。

登记外汇买卖科目分户账，只根据外汇买卖科目传票外币联登记外汇买卖发生额，人民币外汇买卖传票不记账，只用来编制科目日结单。

外汇买卖科目总账，按各种货币分别设置，其格式及登记方法与一般科目总账相同，详见第三节有关部分。

第二节　外汇存款业务核算

一、外汇存款的概念及核算要求

外汇存款是银行以信用方式吸收的国内外单位和个人在经济活动中暂时闲置的并能自由兑换或在国际上获得偿付的外币资金。

外汇存款是银行存款业务的重要组成部分。它是外汇信贷资金的主要来源，是银行适应市场经济需要扩大贷款规模的重要保证，是各单位间办理转账结算的前提。外汇是国际间经济活动的产物，是国际间债权债务清算的重要手段，也是国际经济和金融往来顺利进行的重要保证。因此，正确有序地组织外汇存款业务，可以吸收更多的外汇资金，这不仅有利于充实外汇信贷资金来源，而且也有利于扩大我国外贸进出口业务，加强我国与世界各国和地区的经济合作与交流，这对支援国家经济建设，保证国民经济持续稳定发展有着十分重要的意义。

由于银行吸收外汇存款涉及面广，政策性强。因此，在核算中会计人员必须做好以下几点。

（一）严格遵循外汇管理制度，加强柜面监督

一个国家的外汇收支，对发展本国经济及平衡国际收支都有十分重要的影响。我国目前是实行外汇管制的国家，根据当前的形势要求，商业银行（含外资、合资、股份制银行）以及经批准经营外汇业务的其他非银行金融机构，都必须严格遵循国家的有关外汇管理制度，高质量、高效率地办好单位或个人的各种外汇资金的存、取款核算工作，并进行必要的柜面监督。特别是对"三资"企业等单位外汇存款，更须严格监督。

（二）认真执行外币存款章程，贯彻有关方针政策

银行制定的外币存款章程，是办理外币存款业务的具体规定和要求，它对外币存款不同的存款对象以及不同性质种类的存款资金都作了具体规定，体现了我国经济、金融方针和政策，较好地体现了外汇管理精神。例如，对企事业单位的外汇存款资金的吸收带有强制性，要求企业外汇资金及时存入开户银行等；对于吸收国内居民或国内外的外国人、外籍华人、华侨、港澳台同胞等的存款资金，则遵循"存款自愿、取款自由、原币计息、为储户保密"的原则。又如，单位外币存款只准开立现汇户，不准开立现钞户；个人外币存款则既可开立现汇户，又可开立现钞户，这样做有利于调动个人外汇存款的积极性。

（三）正确组织外汇存款核算，提高服务质量

正确组织外汇存款核算，提高服务质量，是发展外汇存款业务的关键。要做好这项工作，必须正确使用科目与账户，及时地进行核算，以反映各单位和个人外币资金的存入和支取情况，监督各单位按照有关规定存、取外币资金。在具体处理业务时，应注意下列各点：①防止串户，以免影响单位或个人资金使用；②防止存款透支，避免银行垫付资金；③正确选用汇率和正确计算利息，以维护国家、单位及个人的合法权益；④做好内外账务的核对，保证国家资金的安全。

除此之外，在组织存款工作中，还应该力求做到服务态度热情周到，业务处理迅速及时，存取手续简便，扩大存储品种，不断改进和提高服务质量，以赢得客户的信赖，促使外汇存款业务不断发展。

二、外汇存款种类及有关规定

（一）外汇存款的种类

外汇银行为适应各种外汇款项所有者的不同需要，开办了外汇存款业务，根据不同的存款对象、外币种类、存款性质、管理要求和银行可以运用的程度，对外汇存款进行相应的分类。

1. 按存款对象及管理特点不同分为单位外汇存款和个人外汇存款。单位外汇存款是存款者以单位或经济组织的名义存入银行的外汇。个人外汇存款是存款者以个人名义存入银行的外币存款。单位外汇存款包括甲种外币存款及外债专户存款，个人外汇存款包括乙种、丙种外币存款。

2. 按存款货币不同分为港币、美元、日元、英镑、欧元、加拿大元、新加坡元、瑞士法郎、澳大利亚元等外币存款。如以其他可自由兑换的外币存入，可按存入日的牌价套算成上述货币存入，按规定，存入什么货币则支付什么货币。

3. 按存款期限分为定期外币存款和活期外币存款。

4. 按支取方式不同，活期存款分为支票户和存折户存款。

5. 按存入的资金形态不同分为现汇户和现钞户；目前，单位外汇存款均为现汇户。现汇户可直接支取汇出，现钞户须经过钞买汇卖处理方可支取汇出；现钞户可直接支取现钞。

（二）有关规定

1. 甲种外币存款有 1 个月、3 个月、半年、1 年、2 年 5 个档次；定期甲种外币存款起存金额不低于人民币 1 万元等值外汇，活期甲种外币存款起存金额不低于人民币 1 000 千元等值外汇；凡境内国有企事业单位、机关、团体、学校和城乡集体经济组织（含乡镇企业）、外商投资企业（即"三资"企业）、各国驻华的民间机构和国际组织、国内外金融机构及在国外或港澳地区的中外企业和团体或符合国家外汇管理规定的其他单位均为开户对象，按《外汇账户使用证》和《外商投资企业外汇登记证》规定范围支取。

2. 外债专户存款只办活期存款业务，起点金额不低于 400 元等值外汇；凡是境内的企业、事业单位、机关团体、金融机构或其他金融机构等借外债的单位均可开立该账户，该存款只能用于支付债务本息。

3. 乙种外币存款有 3 个月、半年、1 年、2 年 4 个档次，分定期和活期两种，定期的起点金额不低于人民币 500 元等值外汇，活期起点金额不低于人民币 100 元等值外汇；本息可以汇往境外，外钞户可支取外钞，外汇户存款人出境时可支取外钞，可兑人民币，可支付来华旅游费用。凡是居住在中国境内外、港澳台地区的外国人、外籍华人、华侨和港澳台同胞，均可以本人名义开立该种存款账户。

4. 丙种外币存款存期、起点均与乙种外币存款一致。凡是持有外币的中国境内居民均可开立该种存款；外汇本息可汇往境外，也可支取外钞。外钞户本息可支取外钞，经批准也可汇出或携出境外，可兑人民币。

三、单位外汇存款业务核算

单位外汇存款的主要对象是以单位或经济组织的名义存入的外汇资金。其来源范围根据国家外汇管理条例主要规定如下：

境内机构下列外汇，可向人行外汇管理局申请，凭《外汇账户使用证》到外汇银行开立外汇存款账户，按规定办理结汇：①经营境外承包工程，向境外提供劳务、技术合作及其他服务业务的公司在经营业务中收到的业务往来外汇；②从事代理对外或境外业务的机构代收代付的外汇；③暂收待付或暂收待结汇项下的外汇。如境外汇入的投标保证金、铁路局办理境外保险运输业务收取的外汇、海关收取的外汇保证金抵押金等；④保险机构受理外汇保险，需向外分保或尚未结算的保费。上述各项外汇，按结算实现收入，全部结售给外汇银行。

下列范围内的外汇可不结汇，凭外管局颁发的《外债登记证》、《外汇（转）贷款登记证》、《外汇账户使用证》在银行开立外汇存款账户：①国家批准用于境外偿还境内外汇债务并经外管局审核的外汇；②用于境外支付的捐赠外汇；③境外借款、发行外币债券、股票取得的外汇；④境外投资汇入的外汇；⑤外国驻华使领馆、国际组织及其他境外法人驻华机构的外汇。

上述外汇收入需要支付境内费用的，均售给银行，用人民币办理支付。

（一）单位外汇存款账户的开立与管理

1. 单位外汇存款账户开立。

各单位要在外汇银行办理存取款，必须开立外汇存款账户，填制开户申请书一式三联，第一联单位留存，第二联银行信贷部门存查，第三联银行会计部门做开户记录卡。填好申请后，将盖有公章及名章的印鉴卡或签字卡送开户行，并根据不同存款对象的外汇，向开户银行提交下列有关证明材料：①境内机构的外汇须持外汇管理局的"外汇账户使用证"；②外汇借款和发行外币债券取得外汇，持外汇管理局核发的"外债登记证"或"外汇（转）贷款登记证"；③驻华机构的外汇，持机构设立批准部门的批准文件或工商登记证；④境外法人或者自然人作为投资汇入的外汇，持汇款凭证或投资意向书；⑤各单位所得的外汇赠款、借款、调剂外汇等须提供有关部门的批准证明、捐赠协议或外汇管理局的调剂外汇证明、外债登记等。

开户银行对单位交来的申请书、印鉴卡以及有关证明进行严格的审查后，若符合开户条件，则办理开户手续，并根据存款者要求、存款资金来源和用途、货币种类等正确使用会计科目，编列账号，登记开销户登记簿，售给有关存取款凭证。

2. 单位外汇存款账户管理。

（1）银行须凭"外汇账户使用证"、"外债登记证"、"外汇（转）贷款登记证"开立外汇存款账户，按规定的收支范围办理外汇收支，如超出规定范围的收付，须逐笔报外管局审批。

（2）银行对境内机构及驻华机构应按规定币种、收支范围、使用期限办理外汇收付，不得超过批准的收支范围使用外汇存款账户。

（3）外汇银行为单位开立外汇存款账户后，应在登记证或使用证上相应栏目中注明开户行名称、账户币种、账号及收支范围，加盖"已开立外汇账户"戳记。

（4）凡外管局对开户银行及开户单位下达"撤销外汇账户通知书"，并按规定对该账户余额作出明确处理的，限期办理撤户手续。

（5）开户单位不得出租、出借、串用外汇存款账户，不得利用外汇存款账户非法代其他单位或个人收付、保存或转让外汇。

（6）境内机构的外汇账户按规定关闭的，其外汇余额全部结汇；其中属于外商投资企业外商投资者的，允许外方转移或者汇出，账户关闭后，登记证或使用证退回外管局。

（7）开户单位从外汇账户对外支付时，开户银行应当根据规定的外汇账户收支范围和结汇、售汇及付汇管理暂行规定审核，办理收付。

（8）驻华机构的外汇账户按规定关闭的，其外汇余额允许转移或汇出。

（9）开户银行每月 7 日前向外管局报送上月末外汇账户余额。

3. 单位外汇存款的核算。

（1）科目的设置。

目前，我国外汇银行对单位外汇存款通过"单位外汇活期存款"、"外侨合资企业存款"、"外事企业存款"、"驻华机构活期存款"、"外债专户存款"和"单位定期存款"等科目核算。

（2）单位活期外汇存款的核算。

单位活期外汇存款，是客户以单位名义存入外币资金（起存金额必须大于或等于银行规定的一定数额人民币的等值外汇）、不固定期限、可随时存取的一种外汇存款。该种存款根据款项的性质不同，分为支票户和存折户。

存入款项的处理。开立活期外汇存款存折户的，存款时填制存款凭条；开立支票户的存入时填送款单；如果存款者通过汇入或汇出款项，国内外联行划入或划出款项等方式办理现汇存取款的，使用有关结算凭证、联行报单等办理存款手续。

单位以外币现钞存入。因单位外汇存款只有现汇户，所以应通过外汇买卖科目进行钞买汇卖处理。其会计分录如下：

借：现金 外币
　　贷：外汇买卖——钞买价 外币
借：外汇买卖 人民币
　　贷：外汇买卖——汇卖价 人民币
借：外汇买卖 外币
　　贷：单位外汇活期存款或××科目 外币

如果国外汇入外汇，应根据结算专用凭证办理存入核算：

借：汇入汇款 外币
　　贷：单位外汇活期存款或××科目 外币

以不同开户货币的外币存入时，通过套汇处理，分录略。

（3）支取款项的处理。支取存款时，存折户填取款凭条，支票户填写支票，加盖预留印鉴，经银行审查后，办理取款。

支取外钞。单位外汇存款只能最多支取5万美元，5万美元以上现金支取必须经外管局批准，其会计分录如下：

借：单位外汇活期存款——外汇户 外币
　　贷：外汇买卖——汇买价 外币
借：外汇买卖 人民币
　　贷：外汇买卖——钞卖价 人民币
借：外汇买卖 外币
　　贷：现金 外币

支取原币汇往境外或国内异地，其会计分录如下：

借：单位外汇活期存款——××户（外汇户） 外币
　　贷：汇出汇款 外币

支取货币与原货币不同时通过套汇处理，分录略。

（4）利息计算。

①计息范围：除国库款项和属于财政预算拨款性质的经费预算单位存款不计息外，其他性质的单位存款均计付利息；②计息方法：与人民币相同，按不同币种活期存款利息采用积数计息法计算利息。

4. 单位定期存款的核算。

单位定期外汇存款是指一次存入，约定期限，到期一次支取本息的存款。各存款单位可将自己长期待用的外币资金，以定期存款方式存入银行，这样既有利于银行吸收更多的外汇资金，稳定和扩大外汇信贷资金来源；又有利于存款单位取得较多的利息，提高资金使用效益，同时能保证资金的安全。因此，办理定期外汇存款业务是一项对银行和存款单位均有利的业务。

单位定期外汇存款按期限划分，一般有7天、1个月、3个月、半年、1年、2年6个档次。有的银行为扩展业务，吸收更多的外汇资金，针对不同的存款对象，开办了更多档次的定期存款业务。不同档次的存款，利率也不相同。另外，各家银行规定的单位定期存款金额起点也不一样，一般不低于人民币5 000～10 000元的等值外汇。定期存款一般不允许提前支取，如确需提前支取，应按有关规定办理。

单位外汇定期存款一般使用定期存款证明书、转账支票或结算专用凭证；使用"单位定期存款"科目核算，该科目下分货币按存款单位分立账户。

（1）存款核算。单位申请开立定期存款账户，凡是由该单位的活期外汇存款账户转存的，或是由汇入款或其他来源款项转存的，银行可按单位要求办理开户手续，开立定期存款账户；若单位直接存入款项，应按照有关开户规定，申请办理开户手续，经银行审查同意开设账户。根据现行制度规定，单位定期存款取消存单式的做法，一律采取账户式。若存款单位需要，银行可开给单位定期存款证明书。银行凭存款凭条或进账单进账后，必须同时登记"开销户登记簿"。其会计分录如下：

借：有关科目　　　　　　　　　　　　　　　　　　　　　　外币
　　贷：单位定期外汇存款　　　　　　　　　　　　　　　　　外币

（2）取款核算。单位到银行取款或转账，银行应认真审核预留印鉴、取款凭条或支票，审核无误后，办理取款或转账。其会计分录如下：

借：单位定期存款　　　　　　　　　　　　　　　　　　　　外币
　　贷：有关科目　　　　　　　　　　　　　　　　　　　　　外币

若单位将定期存款用于汇往港澳地区或国外或支付其他款项，银行经办人员应根据结算凭证或其他有关凭证办理取款业务。其会计分录如下：

借：单位定期存款　　　　　　　　　　　　　　　　　　　　外币
　　贷：汇出汇款或其他有关科目　　　　　　　　　　　　　　外币

四、个人外汇存款业务核算

个人外汇存款是银行为方便外籍人员、华侨、港澳台同胞以及国内居民存储外汇，为国家积聚闲散的个人外汇资金而开办的一项外汇存款业务。凡是居住在国内外或港澳台地区的外国人、港澳同胞、侨民以及国内居民均可将其外汇资金存入银行。开户币种与单位外汇存款基本相同。存户若以其他可自由兑换的外币存入，则由存款人自由选择已开办的几个币种中的任何一种，按存入日的外汇牌价套算后存入。

个人外汇存款分现汇户和现钞户。凡从港澳地区或国外汇入、携入和国内居民持有的可自由兑换的外汇，均可存入现汇存款户。对不能立即付款的外币票据，经外汇银行托收、收妥后，方能存入。现汇户存款可支取外币现钞，也可汇往港澳地区或国外。凡从港澳地区或国外携入或国内居民持有的可自由兑换的外币现钞，均可存入现钞存款户。现钞户存款可支取外币现钞，也可汇往港澳地区或国外。境内居民个人的外汇户支取同币种现钞同一天在1万美元以内（或等值外汇）免收买卖差价，同一天支取1万美元以上部分（或等值外汇），按汇买钞卖价折算；现钞户存款资金汇出时，要按中间价折算计收人民币手续费，两种外钞户存款汇出境外金额较大时，须经国家外汇管理局批准。存款本息可兑换成人民币；存款支取的货币应与原存款货币相同，如兑换其他货币，按支取日外汇牌价折算；丙种外币存款无论是外汇户还是外钞户，支取外币现钞时，单位货币以下的辅币均支取人民币。

个人外汇存款按照存取方式分为活期和定期两种。

（一）个人活期外汇存款的核算

个人活期外汇存款是存款人以个人名义存入，可随时存取款项的一种外汇存款。适用于存取款频繁，零星外汇款项的存储。开户起存金额：乙种存款不低于人民币100元的等值外币，丙种存款为不低于人民币20元的等值外币，均多存不限。

1. 开户。

存款人填写"外币存款开户申请书"，写明户名、地址、存款种类、金额等，连同外汇或现钞一同交存银行。银行认真审核申请书、外币票据或清点外币现钞。同时按规定审查开户人的有关证件如护照、身份证等。经核对无误后，即为其办理存折账户或支票账户的开立手续，手续同单位活期存款。

2. 存款人以外币现钞存入时，其会计分录为：

借：现金   外币
　　贷：活期外汇存款   外币

3. 存款人以汇入汇款，收妥的票据或国内联行划来的款项存入时，其会计分录为：

借：汇入汇款或其他有关科目   外币
　　贷：活期外汇存款   外币

（二）续存

存户续存，将凭条连同存折、外币票据或外币现钞交银行。银行经审核认可后办理续存。续存会计分录与开户分录相同。外国人、外籍华人、侨胞、港澳台同胞以现钞存入现汇户，应按存入日外汇牌价作钞买汇卖进行套汇处理。

（三）支取

存户支取存款，支票户应填写支票，存折户应将存折或支票交银行办理取款。

1. 支取外币现钞。存款人从外币现钞户支取同币种现钞，直接根据取款存折或支票办理取款。其会计分录如下：

借：活期外汇存款——现钞户   外币
　　贷：现金   外币

同时，登记分户账和存折，经复核无误后，付现并退回存折。

2. 支取款项汇往港澳地区或国外。存款人从其现汇户支取款项汇往港澳地区或国外，需填制汇款凭证，银行依据汇款凭证和取款凭条或支票，办理汇款手续。其会计分录如下：

借：活期外汇存款——现汇户   外币
　　贷：汇出汇款   外币

同时按规定汇率，计收汇费及邮费。其会计分录如下：

借：现金或其他科目 　　　　　　　　　　　　　　　　　　　人民币
　　贷：中间业务收入——汇款手续费 　　　　　　　　　　　　人民币
　　　　业务费用——邮电费支出户 　　　　　　　　　　　　　人民币

外国人、外籍华人、侨胞、港澳台同胞从现钞户支取同币种资金汇往港澳台地区或国外，按当日牌价套汇处理；国内居民办理此业务，按中间价计收人民币手续费，无需套汇。

3. 兑取人民币现金。存款人要求从现汇户或现钞户取款并兑换成人民币现金，应按当日牌价折算。其会计分录如下：

借：活期外汇存款——现钞户 　　　　　　　　　　　　　　　外币
　　贷：外汇买卖 　　　　　　　　　　　　　　　　　　　　　外币
借：外汇买卖 　　　　　　　　　　　　　　　　　　　　　　　人民币
　　贷：现金 　　　　　　　　　　　　　　　　　　　　　　　人民币

个人外汇存款的利息计算方法与人民币相同。

（四）个人定期外汇存款的核算

个人定期外汇存款是存款人以个人名义将外币资金存入银行，事先约定存期，到期一次支取本息的一种外币存款。有 1 个月、3 个月、半年、1 年和 2 年期 5 个档次，规定有起存金额。通过"定期外汇存款"科目核算。

1. 开户：存款人申请开立外汇存款账户，其要求和手续与开立活期外汇存款账户相同，经银行审核后，开立定期存款存折或外汇定期存款存单一式三联。经复核后，将存折或第二联存单交存款人，第三联存单代分户账，凭以登记"开销户登记簿"后专夹保管，第一联代转账贷方传票凭以记账。其会计分录为：

借：现金或其他有关科目 　　　　　　　　　　　　　　　　　外币
　　贷：定期外汇存款 　　　　　　　　　　　　　　　　　　　外币

2. 支取：存款人支取到期外汇存款时，存单式存款凭经本人签名的到期存单办理，存折式存款凭存折办理。银行审核无误后，要求存款人输入密码，相符后办理付款手续，定期存单加盖"结清"字样。其会计分录为：

借：定期外汇存款——×× 　　　　　　　　　　　　　　　　外币
　　应付利息 　　　　　　　　　　　　　　　　　　　　　　　外币
　　贷：现金 　　　　　　　　　　　　　　　　　　　　　　　外币
　　或贷：定期（活期）外汇存款（本利转存） 　　　　　　　　外币

定期外汇存款无特殊情况不能提前支取，因特殊情况需要提前支取的，须提供身份证明，银行审核同意后，可办理全部或部分提前支取手续。对部分提前支取后的留存部分，按原存款的存入日和利率，立新户处理。

3. 计息：个人定期外汇存款要计付利息，银行会计人员要按照总行规定，结合存款种类、币种、期限及其他因素，正确选用利率和计算存期，其具体核算方法与单位外汇存款相同。这里不再赘述。

第三节　非贸易汇款业务核算

一、非贸易外汇汇款的概念

非贸易外汇汇款，是外汇银行接受客户的委托，通过与联行、同业或代理行间办理外汇资金的划拨，以结算异地间债权债务或款项授受的一种常规业务。外汇银行汇出汇款和收到汇入款项时，分别通过"汇出汇款"和"汇入汇款"科目核算。

银行承办汇款业务，除了可以取得汇款中间业务收入外，还可以无息地运用尚未解讫的外汇资金，提高经济效益；对汇款人来说，通过银行汇款，具有省时省事和无风险的作用，因此，汇款业务一直是银行存、放、汇三大主体业务之一。

二、汇出汇款业务核算

汇出汇款，是指银行接受汇款人的委托，采用不同的汇款方式将款项汇往异地收款人的一项业务。汇出汇款的具体方式主要有：电汇（Telegraphic Transfer，T/T），是汇出行应汇款人的申请，以加押电报、电传和电讯网络（如 SWIFT）等电讯手段委托解付的汇款方式。信汇（Mail Transfer，M/T），是汇出行根据付款人的申请，签发信汇委托书，通过邮寄（普通邮递或快递）国外银行解付的汇款方式。票汇（Banker's Draft，D/D），是汇款人申请，由汇出行开立，以其国内外联行或代理行为付款银行的即期汇票、授权解付行按票面金额付款给汇票指定的收款人，或由指定收款人背书转让给持票人的汇款方式。旅行信用证（简称 L/L），是银行为了方便外出旅游者在旅行各地沿途支取旅行费用而开出的光票信用证。持证人可在信用证规定的金额及有效期内，向指定银行一次或分次支取款项。国内银行一般仅可接受与本行签有合约的国外联行或代理行签发的旅行信用证。

（一）汇款的申请

汇款单位或个人要求汇出汇款时，无论使用哪一种汇款方式，均须填交"汇款申请书"一式二联，一联加盖银行业务公章后退交汇款人做汇款回执，一联作传票附件。

（二）汇出汇款的核算

汇出汇款时，在"汇出汇款"科目贷方登记，如汇款人以原币委托汇出，借记"活期外汇存款"等科目；如以人民币购汇汇出，则要通过"外汇买卖"科目核算。如汇款人从其外币存款账户中支出的原币与汇出汇款的币种不同，或支付外币现钞币种与汇出汇款的币种不同时，则按有关规定通过套汇核算，即银行通过买入客户现有币种外汇，卖出客户汇款所需的币种外汇汇出。汇出汇款按规定收取的汇费、开证费、邮电费、印花税等人民币记入"中间业务收入"、"业务费用"等科目。

【例 8 - 6】客户汇出 USD1 000.00，按当日汇卖牌价（USD100 = ￥681.33）交付￥6 813.30，其会计分录为：

借：现金　　　　　　　　　　　　　　　　　　　　　　￥6 813.30
　　贷：外汇买卖　　　　　　　　　　　　　　　　　　　　　￥6 813.30
借：外汇买卖　　　　　　　　　　　　　　　　　　　　USD1 000.00

　　贷：汇出汇款　　　　　　　　　　　　　　　　　　　　　USD1 000.00

客户另外支付汇费¥80.00，邮电费¥20.00，其会计分录为：

　　借：现金　　　　　　　　　　　　　　　　　　　　　　　¥100.00

　　　　贷：中间业务收入　　　　　　　　　　　　　　　　　　¥80.00

　　　　　　业务费用——邮电费　　　　　　　　　　　　　　　¥20.00

（三）汇出汇款的明细核算

　　为了反映汇出汇款的详细情况，必须进行汇款的明细核算。业务量小的汇出行一般只按货币设立分户账；但业务量大的汇出行应该分货币按行设分户账。

（四）核销（解讫）汇出汇款的处理

　　汇出非贸易项下外汇汇款，汇出行一般须在收到汇入行的已借记通知或由总行转划国外报单时，办理销账，但如有下列情况者，在汇出汇款的当日即转账核销该金额：①汇入行在总行开有现汇账户；②汇入行与汇出行无账户关系，须通过港澳地区或国外联行或代理行对汇入行划拨汇款头寸。

　　解讫汇款时，其会计分录为：

　　借：汇出汇款　　　　　　　　　　　　　　　　　　　　　　外币

　　　　贷：存放国外同业或其他有关科目　　　　　　　　　　　　外币

　　应该特别注意的是，即使是当日转销汇出汇款，亦须通过汇出汇款科目核算，以便正确、完整地反映外汇汇款情况。

　　汇款解讫后，对已建立分户账的，应通过分户账核销，不再销卡；如果以卡代账，必须建立登记簿予以控制，汇出时逐笔登记，解付时抽卡汇总核销，并逐日结出登记簿的余额；对解讫卡片账须定期加计余额总数与总账核销相符。

（五）汇款退汇、挂失及查询

　　汇出汇款后，汇款人可能申请退汇。电汇、信汇退汇，汇款人须提交书面申请，交验汇款回单，由经办人员根据退汇申请书通知付款行，于接到付款行同意退汇的通知并确认该笔汇款尚未解付后，通知汇款人持汇款证明前来办理退汇，领取汇款。票汇退汇，须提交书面申请，交回原汇票，并在原汇票上加上加签汇款人的背书，经验对签字无误并验明有关证件后，汇出行在汇票上加盖"退汇注销"戳记，办理退汇手续。对已寄出的汇票通知书，请付款行注销退回。旅行信用证退汇，汇款人持未使用完的旅行信用证申请退汇，经验对无误后，加盖注销戳记，如附有"印鉴证明书"，应一并收回注销，然后办理退汇。

　　汇款人办理退汇，须向汇出行交付退汇手续费，如用电报通知付款行退汇，汇款人还须负担电报费。

　　退汇的冲销分录与汇款和开出旅行信用证的会计分录相反。

　　汇款人因汇票、旅行信用证丢失，需要挂失止付时，应提出书面申请。汇出行根据汇款人的要求，用函件或电报向港澳地区或国外付款行挂失止付，同时在汇出汇款或旅行信用证卡片账上批注"已挂失"字样。待付款行同意挂失止付办理退汇后，再根据汇款人的要求退款或重新汇出。对于未限制转让的汇票，可以不受理挂失止付。如上述票证在付款行同意挂失止付前，款项被领取，银行不承担责任。

　　若收款人未收到汇款，经汇款人挂失查询时，汇款行查明未收到解讫通知的，应代向付款行查询。

三、汇入汇款业务核算

汇入汇款是指境外联行或代理行通过各种汇款方式委托我方银行解讫汇款的一项业务。它以收妥头寸为原则，即在接到港澳地区或国外的头寸报单或可以立即借记汇款行存款账户的通知后，才办理解付。也可以按代理合约的规定，在收到委托解付通知尚未收到头寸报单时先垫付解付。非贸易外汇汇款，主要是指境外汇款人汇交驻华外交机构、民间组织、访华团体的经费，以及汇交来华暂住的外宾、外国侨民、留学生、实习生、旅游者等个人汇款。

1. 通知。

汇入行受到汇出行发来的电汇电报，经审核密押或印鉴无误后，立即填制"汇入汇款通知书"，通知收款人来取款；汇入汇款通知书一式五联，第一联为汇入汇款通知书，通知汇款人前来领取汇款，解付后作为传票附件；第二联为汇入汇款收据，由收款人签章后凭以向银行领取汇款，解付后作为传票附件或寄回汇出行；第三联为收据副本，作为"汇出汇款"科目借方传票；第四联作为"汇入汇款"科目贷传票；第五联作为"汇入汇款"科目卡片账。

2. 账务处理。

汇入行收到汇出行寄来的"信汇委托书"第一至第四联，经审核无误后，以其中第二联"信汇通知书"通知收款人收取款项，第二、第三联正、副收条随信汇通知书送交收款人，签收后退回汇入行按规定使用。

汇入行收到汇出行寄来以汇入行为付款行的票根时，核对无误后专夹保管，待持票人持票兑取。

凡以汇出行直接开立账户往来，或是由总行开户设立分账户的汇入行，收到信汇委托书或支付委托书及汇款头寸时，作会计分录如下：

借：存放国外同业　　　　　　　　　　　　　　　　　　　　　　　外币
或借：国外同业存款或境外清算资金往来　　　　　　　　　　　　　外币
　　贷：汇入汇款　　　　　　　　　　　　　　　　　　　　　　　外币

若汇出行在汇入行的总行开立现汇账户，由总行集中记账，或汇入行总行集中对外开户、集中记账，汇入行收到信汇委托书或支付委托书时上划总行，其会计分录如下：

借：全国联行外汇往来　　　　　　　　　　　　　　　　　　　　　外币
　　贷：汇入汇款　　　　　　　　　　　　　　　　　　　　　　　外币

总行收到上划的报单会计分录为：

借：国外同业存款或存放国外同业　　　　　　　　　　　　　　　　外币
　　贷：全国联行外汇往来　　　　　　　　　　　　　　　　　　　外币

若汇出行不是汇入行的账户行，或虽是账户行，但头寸尚未收到，需要提前解付或电汇需立即解付，经领导批准，可通过暂付款科目解付。其会计分录为：

借：应收及暂付款项　　　　　　　　　　　　　　　　　　　　　　外币
　　贷：汇入汇款　　　　　　　　　　　　　　　　　　　　　　　外币

收到头寸的会计分录为：

借：存放国外同业　　　　　　　　　　　　　　　　　　　　　　　外币
　　贷：应收及暂付款项　　　　　　　　　　　　　　　　　　　　外币

3. 解付汇入汇款的处理。

（1）正常解付。汇入汇款须核对电汇密押或信汇印鉴相符后才能解付。如电汇汇款核押不符，信汇汇款签字或印鉴不符、不全，以及不能垫款解付的汇款，汇入行应专夹保管，待更正密押、核对印鉴、签字和收到头寸后才能通知收款人来取款。结汇解付汇款会计分录为：

借：汇入汇款 .... 外币
　　贷：外汇买卖——买入价 .... 外币
借：外汇买卖 .... 人民币
　　贷：现金或有关科目 .... 人民币

（2）转汇。汇入行收到汇入汇款，经查明收款人不在本行所在地，应按规定手续委托收款人所在地银行办理解付，即转汇。汇入汇款转汇时，原则上电汇用电报转汇，信汇用邮递转汇并以原币转汇。转汇时，头寸通过"全国联行外汇往来"划转解付行解付，解付行则通过"汇入汇款"科目核算。

转汇行转汇时，会计分录为：

借：存放国外同业 .... 外币
　　贷：全国联行外汇往来 .... 外币

解付行接到转汇行转汇委托书及汇款头寸报单时的会计分录为：

借：全国联行外汇往来 .... 外币
　　贷：汇入汇款 .... 外币

4. 退汇。

各种汇入汇款，在未解付前，如汇出行通知退汇，应立即停止解付，再根据是否收到汇款头寸的不同情况，编制会计分录予以冲销汇入汇款科目记录。

第四节　非贸易买入外币票据核算

买入非贸易外币票据又称买汇，是指银行兑付非本行付款的票据。对持票人申请兑付的非本行付款的票据，在票据未收妥前，银行先行垫款，将票款扣除一定贴息后的净额兑付给收款人，然后向付款行收取票款；或与票据签发行事先订有委托兑付协议，兑付后通过借记委托行按协议开在经办行或其总行的账户上收回票据款。前者称垫款买汇，后者属不垫款买汇。买汇业务可增加外汇收入和业务收入，方便持票人的资金融通，促进国际间交往；但因票据指定付款人并非买汇行，买汇行垫款兑付后，可能有得不到出票人偿付的风险，因而要掌握好买入外币票据的条件和范围。

一、买入外币票据的条件与范围

1. 条件。世界各国票据种类繁多，而且情况复杂，为了避免风险，应遵循以下条件买入：①签发票据的境外银行是我国银行的联行、代理行或账户行。②票据没有禁止或限制议付字样，且往来关系行资信良好。③签发的外汇票据币种系我国订有外汇牌价并可转入经办行账户的货币。④经办行具有鉴别票据真伪的能力和核对印鉴等的条件。

2. 买入外币票据的范围。外币票据种类繁多，经办行通常买入的票据是与我方银行签有合约的票据、旅行支票在本行已有票样、银行本票有印鉴可以核对、国际定额汇票无区域限制的、银行汇票、邮政汇票、养老金支票、私人支票、旅行信用证、光票信用证和环球信用证等。

旅行支票对旅行者而言因为方便和相对安全而被广泛使用。目前，我国银行经常兑入的有 16 家机构签发的旅行支票。这些机构是维萨集团、万事达集团、美国运通公司、通济隆公司、美洲银行、花旗银行、富士银行、东京三和银行、三菱银行、三井银行、住友银行、第一劝业银行、巴克莱银行、国民西敏寺银行、澳新银行集团和西太平洋银行。兑付旅行支票应检查持票人的身份证（护照），验对票样鉴别真伪，然后要求持票人在指定的位置复签，复签要与初签一致，再将证件名称和号码抄在该票背面和水单上。买入旅行支票，按票面扣收 7.5‰付贴息，若取同种货币，加以 5‰手续费。

私人支票只能买入经出票行或付款人已签发保函有银行担保的私人支票。

国际定额汇票。根据国际惯例，签发国际定额汇票的银行，应将汇票样本及有权签字人的签字样本一并签交接受兑付的银行，以便兑付时凭以鉴别真伪。兑付行兑付时应审核以下几点：①只兑付不准转汇的限额汇票，并只限于对汇票抬头人取款，其他情况只能办理托收；②汇票的发行金额是否超过规定的最高限额；③汇票有无涂改；④查对暗记以防伪冒；⑤有无逾期，逾期汇票只能托收。经办行兑付后，应对汇票背书并向外委托行索偿。

旅行信用证是银行为了方便旅行者支取费用而开立的一种非贸易信用证。持证人可在信用证有效期内，在不超过信用证总金额的范围内，一次或分次向指定银行凭汇票或支取收据取款。办理旅行信用证付款，要核对开证行印鉴，查明有效期，核对受益人的身份证件并要求受益人填写取款收条。如信用证上有预留签字，需要核对相符。

光票信用证是专供常驻国外机构，如领事馆、商务代表处、国际贸易机构代办处等，定期支取的一种支付方式。它与旅行信用证的主要不同在于：光票信用证的期限一般为 1 年，期满时如需继续使用，可以申请延期；光票信用证一般不规定总金额，但规定每月电开和新开两种；光票信用证的付款行只有一家。

环球信用证，通常称为"通天信用证"，此证受益人可在信用证规定的金额有效期内，要求与开证行有往来关系的某些外国银行议付，议付行按信用证规定的条件议付后，凭受益人签署的收据向开证行索偿。银行兑付这种信用证，应认真审查，确保无误后才能兑付。虽与本行无账户关系，但资信较好的港澳地区或国外银行签发的环球旅行信用证亦可兑付。

二、买入外币票据的核算

1. 垫款买汇的处理。垫款买汇是指银行对买入的外币票据先垫款支付票据金额，再向国外银行办理托收手续。买入外币票据时，应填制"外汇兑换水单"一式五联，第一联兑换水单，加盖业务公章后交客户；第二联外汇买卖贷方传票；第三联利息收入科目贷方传票；第四联外汇买卖科目借方传票；第五联统计卡。

兑换水单按规定内容填写并在摘要栏内注明票据内容及申请人的姓名、地址和有关证件名称和号码。除旅行支票、旅行信用证外，买入其他外币票据都须在水单上加盖"票据如发生退票，本行具有追索权"戳记，银行按审核要求严格审核票据，计算贴息然后将第一联交顾客收执。其会计分录为：

借：买入外币票据　　　　　　　　　　　　　　　　　　　　　外币
　　贷：外汇买卖——汇买价　　　　　　　　　　　　　　　　外币
　　　　利息收入　　　　　　　　　　　　　　　　　　　　　外币
借：外汇买卖　　　　　　　　　　　　　　　　　　　　　　　人民币
　　贷：现金或其他科目　　　　　　　　　　　　　　　　　　人民币

银行垫款买汇后，应尽快将票据寄请境外银行托收归垫，填制"票据托收委托书"一式四联，第一联正本随买入外币票据寄国外代收行，第二、第三联做买入外币票据科目借方、贷方传票，第四联留底。处理手续见外汇托收业务的处理。票据收妥后要进行销账，其会计分录为：

借：境外清算资金往来（或其他科目）　　　　　　　　　　　　外币
　　贷：买入外币票据　　　　　　　　　　　　　　　　　　　外币

【例8-7】中国A银行买入美国某代理行签发的银行汇票一张USD600.00，扣收7.5‰贴息后，直接存入客户的定期外汇存款账户，票据委托香港中国银行代收。香港中国银行代收后，贷记中国银行总行在其开立的美元账户，该账户总行集中记账。

中国A银行买入外币票据时会计分录为：

借：买入外币票据　　　　　　　　　　　　　　　　　　　USD600.00
　　贷：利息收入　　　　　　　　　　　　　　　　　　　　USD4.5
　　　　定期外汇存款　　　　　　　　　　　　　　　　　USD595.50

中国A银行收到香港中国银行通过总行下划的已贷记报单时分录为：

借：全国联行外汇往来——来户　　　　　　　　　　　　　USD600.00
　　贷：买入外汇票据　　　　　　　　　　　　　　　　　USD600.00

2. 不垫款买汇票据的种类和账务处理。凡是签发票据的银行（简称委托行）与经办行或其总行订有委托兑付的议付的，经办行在买入这类票据时，均直接借记或通过其总行借记委托行有关账户，买汇行不垫付买汇头寸。

银行不垫款买入的外币票据有旅行信用证、光票信用证、环球信用证、国际限额汇票等。买入这些票据时，也应填制"外汇兑换水单"，按审核要求进行审查后办理买汇，其会计分录为：

借：存放国外同业或其他科目　　　　　　　　　　　　　　　　外币
　　贷：外汇买卖——汇买价　　　　　　　　　　　　　　　　外币
借：外汇买卖　　　　　　　　　　　　　　　　　　　　　　　人民币
　　贷：现金或有关科目　　　　　　　　　　　　　　　　　　人民币

第五节　非贸易外汇托收业务核算

一、非贸易外汇托收的范围

外汇托收业务包括港澳地区或国外托收外币票据和国内异地外汇托收业务。凡长期居住国内或短期来华人员，持有携入或寄入的外币票据，均可委托银行办理托收。其办托收的范围包括：

（1）凡不能按买汇处理的各种非贸易外币票据。

（2）未列入中国人民银行公布的"外钞收兑牌价表"的各种外钞，或虽列入"外币收兑牌价表"，但无法鉴别真伪或残损破旧不能立即收兑的外币现钞。

（3）代收港澳地区或国外银行存款本息。

（4）港澳地区或国外有市价的外币有价证券的出售或收取息金等。

国内异地外汇托收包括贸易外汇托收和非贸易外汇托收，非贸易外汇托收是指国内有非贸易往来的单位或个人委托银行办理国内异地间的债权债务托收结算。外汇托收业务均应遵循"收妥结汇、银行不予垫款"的结算原则办理。

二、非贸易外币票据托收的处理程序

1. 发出托收。客户申请托收外币现钞或外币票据时，应填具"托收款项申请书"一式两联，写明有关内容如托收人的姓名、地址、并预留印鉴凭以收妥取款。第一联由银行留存，第二联银行盖章后退委托人做托收依据，以备收妥时凭以取款。同时按规定收取托收手续费。

银行受理业务后应填制"非贸易托收委托书"一式九联。第一联作托收委托书连同外钞或外币票据寄代收行；第二、第三联为托收委托书副本，由代收行收妥后寄委托行转账用；第四联作应付及暂收款项科目贷方传票；第五联为代收款项通知书，款项收妥后用以通知委托人；第六联作应付及暂收款项科目借方传票；第七联为对应科目卡片账，第八、第九联都为对应科目复式传票，第八联在发出托收时使用，第九联在款项收妥时使用，发出托收时，其会计分录为：

借：应收非贸易托收款项   外币

    贷：代收非贸易托收款项   外币

对于无牌价的外钞、外币票据，外币有价证券以及其他外汇托收须在登记簿登记，并将票据复印备用。

2. 收妥付款。收到总行收妥款项电传或境外账户行的贷记通知，抽出第五、第七、第九联，经审核无误后批注收妥日期，以第五联通知为委托人携带托收收据前来取款，其会计分录为：

借：应收非贸易托收款项   外币

    贷：代收非贸易托收款项   外币

借：存放国外同业或其他科目   外币

    贷：应付及暂收款项   外币

委托人在代收款项通知书上签盖原印鉴连同原托收收据来行取款时，抽出有关凭证批注付款日期办理付款手续，按规定向委托人收取手续费，可收外汇或等值的人民币，其会计分录为：

借：应付及暂收款项   外币

    贷：中间业务收入   外币

        外汇买卖——汇买价   外币

借：外汇买卖   人民币

　　贷：现金或有关科目　　　　　　　　　　　　　　　　　　　　人民币

如转收外汇存款的则直接入外汇账户，无须套汇。

【例8－8】某华侨执美国某银行签发的汇票一张，金额USD600.00，要求中国B银行兑付人民币现金，因不符合买汇规定，经客户同意，寄纽约中行委托代收，B银行在该行有美元分账户。会计分录为：

（1）B银行填发委托书连同票据寄纽约中行：

　　借：应收非贸易托收款项　　　　　　　　　　　　　　　　USD600.00

　　　贷：代收非贸易托收款项　　　　　　　　　　　　　　　　USD600.00

（2）B银行收到纽约中行的已贷记报单时：

　　借：境外清算资金往来　　　　　　　　　　　　　　　　　USD600.00

　　　贷：应付及暂收款项　　　　　　　　　　　　　　　　　　USD600.00

　　借：代收非贸易托收款项　　　　　　　　　　　　　　　　USD600.00

　　　贷：应收非贸易托收款项　　　　　　　　　　　　　　　　USD600.00

（3）通知委托人提取人民币现金并扣收1‰托收手续费时：（美元汇买价为630.67%）

　　借：应付及暂收款项　　　　　　　　　　　　　　　　　　USD600.00

　　　贷：外汇买卖——汇买价　　　　　　　　　　　　　　　　USD600.00

　　借：外汇买卖　　　　　　　　　　　　　　　　　　　　￥3 784.02

　　　贷：中间业务收入　　　　　　　　　　　　　　　　　　　￥3.78

　　　　现金　　　　　　　　　　　　　　　　　　　　　　￥3 780.24

第九章　金融资产及长期股权投资的核算

第一节　以公允价值计量且其变动计入当期损益的金融资产

《企业会计准则第22号——金融工具确认和计量》规定，金融工具是指形成一个企业的金融资产，并形成其他单位的金融负债或权益工具的合同。包括金融资产、金融负债和权益工具。

金融资产是指企业持有的现金、权益工具投资、从其他单位收取现金或其他金融资产的权利。金融资产主要包括库存现金、应收账款、应收票据、贷款、垫款、其他应收款、应收利息、债权投资、股权投资、基金投资、衍生金融资产等。

企业（包括商业银行）应当结合自身特点和风险管理要求，将取得的金融资产在初始确认时分为以下几类：①以公允价值计量且其变动计入当期损益的金融资产；②持有至到期投资；③贷款及应收款项；④可供出售的金融资产。上述分类一经确定，不得随意变更。

一、以公允价值计量且其变动计入当期损益的金融资产概述

以公允价值计量且其变动计入当期损益的金融资产，可以进一步分为交易性金融资产和直接指定为以公允价值计量且其变动计入当期损益的金融资产。

（一）交易性金融资产

满足以下条件之一的金融资产，应当划分为交易性金融资产：

（1）取得该金融资产的目的，主要是为了近期内出售。例如，企业以赚取差价为目的从二级市场购入的股票、债券和基金等。

（2）属于进行集中管理的可辨认金融工具组合的一部分，且有客观证据表明企业近期采用短期获利方式对该组合进行管理。在这种情况下，即使组合中有某个组成项目持有的期限稍长也不受影响。

（3）属于衍生工具。但是，被指定为有效套期工具的衍生工具、属于财务担保合同的衍生工具、与在活跃市场中没有报价且其变动价值不能可靠计量的权益投资挂钩并须通过交付该权益工具结算的衍生工具例外。其中，财务担保合同是指保证人和债权人约定，当债务人不履行债务时，保证人按照约定履行债务或者承担责任的合同。

衍生工具是指具有下列特征的金融工具或其他合同：

①价值随特定利率、金融工具价格、商品价格、汇率、价格指数、费率指数、信用等

级、或其他类似变量的变动而变动，变量为非金融变量的，该变量与合同的任一方不存在特定关系。即衍生工具价值随着其标的的变动而变动。

②不要求初始净投资，或与对市场情况变化有类似反应的其他类型合同相比，要求很少的初始净投资。

③在未来某一日期结算。在形式上表现为在将来执行的经济合同。

衍生金融工具是从传统金融工具中派生出来的创新的金融工具。衍生金融工具包括金融远期合同（如远期外汇合同、远期利率协议）、金融期货合同、金融期权、金融互换（主要包括货币互换与利率互换）等。

（二）直接指定为以公允价值计量且其变动计入当期损益的金融资产

企业不能随意将金融资产直接指定为以公允价值计量且其变动计入当期损益的金融资产。只有在满足以下条件之一时，企业才能将某项金融资产直接指定为以公允价值计量且其变动计入当期损益的金融资产：

（1）该指定可以消除或明显减少由于该金融资产的计量基础不同所导致的相关利得或损失在确认或计量方面不一致的情况。

（2）企业风险管理或投资策略的正式书面文件已载明，该金融资产组合等，以公允价值为基础进行管理、评价并向关键管理人员报告。

在活跃市场中没有报价、公允价值不能可靠计量的权益工具投资，不得指定为以公允价值计量且其变动计入当期损益的金融资产。

以上所指活跃市场，是指同时具有下列特征的市场：①市场内交易的对象具有同质性；②可随时找到自愿交易的买方和卖方；③市场价格信息是公开的。

二、以公允价值计量且其变动计入当期损益的金融资产的会计处理

以公允价值计量且其变动计入当期损益的金融资产的会计处理，涉及交易性金融资产的取得、持有期间收取现金股利或债券利息、期末公允价值的变动以及到期处置等基本业务。

相关的账务处理如下：

（1）企业取得交易性金融资产时：

借：交易性金融资产——成本　　　　　　　　　　（取得时的公允价值）

　　投资收益　　　　　　　　　　　　　　　　　（发生的交易费用）

　　应收利息或应收股利

　　贷：银行存款

其中："应收利息"或"应收股利"是指取得交易性金融资产时，实际支付的款项中包含的已到付息期但尚未领取的利息或已宣告但尚未发放的现金股利。

（2）持有交易性金融资产期间被投资单位宣告发放的现金股利，或期末确认到期还本、分期付息债券利息时：

借：应收利息（或应收股利）

　　贷：投资收益

实际收到时：

借：银行存款

　　贷：应收利息（或应收股利）

（3）资产负债表日，交易性金融资产的公允价值变动：

借：交易性金融资产——公允价值变动 （公允价值增加）

贷：公允价值变动损益

公允价值低于其账面价值的差额作相反会计分录。

（4）出售交易性金融资产时，应当转出该金融资产的账面余额（包括"成本"及"公允价值变动"累计发生额），与实际收到出售款项的差额，作为"投资收益"。同时，将原计入该金融资产的公允价值变动转出，记入"投资收益"。

借：银行存款

贷：交易性金融资产——成本

交易性金融资产——公允价值变动

借或贷：投资收益

同时：

借：公允价值变动损益

贷：投资收益

【例 9 - 1】2007 年 7 月 1 日，××商业银行用银行存款 2 030 000 元（含已到付息期但尚未领取的利息 30 000 元）从证券二级市场购入 A 公司于 2007 年 1 月 1 日发行的 3 年期债券，另支付交易费用 24 000 元。该债券面值 2 000 000 元，票面年利率 3%，每半年付息一次，付息日为 7 月 10 日和次年 1 月 10 日。商业银行取得该债券将其划分为交易性金融资产。该银行半年末、年终确认利息收入。其他资料如下：

（1）2007 年 7 月 10 日，收到该债券 2007 年上半年利息。

（2）2007 年 12 月 31 日，该债券的公允价值为 2 180 000 元（不含利息）。

（3）2008 年 1 月 10 日，收到该债券 2007 年下半年利息。

（4）2008 年 6 月 30 日，该债券的公允价值为 1 984 000 元（不含利息）。

（5）2008 年 7 月 3 日，甲商业银行将该债券全部出售，实际取得价款 2 035 000 元。

假定不考虑其他因素。

××商业银行的账务处理如下：

（1）2007 年 7 月 1 日，购入债券：

借：交易性金融资产——成本	2 000 000
应收利息	30 000
投资收益	24 000
贷：银行存款	2 054 000

（2）2007 年 7 月 10 日，收到债券利息：

借：银行存款	30 000
贷：应收利息	30 000

（3）2007 年 12 月 31 日，确认债券公允价值变动和 2007 年下半年投资收益：

借：交易性金融资产——公允价值变动	180 000
贷：公允价值变动损益	180 000
借：应收利息	30 000
贷：投资收益	30 000

（4）2008 年 1 月 10 日，收到债券利息：

借：银行存款　　　　　　　　　　　　　　　　　　　　　30 000

　　贷：应收利息　　　　　　　　　　　　　　　　　　　　　　　　30 000

（5）2008 年 6 月 30 日，确认债券公允价值变动和 2008 年上半年投资收益：

借：公允价值变动损益　　　　　　　　　　　　　　　　　196 000

　　贷：交易性金融资产——公允价值变动　　　　　　　　　　　　196 000

借：应收利息　　　　　　　　　　　　　　　　　　　　　30 000

　　贷：投资收益　　　　　　　　　　　　　　　　　　　　　　　30 000

（6）2008 年 7 月 3 日，出售债券：

借：银行存款　　　　　　　　　　　　　　　　　　　　2 035 000

　　交易性金融资产——公允价值变动　　　　　　　　　　　16 000

　　贷：交易性金融资产——成本　　　　　　　　　　　　　　2 000 000

　　　　应收利息　　　　　　　　　　　　　　　　　　　　　30 000

　　　　投资收益　　　　　　　　　　　　　　　　　　　　　21 000

同时：

借：投资收益　　　　　　　　　　　　　　　　　　　　　16 000

　　贷：公允价值变动损益　　　　　　　　　　　　　　　　　　　16 000

第二节　持有至到期投资

一、持有至到期投资概述

持有至到期投资，是指到期日固定、回收金额固定或可确定，且企业有明确意图和能力持有至到期的非衍生金融资产。

商业银行从二级市场上购入的固定利率国债、浮动利率公司债券等，符合持有至到期投资条件的，可以划分为持有至到期投资。商业银行不能将在初始确认时被指定为以公允价值计量且其变动计入当期损益的非衍生金融资产以及被指定可供出售的非衍生金融资产划分为持有至到期投资，也不能将符合贷款和应收款项定义的非衍生金融资产划分为持有至到期投资。

企业将某项非衍生金融资产划分为持有至到期投资，关键在于投资者取得该金融资产时，管理当局有明确的意图将该金融资产持有至到期，除非遇到一些企业所不能控制的、预期不会重复发生且难以合理预计的独立事件外，企业不会随意改变其最初的意图。

（一）到期日固定、回收金额固定或可确定

到期日固定、回收金额固定或可确定，是指相关合同明确了投资者在确定的期间内获得或应收取款项的金额和时间。权益工具投资一般没有固定的到期日，因而不能将权益工具投资划分为持有至到期投资。

（二）有明确意图持有至到期

有明确的意图持有至到期，是指投资者在取得投资时意图明确，除非遇到一些企业所不能控制的、预期不会重复发生且难以合理预计的独立事件外，否则将持有至到期。存在下列

情况之一的，表明企业没有明确意图将金融资产持有至到期：

（1）持有该金融资产的期限不确定。

（2）发生市场利率变化、流动性需要变化、替代投资机会及其投资收益率变化、融资来源和条件变化、外汇风险变化等情况时，将出售该金融资产。但企业无法控制、预期不会重复发生且难以合理预计的独立事件引起的金融资产出售除外。

（3）该金融资产的发行方可以按照明显低于其摊余成本的金额清偿。

（4）其他表明企业没有明确意图将该金融资产持有至到期的情况。

（三）有能力持有至到期

有能力持有至到期，是指企业有足够的财务资源，并不受外部因素影响将投资持有至到期。存在下列情况之一的，表明企业没有能力将具有固定期限的金融资产投资持有至到期。

（1）没有可利用的财务资源持续地为该金融资产投资提供资金支持，以使该金融资产投资持有至到期。

（2）受法律、行政法规的限制，使企业难以将该金融资产投资持有至到期。

（3）其他表明企业没有能力将具有固定期限的金融资产投资持有至到期的情况。

（四）到期前处置或重分类对所持有剩余金融资产的影响

企业因持有意图或能力发生改变，使某项投资不再适合划分为持有至到期投资的；因部分出售持有至到期投资或重分类金额较大，且不属于例外情况，使剩余部分不再适合划分为持有至到期投资的，企业应将其重分类为可供出售金融资产，并以重分类日的公允价值确定可供出售金融资产的成本。重分类日，该项投资的账面价值与公允价值之间的差额直接计入所有者权益（"资本公积——其他资本公积"），在该可供出售金融资产发生减值或终止确认时转出，记入"投资收益"。

二、持有至到期投资的会计核算

持有至到期投资的核算，其业务主要包括持有至到期投资的取得、期末确认利息收入、将持有至到期投资重分类为可供出售金融资产以及持有至到期投资的出售等。

商业银行取得持有至到期投资，应当按照取得时的公允价值和交易费用作为初始成本；期末确认利息收入时，对于分期付息、一次还本债券投资，按票面金额、票面利率计算确定应收取的利息，记入"应收利息"科目，按持有至到期投资摊余成本和实际利率计算确定利息收入，记入"投资收益"，差额记入"持有至到期投资——利息调整"科目；对于一次还本付息债券投资，期末按票面金额、票面利率计算确定应收取的利息，记入"持有至到期投资——应计利息"科目，其他与分次付息债券相同；持有至到期投资重分类为可供出售金融资产时，应按重分类日该金融资产的公允价值，确定可供出售金融资产的入账成本，同时结转持有至到期投资的账面价值，差额作为"资本公积——其他资本公积"核算；持有至到期投资出售时，将实际取得价款与持有至到期投资账面价值之间的差额作为"投资收益"处理，如果已计提减值准备的，减值准备应一并结转。

（1）取得持有至到期投资时：

借：持有至到期投资——成本　　　　　　　　　　　　　　　　（债券面值）

　　应收利息　　　　　　　　　　　　　　　　　　　（已到期未领取利息）

　　　贷：银行存款

借或贷：持有至到期投资——利息调整　　　　　　　　　　　　　　（差额）

（2）期末确认利息收入：

①对于分期付息、一次还本债券投资：

借：应收利息　　　　　　　　　　　　（按票面金额×票面利率计算）

　　贷：投资收益　　　　　　　　　　　（按摊余成本×实际利率计算）

借或贷：持有至到期投资——利息调整　　　　　　　　　　　　　　（差额）

②对于一次还本付息债券：

借：持有至到期投资——应计利息　　　　（按票面金额×票面利率计算）

　　贷：投资收益　　　　　　　　　　　（按摊余成本×实际利率计算）

借或贷：持有至到期投资——利息调整　　　　　　　　　　　　　　（差额）

（3）将持有至到期投资重分类为可供出售金融资产时：

借：可供出售金融资产——成本　　　　　　　　　（重分类日的公允价值）

　　贷：持有至到期投资——成本、应计利息、利息调整等

借或贷：资本公积——其他资本公积　　　　　　　　　　　　　　　（差额）

（4）持有至到期投资出售时：

借：银行存款

　　贷：持有至到期投资——成本、应计利息、利息调整等

借或贷：投资收益

【例9-2】2006年年初，××商业银行购买了一项债券，该债券剩余年限5年，将其划分为持有至到期投资。公允价值为90万元，交易费用为5万元，每年按票面利率计算可收得固定利息4万元。该债券在第五年兑付时（不能提前兑付）可得本金110万元。

在初始确认时，计算实际利率如下：

$$4/(1+r)5 + 4/(1+r)4 + \cdots + 114/(1+r) = 95$$

计算结果：r=6.96%

年份	年初摊余成本a	利息收益b=a×r	现金流量c	年末摊余成本d=a+b-c
2006	95	6.61	4	97.61
2007	97.61	6.79	4	100.40
2008	100.40	6.99	4	103.39
2009	103.39	7.19	4	106.58
2010	106.58	7.42	4+110	0

　　××商业银行的账务处理如下：

（1）2006年年初取得债券投资时：

借：持有至到期投资——成本　　　　　　　　　　　　　　　　1 100 000

　　贷：银行存款　　　　　　　　　　　　　　　　　　　　　　950 000

　　　　持有至到期投资——利息调整　　　　　　　　　　　　　150 000

（2）2006年年末确认利息收入，收取利息时：

借：应收利息　　　　　　　　　　　　　　　　　　　　　　　　40 000

　　持有至到期投资——利息调整　　　　　　　　　　　　　　　26 100

　　贷：投资收益　　　　　　　　　　　　　　　　　　　　　　　66 100

该持有至到期投资 2006 年年末的账面价值为 97.61 万元。

借：银行存款   40 000
    贷：应收利息   40 000

（3）2007 年年末确认利息收入、收取利息时：

借：应收利息   40 000
    持有至到期投资——利息调整   27 900
    贷：投资收益   67 900

该持有至到期投资 2007 年年末的账面价值为 100.40 万元。

借：银行存款   40 000
    贷：应收利息   40 000

（4）2008 年年末确认利息收入、收取利息时：

借：应收利息   40 000
    持有至到期投资——利息调整   29 900
    贷：投资收益   69 900

该持有至到期投资 2008 年年末的账面价值为 106.58 万元。

借：银行存款   40 000
    贷：应收利息   40 000

（5）2009 年年末确认利息收入、收取利息时：

借：应收利息   40 000
    持有至到期投资——利息调整   31 900
    贷：投资收益   71 900

该持有至到期投资 2009 年年末的账面价值为 106.58 万元。

借：银行存款   40 000
    贷：应收利息   40 000

（6）2010 年年末确认利息收入、收取利息和本金时：

借：应收利息   40 000
    持有至到期投资——利息调整   34 200
    贷：投资收益   74 200
借：银行存款   1 140 000
    贷：应收利息   40 000
        持有至到期投资——成本   1 100 000

第三节　可供出售金融资产

一、可供出售金融资产概述

（一）可供出售金融资产的概念

可供出售金融资产，是指初始确认时即被指定为可供出售的非衍生金融资产，以及除其他三类金融资产以外的金融资产。企业购入的在活跃市场上有报价的股票、债券和基金等，没有划分为以公允价值计量且其变动计入当期损益的金融资产或持有至到期投资等金融资产的，可以划分为此类金融资产。

（二）可供出售金融资产的计量

1. 可供出售金融资产的初始计量。

可供出售金融资产应当按取得该金融资产的公允价值和相关交易费用之和作为初始确认金额。支付的价款中包含的已到付息期但尚未领取的债券利息或已宣告但尚未发放的现金股利，应单独确认为应收利息或应收股利，不计入初始成本中。

2. 可供出售金融资产期末的计量。

可供出售金融资产在资产负债表日，应当以公允价值计量，公允价值的变动直接计入所有者权益（资本公积——其他资本公积）。

二、可供出售金融资产的会计核算

可供出售金融资产的会计核算方法，与交易性金融资产的会计处理相类似，均要求按公允价值进行后续计量。但两者也有明显的不同之处，比如，可供出售金融资产取得时发生的交易费用应计入初始成本中，而取得交易性金融资产发生的交易费用直接计入当期损益（投资收益）；可供出售金融资产后续计量时公允价值变动计入所有者权益（资本公积——其他资本公积），而交易性金融资产期末公允价值变动计入当期损益（公允价值变动损益）。

（1）企业取得可供出售金融资产。

属于权益性投资的：

借：可供出售金融资产——成本　　　　　　　　　　（公允价值＋交易费用）
　　应收股利　　　　　　　　　　　　　　（已宣告但尚未发放的现金股利）
　　　贷：银行存款

属于债券投资的：

借：可供出售金融资产——成本　　　　　　　　　　　　　　　（债券面值）
　　应收利息　　　　　　　　　　　　　　（已到期但尚未领取的现金利息）
　　　贷：银行存款

借或贷：持有至到期投资——利息调整（差额）

（2）债券投资期末确认利息收入。

①对于分期付息、一次还本债券投资：

借：应收利息　　　　　　　　　　　　　　（按票面金额×票面利率计算）
　　　贷：投资收益　　　　　　　　　　　　　（按摊余成本×实际利率计算）

借或贷：持有至到期投资——利息调整（差额）

②对于一次还本付息债券：

借：持有至到期投资——应计利息　　　　　　（按票面金额×票面利率计算）
　　　贷：投资收益　　　　　　　　　　　　　（按摊余成本×实际利率计算）

借或贷：持有至到期投资——利息调整（差额）

（3）资产负债表日可供出售金融资产的公允价值变动。

①可供出售金融资产的公允价值高于其账面余额：

借：可供出售金融资产——公允价值变动

　　贷：资本公积——其他资本公积

②可供出售金融资产的公允价值低于其账面余额：

借：资本公积——其他资本公积

　　贷：可供出售金融资产——公允价值变动

（4）资产负债表日，确定可供出售金融资产发生减值：

借：资产减值损失

　　贷：资本公积——其他资本公积

可供出售金融资产——公允价值变动

注：贷方确认的"资本公积——其他资本公积"为原确认公允价值变动时因公允价值低于其账面余额而借方确认的累计损失，不足部分贷方再确认冲减"可供出售金融资产"科目。

（5）将持有至到期投资重分类为可供出售金融资产。

①重分类的条件。单位因持有意图或能力发生改变，使某项投资不再适合划分为持有至到期投资，应当将其重分类为可供出售金融资产，并以公允价值进行后续计量。重分类日，该项投资的账面价值与公允价值之间的差额计入所有者权益（资本公积），在该可供出售金融资产发生减值或终止确认时转入当期损益。

持有至到期部分出售或重分类的金额较大，使剩余部分不再适合划分为持有至到期投资的，应当将该投资的剩余部分重分类为可供出售金融资产，并以公允价值进行后续计量。重分类日，该投资剩余部分的账面价值与公允价值之间的差额计入所有者权益（资本公积），在该可供出售金融资产发生减值或终止确认时转入当期损益。

②会计核算：

借：可供出售金融资产　　　　　　　　　　　　　（重分类日的公允价值）

　　贷：持有至到期投资　　　　　　　　　　　　　　　　（账面余额）

借或贷：资本公积——其他资本公积

（6）可供出售金融资产：

借：银行存款

　　贷：可供出售金融资产　　　　　　　　　　　　　　　（各明细科目）

借或贷：投资收益

同时，按应从所有者权益中转出的公允价值累计变动额转出：

借：资本公积——其他资本公积

　　贷：投资收益

或作相反处理。

第四节　长期股权投资

一、长期股权投资概述

（一）长期股权投资的概念

长期股权投资包括企业持有的对其子公司、合营企业及联营企业的权益性投资以及企业持有的对被投资单位不具有控制、共同控制或重大影响且在活跃市场中没有报价、公允价值不能可靠计量的权益性投资。

1. 控制与子公司。

商业银行能够对被投资单位实施控制，则被投资单位为商业银行的子公司。控制是指有权决定一个企业的财务和经营政策，并能据以从该企业的经营活动中获取利益。如：

（1）投资企业直接拥有被投资单位50%以上的表决权资本。

（2）投资企业直接拥有被投资单位50%或以下的表决权资本，但具有实质上的控制权。包括以下情形：

①通过与其他投资者的协议，投资企业拥有被投资单位50%以上的表决权资本的控制权。

②根据章程或协议，投资企业有权控制被投资单位的财务和经营政策。

③投资企业有权任免被投资单位董事会等类似权力机构的多数成员。

④在董事会或类似权力机构会议上有半数以上投票权。

2. 共同控制与合营企业。

企业（商业银行）与其他方对被投资单位实施共同控制，被投资单位为本企业的合营企业。共同控制是指按照合同约定对某项经济活动所共有的控制，仅在与该项经济活动相关的重要财务和经营决策需要分享控制权的投资方一致同意时存在。

3. 重大影响与联营企业。

企业能够对被投资单位施加重大影响的，则被投资单位为本企业的联营企业。重大影响是指对一个企业的财务和经营政策有参与决策的权力，但并不能够控制或者与其他方一起共同控制这些政策的制定。

（1）当投资企业拥有被投资单位20%或以上至50%的表决权资本时，一般认为投资企业对被投资单位具有重大影响。

（2）投资企业直接拥有被投资单位20%以下的表决权资本，但符合下列条件之一的，也应确认为对被投资单位具有重大影响：

①在被投资单位的董事会或类似的权力机构中派有代表。

②投资单位能参与被投资单位的政策制定过程。

③向被投资单位派出管理人员。

④被投资单位依赖投资企业的技术资料。

⑤其他能足以证明投资单位对被投资单位具有重大影响的情形。

（二）长期股权投资的初始计量原则

按照《企业会计准则第 22 号——长期股权投资》的规定，企业取得长期股权投资，其初始投资成本的确定，分为企业合并所形成的长期股权投资与非合并所形成的长期股权投资；企业合并所形成的长期股权投资又分为同一控制下企业合并所形成的长期股权投资与非同一控制下企业合并所形成的长期股权投资。以下就企业合并的基本规范做简要介绍。

1. 企业合并形成的长期股权投资的初始计量。

（1）企业合并概述。企业合并，是指将两个或者两个以上单独的企业合并形成一个报告主体的交易或事项。

①以合并方式为基础对企业合并的分类。以合并方式为基础，企业合并包括控股合并、吸收合并及新设合并。

控股合并，是指合并方（或购买方，下同）通过企业合并交易或事项取得被合并方（或被购买方，下同）的控股权，能够主导被合并方的生产经营决策，从而将被合并方纳入其合并财务报表范围形成一个报告主体的情况。在控股合并中，被合并方在企业合并前后仍保持其独立的法人资格继续经营，合并方在合并中取得的是对被合并方的股权。合并方在其账簿及个别财务报表中应确认对被合并方的股权，合并中取得的被合并方的资产和负债仅在合并财务报表中确认。

吸收合并，是指合并方在企业合并中取得被合并方的全部净资产，并将有关资产、负债并入合并方自身的账簿和报表进行核算。企业合并后，注销被合并方的法人资格，由合并方持有合并中取得的被合并方的资产、负债，在此基础上继续经营。

新设合并，是指企业合并中注册成立一家新的企业，由其持有原参与合并各方的资产、负债，在新的基础上经营。原参与合并各方在合并后均注销其法人资格。

②以是否在同一控制下进行企业合并为基础对企业合并的分类。以是否在同一控制下进行企业合并为基础，企业合并可分为同一控制下的企业合并和非同一控制下的企业合并。

同一控制下的企业合并，是指参与合并的企业在合并前后均受同一方或相同的多方最终控制，且该控制并非暂时性的，为同一控制下的企业合并。对于同一控制下的企业合并，在合并日取得对其他参与合并企业控制权的一方为合并方，参与合并的其他企业为被合并方。合并日，是指合并方实际取得对被合并方控制权的日期。

非同一控制下的企业合并，是指参与合并的各方在合并前后不受同一方或相同的多方最终控制，为非同一控制下的企业合并。对于非同一控制下的企业合并，在购买日取得对其他参与合并企业控制权的一方为购买方，参与合并的其他企业为被购买方。购买日，是指购买方实际取得对被购买方控制权的日期。

（2）同一控制下企业合并形成的长期股权投资。同一控制下的企业合并，合并方以支付现金、转让非现金资产或承担债务方式作为合并对价的，应当在合并日按照取得被合并方所有者权益账面价值的份额作为长期股权投资的初始投资成本，长期股权投资初始投资成本与支付的现金、转让的非现金资产以及所承担债务账面价值之间的差额，应当调整资本公积（资本溢价或股本溢价），资本公积不足冲减的，调整留存收益。

合并方以发行权益性证券作为合并对价的，应当在合并日按照取得被合并方所有者权益账面价值的份额作为长期股权投资的初始投资成本，按照发行股份的面值总额作为股本，长期股权投资初始投资成本与所发行股份面值总额之间的差额，应当调整资本公积（资本溢价或股本溢价），资本公积不足冲减的，调整留存收益。

（3）非同一控制下企业合并形成的长期股权投资。购买方在购买日应当区别下列情况确定企业合并成本，并将其作为长期股权投资的初始投资成本。

①一次交换交易实现的企业合并，合并成本为购买方在购买日为取得对被购买方的控制权而付出的资产、发生或承担的负债以及发行的权益性证券的公允价值。

②通过多次交换交易分步实现的企业合并，合并成本为每一单项交易成本之和。

③购买方为进行企业合并发生的各项直接相关费用也应当计入企业合并成本，该直接相关费用不包括为企业合并发行的债券或承担其他债务支付的手续费、佣金等，也不包括企业合并中发行权益性证券发生的手续费、佣金等费用。

④在合并合同或协议中对可能影响合并成本的未来事项作出约定的，购买日如果估计未来事项很可能发生并且对合并成本的影响金额能够可靠计量的，购买方应当将其计入合并成本。

无论是同一控制下的企业合并还是非同一控制下的企业合并形成的长期股权投资，实际支付的价款或对价中包含的已宣告但尚未发放的现金股利或利润，应作为应收项目处理。

2. 以非企业合并方式取得的长期股权投资。

除企业合并形成的长期股权投资以外，其他方式取得的长期股权投资，应当按照下列规定确定其初始投资成本。

（1）以支付现金取得的长期股权投资，应当按照实际支付的购买价款作为初始投资成本，初始投资成本包括与取得长期股权投资直接相关的费用、税金及其他必要支出。企业取得长期股权投资实际支付的价款或对价中包含的已宣告但尚未发放的现金股利或利润，应作为应收项目处理。

（2）以发行权益性证券取得的长期股权投资，应当按照发行权益性证券的公允价值作为初始投资成本。

（3）投资者投入的长期股权投资，应当按照投资合同或协议约定的价值作为初始投资成本，但合同或协议约定价值不公允的除外。

（4）通过其他方式取得的长期股权投资，比如，非货币性资产交换取得的长期股权投资，债务重组取得的长期股权投资等，分别按相应准则的规定处理。

（三）长期股权投资的核算方法

长期股权投资的核算方法有两种：一是成本法，二是权益法。

1. 成本法核算的长期股权投资的范围。

成本法，是指长期股权投资按成本计价的方法。企业能够对被投资单位实施控制的长期股权投资，即企业对子公司的长期股权投资，企业对子公司的长期股权投资应当采用成本法核算，编制合并财务报表时按照权益法进行调整；企业对被投资单位不具有控制、共同控制或重大影响，且在活跃市场中没有报价，公允价值不能可靠计量的长期股权投资，此时应采用成本法进行核算。

2. 权益法核算的长期股权投资的范围。

权益法，是指长期股权投资以初始成本计量后，在投资持有期间根据投资企业享有被投资单位所有者权益份额的变动，对长期股权投资账面价值进行调整的方法。

企业对被投资单位具有共同控制或者重大影响时，长期股权投资应当采用权益法核算。

企业对被投资单位具有共同控制的长期股权投资，即企业对其合营企业的长期股权投资；企业对被投资单位具有重大影响的长期股权投资，即企业对其联营企业的长期股权投资，此时应采用权益法进行核算。

二、长期股权投资核算的成本法

（一）取得长期股权投资的核算

（1）企业合并所形成的长期股权投资。

①同一控制下企业合并所形成的长期股权投资。

【例9-3】A 商业银行和 F 股份公司同属于 M 集团公司下属的子公司，2007 年 1 月 1 日，A 商业银行以银行存款 28 000 万元从 F 股份公司的股东中取得其在外发行股权的 60%，A 商业银行成为 F 股份公司的第一大股东，并从当日起能够对 F 公司实施控制，从而实现了对 F 公司的控股合并。当日，F 股份公司的资产账面价值总额为 50 000 万元，负债账面价值总额为 10 000 万元。A 商业银行当日所有者权益总额为 2 248 600 万元，其中：资本公积（资本溢价）为 3 000 万元，盈余公积为 8 000 万元，未分配利润为 454 000 万元。

解析：由于 A 商业银行与 F 股份公司与同属于同一控制下的子公司，A 商业银行通过控股合并方式取得 F 股份公司的股权投资，其投资成本应按合并日占被合并方（F 股份公司）股东权益账面价值（50 000 - 10 000）的份额（60%）即 24 000 万元确定，差额（28 000 - 24 000）调整资本公积（资本溢价），不足部分再调整留存收益。

借：长期股权投资——F 公司　　　　　　　　　　　　　　　　240 000 000

　　资本公积——资本溢价　　　　　　　　　　　　　　　　 30 000 000

　　盈余公积　　　　　　　　　　　　　　　　　　　　　　 10 000 000

　　　贷：银行存款　　　　　　　　　　　　　　　　　　　　 280 000 000

②非同一控制下企业合并所形成的长期股权投资。

【例9-4】接【例9-3】假定 A 商业银行和 F 股份公司合并前后不属于一方或相同的多方控制，其他条件相同。

借：长期股权投资——F 公司　　　　　　　　　　　　　　　　280 000 000

　　　贷：银行存款　　　　　　　　　　　　　　　　　　　　 280 000 000

（2）企业对被投资单位不具有控制、共同控制或重大影响、在活跃市场上没有报价且公允价值不能可靠计量的股权投资。

【例9-5】2007 年 10 月 1 日，A 商业银行以银行存款 1 000 万元从 N 公司手中取得 G 股份公司在外发行股 10% 并长期持有，该股权无可靠的公允价值，A 商业银行对 G 公司生产经营活动无重大影响。

借：长期股权投资——G 公司　　　　　　　　　　　　　　　　 10 000 000

　　　贷：银行存款　　　　　　　　　　　　　　　　　　　　 10 000 000

（二）被投资单位实现净损益

在成本法下，被投资单位实现净损益时，投资企业无须进行账务处理。

（三）长期股权投资持有期间被投资单位宣告发放现金股利或利润

长期股权投资持有期间被投资单位宣告发放现金股利或利润时，企业按应享有的部分确认为投资收益。投资企业确认投资收益，仅限于被投资单位接受投资后产生的累积净利润的分配额，所获得的利润或现金股利超过了上述数额的部分作为投资成本的收回，冲减长期股权投资的账面价值。

【例9-6】接【例9-5】，假定G公司2007年全年实现净利润4 000万元，且利润各月平均实现。2008年4月21日，G公司董事会通过现金股利分配方案，决定用上年实现净利润的40%向股东分派现金股利，5月28日如数发放。

（1）2007年G公司实现的净利润中，A商业银行应享有的份额为：4 000÷12×3×10% =100（万元）

（2）2008年4月21日G公司宣告分派现金股利，A商业银行可分得的份额为：4 000×40%×10% =160（万元）

借：应收股利　　　　　　　　　　　　　　　　　　　　　　　1 600 000
　　贷：长期股权投资——G公司　　　　　　　　　　　　　　　　　600 000
　　　　投资收益　　　　　　　　　　　　　　　　　　　　　　　1 000 000

（3）2008年5月28日，A商业银行收到现金股利：

借：银行存款　　　　　　　　　　　　　　　　　　　　　　　1 600 000
　　贷：应收股利　　　　　　　　　　　　　　　　　　　　　　1 600 000

（四）长期股权投资的处置

（1）处置长期股权投资时，按实际取得的价款与长期股权投资账面价值的差额确认为投资损益，如果已计提减值准备的，应当结转相应的减值准备。

（2）股权转让日的确定股权转让日应以被转让股权的所有权上的风险和报酬实质上已转移给购买方，且相关经济利益很可能流入企业为标志。在会计实务中，只有当保护相关方权益的所有条件均能满足时，才能确认转让收益。这些条件包括：

①出售协议已获股东大会批准通过。

②与购买方已办理必要的财产交接手续。

③已取得购买价款的大部分（一般应超过50%）。

④企业已不能再从所持有的股权中获得利益和承担风险等。

⑤如有关股权转让需要通过国家有关部门批准，则股权转让只有在满足上述条件且取得国家有关部门的批准文件时才能确认。

【例9-7】接【例9-6】，假定A商业银行2008年6月15日将上述G公司股权全部转让，实际收到款项960万元。

借：银行存款　　　　　　　　　　　　　　　　　　　　　　　9 600 000
　　贷：长期股权投资——G公司　　　　　　　　　　　　　　　9 400 000
　　　　投资收益　　　　　　　　　　　　　　　　　　　　　　　200 000

三、长期股权投资核算的权益法

（一）取得长期股权投资的核算

（1）如果初始投资成本大于取得投资时应享有被投资单位可辨认净资产公允价值份额的，两者之间的差额不要求对长期股权投资的成本进行调整。

【例9-8】A商业银行于2007年4月1日取得M公司30%的股权，支付价款1 950万元。取得投资时M公司净资产账面价值为5 500万元，公允价值为6 000万元。A商业银行取得 M 公司的股权后，派人参与了 M 公司的生产经营决策，能够对 M 公司施加重大影响，A 商业银行对 M 公司投资采用权益法核算。

分析：投资单位的实际投资额 1 950 万元大于占被投资企业可辨认净资产公允价值份额（6 000 万元的 30%），不调整投资成本。

借：长期股权投资——M 公司（成本）   19 500 000

    贷：银行存款   19 500 000

（2）如果初始投资成本小于取得投资时应享有被投资单位可辨认净资产公允价值份额的，两者之间的差额体现为双方在交易过程中转让方的让步，该部分经济利益流入应作为收益处理，计入取得当期的营业外收入，同时调整增加长期股权投资的账面价值。

【例 9 - 9】接【例 9 - 8】，假定 A 商业银行对 M 公司的实际投资额为 1 700 万元。其他条件相同。

分析：投资单位的实际投资额 1 700 万元，小于占被投资企业可辨认净资产公允价值份额 1 800 万元（6 000 万元的 30%），应当调整投资成本。

借：长期股权投资——M 公司（成本）   18 000 000

    贷：银行存款   17 000 000

      营业外收入   1 000 000

（二）投资损益的确认

投资企业取得长期股权投资后，应当按照应享有或应分担的份额（法律法规规定不属于投资企业的净损益除外），调整长期股权投资的账面价值，并确认为当期投资损益。

在确认应享有或应分担被投资单位的净损益或净亏损时，在被投资单位的账面净利润的基础上，应考虑以下因素的影响，并进行适当的调整：

一是被投资单位采用的会计政策及会计期间与投资企业不一致的，应按投资企业的会计政策及会计期间对被投资单位的财务报表进行调整。

二是以取得投资时被投资单位各项可辨认资产等公允价值为基础，对被投资单位的净利润进行调整。

1. 被投资企业实现净利润。

【例 9 - 10】接【例 9 - 8】，假定 M 公司 2007 年全年实现净利润 1 400 万元，其中 1 ~ 3 月的净利润为 400 万元。假定被投资单位的会计政策、公允价值等事项无须调整。

分析：投资单位应当按照向被投资企业投资以后，被投资单位实现的净损益为基础，确认投资损益，并调整长期股权投资的账面价值。

借：长期股权投资——M 公司（损益调整）   3 000 000

    贷：投资收益   3 000 000

2. 投资单位确认被投资企业发生的净亏损。

投资企业确认被投资单位发生的净亏损，应当以长期股权投资的账面价值以及其他实质上构成对被投资单位净投资的长期权益（如长期性的应收项目）减记至零为限，投资企业负有承担额外损失义务的除外。投资单位存在其他实质上构成对被投资企业净投资的长期权益项目以及负有承担额外损失义务的情况下，在确认应分担被投资企业发生的净亏损时，应当按照以下顺序进行处理：

（1）冲减长期股权投资的账面价值。

（2）如果长期股权投资的账面价值不足以冲减的，应当以其他实质上构成对被投资单位经投资的长期权益账面价值危险继续确认投资损失，冲减长期权益的账面价值。

（3）如果投资单位对被投资企业还存在承担额外损失的义务，应按照预计的义务确认预计负债，计入当期投资损失。

（4）被投资企业以后期间实现盈利时，投资单位首先应扣除未确认的亏损分担额，超过部分按上述顺序的相反顺序处理。

【例9－11】接【例9－8】，假定 M 公司 2007 年全年实现净利润 400 万元，其中 1～3 月的净利润为 600 万元。

借：投资收益　　　　　　　　　　　　　　　　　　　　　　600 000
　　贷：长期股权投资——M 公司（损益调整）　　　　　　　　　　　600 000

（三）取得现金股利或利润

按照权益法核算的长期股权投资，投资企业自被投资单位取得的现金股利或利润，未超过已确认的投资收益的，应抵减长期股权投资的账面价值。

【例9－12】接【例9－10】，假定 2008 年 4 月 21 日，M 公司董事会通过现金股利分派方案，决定用净利润 400 万元用于向股东分派现金股利。

A 商业银行：

借：应收股利　　　　　　　　　　　　　　　　　　　　　1 200 000
　　贷：长期股权投资——M 公司（损益调整）　　　　　　　　　　1 200 000

实际收到现金股利或利润时：

借：银行存款　　　　　　　　　　　　　　　　　　　　　1 200 000
　　贷：应收股利　　　　　　　　　　　　　　　　　　　　　1 200 000

（四）被投资单位除净损益以外所有者权益的其他变动

采用权益法核算时，投资企业对于被投资单位除净损益以外所有者权益的其他变动，在持股比例不变的情况下，应按照持股比例于被投资单位除净损益以外的所有者权益的其他变动终归属于本企业的部分，相应调整长期股权投资的账面价值，同时调整资本公积。处置该项股权时，应将资本公积转入投资收益中。

【例9－13】接【例9－12】，假定 2008 年 M 公司因可供出售金融资产公允价值变动计入资本公积的金额为 50 万元；M 公司当年实现净利润 800 万元。则 A 银行应当作如下账务处理：

借：长期股权投资——M 公司（损益调整）　　　　　　　　　2 400 000
　　贷：投资收益　　　　　　　　　　　　　　　　　　　　　2 400 000

同时：

借：长期股权投资——M 公司（其他权益变动）　　　　　　　　150 000
　　贷：资本公积——其他资本公积　　　　　　　　　　　　　　150 000

（五）长期股权投资的处置

投资单位处置长期股权投资时，应相应结转与所售股权相对应的长期股权投资的账面价值，出售所得价款与处置股权投资账面价值之间的差额，应确认为处置损益。同时，将原计入所有者权益的部分按相应比例转入当期损益（投资收益）。

【例9－14】接【例9－8】、【例9－10】、【例9－12】、【例9－13】，假定 2009 年 4 月 2

日，A 商业银行将所持有的 M 公司股份全部对外出售，实际收到款项 2 410 万元。

借：银行存款   24 100 000

  贷：长期股权投资——M 公司（成本）   19 500 000

       ——M 公司（损益调整） 4 200 000

       ——M 公司（其他权益变动） 150 000

    投资收益   250 000

同时：

借：资本公积——其他资本公积   150 000

  贷：投资收益   150 000

四、长期股权投资减值

第一，按照成本法核算的、在活跃市场中没有报价、公允价值不能可靠计量的长期股权投资的减值，应当按照"金融资产减值"的有关规定，按同类或类似金融资产同期市场收益率为折现率计算确定其可收回金额，与该项长期股权投资的账面价值比较，确定该项长期股权投资的减值损失。

第二，其他长期股权投资减值。期末，逐项比较长期股权投资的账面价值与其可收回金额，合理计提长期股权投资减值准备，确认减值损失。

借：资产减值损失

  贷：长期股权投资减值准备

注意：

（1）处置长期股权投资时，应当一并结转已计提的减值准备。

（2）长期股权投资减值准备计提后，在以后会计期间不得转回相应的减值损失。

第十章　代理业务的核算

第一节　委托贷款业务的核算

一、委托贷款的概念

委托贷款，是指受托银行接受委托单位的委托，按委托单位指定的对象、范围或用途发放的贷款。包括法人委托贷款业务和个人委托贷款业务。

委托贷款业务必须遵循"先收款后办理委托贷款或投资"、"委托贷款（投资）额不得超过委托存款（基金）额"、"委托贷款（投资）未归还其委托存款不得支取"的原则。委托单位须事先将委托贷款资金存入受托行，建立委托贷款基金，由受托行按委托单位要求，负责办理贷款审查、发放、管理、监督、使用、计算利息和按期收回等事项。

商业银行发放的委托贷款目前主要有：政府部门委托贷款、企事业单位委托贷款、人民银行委托贷款等。委托贷款利率由委托人自主确定，但最高不得超过中国人民银行的相同档次贷款利率浮动上限。

二、委托贷款的核算

委托单位、接受单位与商业银行签订"委托贷款协议"，银行依据"协议"的有关内容以委托单位的名称设置账户。

（一）划入委托贷款基金的核算

划入时，以收款凭证为借方记账凭证，另填制两联贷方记账凭证，一联记账，一联交业务部门。会计分录为：

借：存放中央银行款项——存××人行存款户或××存款
　　贷：委托贷款资金——××委托贷款基金××委托人户

（二）委托贷款发放的核算

经办人按照信贷部门发放的"电子许可证"办理放款账务处理。会计分录为：

借：委托贷款——××委托贷款——××借款人户
　　贷：活期存款——××借款人户

（三）委托贷款收回的核算

借款人按照协议规定的期限收回委托贷款时，会计分录为：

借：活期存款——××借款人户或有关科目

贷：委托贷款——××委托贷款——××借款人户

（四）委托贷款利息的核算

1. 结计利息的处理。

经办行根据委托贷款合同规定，分期结计委托贷款利息。收到委托贷款利息时，以"利息清单"或"利息凭证"第一联做借方记账凭证。另填制两联贷方记账凭证，一联作"代收贷款利息"科目记账凭证（"利息清单"或"利息凭证"第二联作附件），另一联作代扣税金凭证。"利息凭证"第三联退借款人。会计分录为：

借：活期存款——××借款人户

贷：其他应付款——××委托贷款××委托人户

其他应付款——代扣代缴营业税金户

经办行缴纳营业税时，填制特种转账借、贷方凭证各一联办理转账。会计分录为：

借：其他应付款——代扣代缴营业税金户

贷：××科目——××户

经办行按规定将代收贷款利息划入委托人指定账户时，填制特种转账凭证一借两贷，一联特种转账贷方凭证加盖"转讫章"作回单交委托人，另一联特种转账贷方凭证及一联特种转账借方凭证凭以记账。会计分录为：

借：其他应付款——××委托贷款××委托人户

贷：活期存款——××委托人户

2. 收取委托贷款手续费的处理。

经办行按规定收取委托贷款手续费时，根据有关凭证办理转账。会计分录为：

借：××科目或有关科目

贷：中间业务收入——××委托贷款收入户

第二节 代理发行国债业务的核算

一、代理发行国债业务的有关规定

代理发行国债业务是指商业银行通过营业网点代理发债人（指国家）发行债券的行为，发行对象包括社会公众和机构。目前国家发行债券的种类主要有凭证式国债、凭证式国债（电子记账）、记账式债券等品种。凭证式国债是采用填制"国债收款凭证"的方法，由商业银行面向社会公众发行的国家债券；凭证式国债（电子记账）是财政部利用计算机网络系统，通过承办银行营业网点柜台，直接面对个人投资者发行的，以电子记账方式记录债权的凭证式国债；记账式债券是指商业银行通过营业网点与投资人进行债券买卖，并办理相关托管与结算等业务。下面主要介绍商业银行代理发行的凭证式国债业务。

代理国家债券业务期分为国债发行期、国债买卖期、到期兑付期和逾期兑付期四个时期。主要采取由国债承购团成员包销和代销的方式发行，由承购机构组织本系统的营业网点进行分销。营业网点向债券投资者收取的购券资金逐级划至上级行，由上级行将代理发行债券的款项划付发债人。

国家债券必须面向社会公众发行，以百元起点并按百元的整数倍发售，并优先向个人投资者销售，对个人发行部分实行实名制。

国债业务允许提前支取，提前支取一律按规定费率收取手续费；只能全部支取不可以部分支取。

代理兑付国债，应按照"先收款、后兑付、不垫款"的原则办理。

代理其他债券发行是商业银行总行与发债人签署承销协议，确定承销额度、利率、价格及发行期。商业银行在发行期内，按照发债人确定的价格发行；发行期结束后，未发行出去的债券由银行包销，并转为现券交易。债券价格由商业银行自主制定。下面主要陈述代理国债业务核算。

二、代理发行国家债券的核算

（一）债券入库的处理

经办行应按照空白重要凭证领用手续，通过要素管理系统向上级行领入凭证式国债收款凭证，会计部门据此填制表外科目收入凭证，登记表外科目明细账：

收入：有价单证——××债券户或空白重要凭证

（二）代理发行债券的处理

1. 经办网点的处理。银行经办员审核客户填写的现金存款凭证及身份证件无误后，清点现金，打印凭证式国债，加盖核算用章及经办员章交客户。其会计分录为：

借：现金——××机构业务现金户

　　贷：代理业务资金——代理发行债券

或：

借：活期存款——××存款人户

　　贷：代理业务资金——代理发行债券

营业终了，营业机构根据债券发售清单，登记表外科目明细账：

付出：有价单证——××机构××债券户或空白重要凭证

待国债发行期结束后，各网点分期次，按发行额将发行款项上划至管辖行，会计分录为：

借：代理业务资金——代理发行债券

　　贷：存放系统内存放

2. 管辖行的处理。管辖行收到经办网点上划的发行国债本金，待发行期结束后将发行国债本金划至中国人民银行。

借：系统内存放款项——××经办行户

　　贷：存放中央银行款项

三、代理兑付债券的核算

债券兑付分为提前兑付、到期兑付和逾期兑付三种情况。凭证式国债在该债券规定的兑付期开始和付款期后兑付，一律不收取手续费。

（一）提前兑付的处理

1. 国债发行期内提前兑付。客户提交凭证式国债收款凭证和本人身份证件，柜员审核无误后，在凭证式国债上摘录证件号码和名称，打印收款凭证、利息清单及收费凭证，加盖核算用章及经办员章，日终自动清算，会计分录为：

借：其他应收款——代理兑付债券（××年国债本金户）

贷：现金或活期储蓄存款（或活期存款）——××户

中间业务收入——代理个人债券业务收入

——国债代理发行及承销业务收入

发行期内，各承销银行对债券持有人提前兑付部分，仍可以在其承销额度内继续按面值向社会二次发行。因此，当日网点将提前兑付的国债收款凭证暂存，恢复国债额度。

2. 国债发行期后提前支取兑付的处理。客户在发行结束次日至到期日前，可以持凭证式国债凭证和本人身份证件到银行办理提前兑付，经办行要根据本期债券面值、利率档次和债券发行日至提前兑付日的持有债券时间计算出债券利息，将债券本息和付给债券投资人，同时向债券投资人收取兑付手续费。会计分录为：

借：可供出售类政府债券资产——债券面值

债券投资应计利息——可供出售类政府债券资产应计利息

贷：现金或××存款——××户

中间业务收入——国债代理发行及承销业务收入

——代理个人债券业务收入

（二）到期兑付债券

1. 到期债券的代理兑付。

（1）客户持有债券的兑付：柜员对客户提交的到期债券凭证进行审核无误后，打印收款凭证、利息清单，加盖核算章及经办员章，将现金及利息清单交客户，会计分录为：

借：其他应收款——代理兑付债券应收款

贷：现金或××存款——××户

（2）本行持有债券的到期兑付：包括债券到期时持有的代理发行债券剩余部分转作自行购入的债券以及债券投资人提前兑付的债券，应直接与商业银行总行下拨债券兑付资金进行清算，其会计分录为：

借：存放系统内款项——上存省区分行调拨资金

贷：可供出售类政府债券资产——债券面值

债券投资应计利息——可供出售类政府债券资产应计利息

债券资产投资收益——可供出售类政府债券资产利息收益

或，

借：存放辖内款项——上存辖内备付金（城市行、直属分行）

贷：可供出售类政府债券资产——债券面值

债券投资应计利息——可供出售类政府债券资产应计利息

债券资产投资收益——可供出售类政府债券资产利息收益

2. 兑付期结束后的处理。债券兑付期结束后，如债券投资人未到银行兑付债券本息，系统自动将债券本息和转为活期储蓄存款，不再计付利息。会计分录为：

借：其他应付款——代理兑付债券应收款

贷：活期储蓄存款——国库券到期转活期

二级分行（直属分行）清算中心收到总行主动调增的备付金，进行账务处理，会计分录为：

借：其他应付款——其他应付款

贷：其他应收款——代理兑付债券应收款

第三节　代理证券第三方存管业务的核算

证券公司客户交易结算资金第三方存管业务是指银行为满足证券投资者和证券公司对于客户交易结算资金存管服务的需求而开办的一种银证中间业务。证券公司是指与银行合作本业务的证券公司；客户是指与一家证券公司签订证券委托代理协议，且在证券公司开立证券资金台账的投资者，包括个人投资者和机构投资者。客户交易结算资金第三方存管业务遵循"券商管证券，银行管资金"的原则。

银证转账业务的服务对象仅限于与银行签订协议的证券公司和个人投资者。证券公司必须在银行开立保证金账户并存有足够的清算资金，个人投资者必须在银行开立本外币活期储蓄存款账户。

一、基本规定

（1）开通第三方存管业务需经总行批准，并由总行与证券公司签订证券交易结算资金第三方存管的有关协议，明确双方权利与义务。

（2）证券公司总部需按照银行的有关要求在银行开立客户交易结算资金汇总账户、"证券公司自有资金专户"、法人资金交收过渡账户。

（3）在银行开通第三方存管业务的客户需先开立客户银行结算账户。即个人客户需开立开户行的借记卡；机构客户需开立对公活期结算账户。

二、会计科目

（1）客户交易结算资金存款：证券公司总部需按照银行的有关要求在银行开立客户交易结算资金汇总账户应在本科目核算。

（2）活期储蓄存款：个人客户开通第三方存管业务的客户需先开立客户银行结算账户应在本科目核算。

（3）单位活期存款及其他对公活期相关科目：机构客户开通第三方存管业务的客户需先开立客户银行结算账户应在本科目核算。

（4）第三方存管业务往来，开通第三方存管业务的客户进行银证、证银转账业务日间过渡资金在本科目核算。该科目按证券公司总部设立汇总账户，并相应设立对应子账户。营业终了由系统自动将子账户的余额轧差记入汇总账户。

三、证券公司客户交易结算资金第三方存管业务

（一）开设银证资金账户

（1）个人客户在银行营业网点办理指定存管银行手续，需要凭借本人有效身份证件

（原件）、证券资金台账卡（如证券公司未提供证券资金台账卡，可只提供证券资金账号）或证券股东账户卡（基金账户卡）以及银行借记卡，并填写《证券交易资金第三方存管申请书》（一式三联）和《第三方存管客户协议》（一式三份），提交身份证复印件等资料。

个人客户在银行营业网点办理指定存管银行签约，经办柜员在审核上述资料无误后，调用客户签约交易，进行签约。交易成功后，柜员加盖业务专用章将客户留存联退客户作为回单交易成功后，在《证券交易资金第三方存管申请书》（一式三联）和《第三方存管客户协议》（一式三份）加盖业务专用章。《证券交易资金第三方存管申请书》（一式三联）（银行留存联随传票保管，按年装订，按照其他会计资料保管；第二联证券公司留存为白底绿字；第三联客户留存）。

同时，填制表外科目付出凭证，登记表外科目明细账，并登记"重要空白凭证登记簿"。

付出：重要空白凭证——在用证券卡户

（2）机构客户持营业执照副本及复印件、法人机构代码证复印件，银行结算账户、证券资金台账卡（如证券公司未提供证券资金台账卡，可只提供证券资金账号）或证券股东账户卡（基金账户卡），法人授权委托书、法定代表人身份证复印件，授权人有效身份证件，加盖证券公司营业部业务章的《证券交易资金第三方存管申请书》（一式三联）、《第三方存管客户协议》，到银行营业网点，办理存管银行确认手续。机构客户应在《证券交易资金第三方存管申请书》（一式三联）和《第三方存管客户协议》上加盖公章和银行预留印鉴。

机构客户在银行营业网点办理指定存管银行签约，经办柜员在审核上述资料无误后，调用客户签约交易，进行签约。交易成功后，柜员加盖业务专用章将客户留存联退客户作为回单。

（二）证券账户资金存取款

客户存取证券交易结算资金，一律通过银行或证券公司提供的多种银证转账渠道完成，客户既可通过银行端发起银证转账交易，也可以通过证券端发起银证转账交易。银行通过电话银行、网上银行及柜台交易为客户提供银证转账业务。

（1）客户从银行转入证券资金账户时，柜员通过"通用机打凭证"复写打印成交信息，会计分录为：

借：活期存款——××人（机构）户
或借：活期储蓄存款——××户
　　贷：第三方存管业务往来——子账户
证券保证金账户增加资金
借：第三方存管业务往来——子账户
　　贷：客户交易结算资金存款

（2）客户从证券资金账户转入银行资金账户（客户取出交易结算资金）时，主办网点会计分录为：

借：第三方存管业务往来——子账户
　　贷：活期储蓄存款——××户
借：第三方存管业务往来——总账户
　　贷：第三方存管业务往来——子账户

借：客户交易结算资金存款
　　贷：第三方存管业务往来——总账户

四、中间业务收入（手续费入账）

商业银行总行收到各证券公司汇入的手续费收入后，通过总行运营中心下划至分行运营中心，再由分行运营中心将手续费下发至各支行，由各支行将收到的手续费记入手续费收入——代理证券业务手续费收入（对公）、手续费收入——代理证券业务手续费收入（对私）。商业银行总行将下划的手续费明细表通过电子邮件方式发至各分行第三方存管业务联系人。

收到总行下划的手续费收入时：

借：第三方存管业务往来——总账户
　　贷：手续费收入——代理证券业务手续费收入（对公）
或：
　　贷：手续费收入——代理证券业务手续费收入（对私）

五、变更存管银行及第三方存管解约

（1）客户如要变更存指定存管银行，需先到证券公司办理撤销指定存管银行手续，银行系统根据证券系统反馈的信息，变更客户交易结算资金管理账户状态为解约，取消客户银证转账服务。

（2）客户第三方存管解约是指撤销银行结算账号、客户管理账号和证券资金账号的对应关系。客户凭借相关证件到证券公司的营业网点办理指定存管银行的销户手续，证券公司确认客户符合销户条件后为客户办理。证券公司将客户销户信息实时发送银行第三方存管系统，双方撤销该客户的客户管理账户与证券资金账户、客户管理账户与银行结算账户之间的对应关系，银行撤销该客户交易结算资金管理账户。

（3）客户变更存管银行及第三方存管解约为客户在证券公司发起后系统自动完成，银行应关闭客户的管理账户并将其存管服务状态设置为"已销户"的过程。

第四节　开放式基金业务

代理基金业务是指商业银行接受基金管理人的委托，从事代理销售基金及注册登记的业务。代理销售基金是指通过银行营业网点和电子银行系统接收投资人基金认购、申购、赎回等交易申请的业务。代理注册登记是指建立管理投资人基金单位账户、基金单位注册登记、基金交易确认、代理发放红利等业务。

投资基金按基金发行单位总额是否变动分为封闭式基金和开放式基金。开放式基金在国外又称共同基金，它和封闭式基金共同构成了基金的两种运行方式。封闭式基金有固定的存续期，期间基金规模规定，一般在证券交易市场，投资人通过二级市场买卖基金单位。而开放式基金是指基金规模不固定，基金单位可随时向投资者出售，也可以应投资者要求买回的运作方式。

一、基本规定

（1）基金投资人必须为中华人民共和国境内合法投资人（法律、法规及有关规定禁止购买者除外）。

（2）代理基金业务必须经商业银行法人代表授权，由总行与基金管理人签订相应的业务代理协议，确定代理业务种类、范围与手续费收入标准。

（3）基金的申（认）购与赎回遵循"金额申（认）购、数量赎回"、"申（认）购与赎回同地点"的原则进行。

（4）基金投资人的范围根据"基金招募说明书"或《公开说明书》中的规定及有关法律法规确定。

（5）基金发行期间，投资人必须在发行期内办理认购手续，发行期结束后，营业网点立即停止接收认购申请。在基金存续期内，投资人必须在规定的基金开放日内，提交基金交易申请。

（6）总行与各分行清算基金申购、赎回资金时采取全额清算方式。

二、开立基金交易账户业务

（1）投资人在银行办理基金交易前，应首先在银行开立基金交易账户，用以采集投资人客户信息、记录和管理投资人在银行交易的基金种类、数量的变化情况。

（2）开立基金交易账户时，投资人应同时指定一个与基金账户卡同户名的银行个人结算账户或结算账户作为基金账户，办理基金认购、申购、赎回、红利分配等与基金业务有关的资金收付。

（3）投资人基金交易账户与基金资金账户唯一对应。投资人申购基金成功时，基金资金账户余额减少，基金交易账户数量增加（不同步）；投资人赎回基金成功时，基金资金账户余额增加，基金交易账户数量减少（不同步）。

（4）处理手续：开立基金账户时，个人投资人需出具本人有效身份证件和储蓄卡、TA基金账户卡和《基金交易账户开户申请表》；机构投资人须出具自助卡、TA基金账户卡、企业营业执照等有效证件原件、法人代表证明书与法人代表授权委托书、业务受托经办人有效身份证件及复印件和加盖银行预留印鉴《基金交易账户申请表（机构）》，经柜员审核无误后，录入有关信息，加盖网点核算用章与经办员章，第一联作为业务凭证由银行留存，第二联交客户作回单，连同基金交易账户卡、TA基金账户卡、身份证件一并交客户，并出示表外科目账，会计分录为：

收：空白重要凭证

基金交易账户开立后，该账户仅在开户地点有效。基金交易账户采用无纸化形式，投资者办理基金交易时，必须携带自助卡、信用卡、理财账户卡。

三、代理 TA 基金账户业务

TA基金账户（全称注册登记机构基金账户）是注册登记人为投资建立的用于管理和记录投资人交易该注册登记人所注册登记的基金种类、数量变化情况的账户。

代理TA基金账户业务是代理注册登记业务的一项业务。代理TA基金账户业务是指银行接受基金管理（注册登记机构）的委托，负责为申请人开立、注销、冻结、解冻基金账户等有关业务。业务范围包括：实时或非实时开立 TA 基金账户、TA 基金账户销户、TA 基金账户与基金交易账户关系维护、TA 基金账户客户信息维护、TA 基金账户冻结、TA 基金账户解冻、补打 TA 基金账户卡。

（一）TA 基金账户开户

投资人在银行首次认购或申购某注册机构注册登记的基金前，若未在该注册登记机构开立 TA 基金账户，应先通过银行系统新开立 TA 基金账户；若投资人已在该注册登记机构开立 TA 基金账户，投资人应将 TA 基金账户登记于银行系统中。原则上一个投资人在一个注册登记机构只允许开立一个注册登记机构基金账户。

代理开立 TA 基金账户分实时与非实时打印账户。TA 基金账户若采用实时打印方式，则将 TA 基金账户号登记于系统中，开户交易后为投资人打印 TA 基金账户；若 TA 基金账户采用非实时打印方式，则由注册登记机构确认后打印 TA 基金账户，在开户申请未确认前，将投资人基金账户开户申请编号登记系统中，由系统确认后根据信息自动更新投资人 TA 基金账户账号。

开户时，营业网点柜员审核个人投资人出具的信用卡或理财卡、个人身份证件和《代理××基金公司基金账户业务申请书》无误后，录入相关信息。实时打印 TA 基金账户卡的，加盖核算用章及经办员名章；非实时打印 TA 基金账户的，只打印《代理××基金公司基金账户业务申请书》，加盖核算用章及经办员名章，一联银行留存，一联交客户，出表外科目账，会计分录为：

收：空白重要凭证

（二）非本行 TA 基金账户登记

营业网点柜员审核个人投资人出具的个人信用卡或理财卡、个人身份证件和《代理××基金公司基金账户业务申请书》无误后，录入相关信息，打印《代理××基金公司基金账户业务申请书》，加盖核算用章及经办员名章，一联银行留存，一联连同基金交易账户卡、TA 基金账户卡、身份证件一并交客户。

（三）TA 基金账户销户

营业网点柜员审核个人投资人出具的信用卡或理财卡、TA 基金账户卡、个人身份证件和《代理××基金公司基金账户业务申请书》无误后录入相关信息，打印《代理××基金公司基金账户业务申请书》，加盖核算用章及经办员名章，一联银行留存，一联连同基金交易账户卡、身份证件一并交客户，同时收回 TA 基金账户卡。

（四）业务处理

1. 基金发行。

基金发行是指经中国证监会批准，基金发起人进行基金募集、投资人在规定的场次认购基金单位的行为。基金发行采用"限额"、"不限额"、"比例配售"及"摇号中签"方式或按《招募说明书》规定的其他方式发行。限额发行是总行根据代理发行基金总量将发行额度一次性下达给分行，各分行不得扩大或减少分配的发行额度，在发行期间，总行可根据发行情况进行调配。不限额发行是指《招募说明书》中规定了基金最大发行规模和最长发行期，总行不向分行下达发行额度，由基金管理人根据认购情况决定基金是否发行结束，如果实际认购规模未超过发行规模，则有效认购申请全部确认；如果实际认购规模超过发行规模，则根据基金管理人的通知进行确认。比例配售和摇号中签发行是指若实际认购规模大于《招募说明书》规定的最高规模限制，则由注册登记机构根据规定进行比例配售或摇号中签，采用的方案及配售、中签结果总行将及时下传分行，由各网点公布。

2. 基金认购。

柜员接到投资人申请后，检查提交的基金交易卡、基金账户卡等资料是否齐全，审核《代理基金申/认购申请表》各项要素无误后，录入相关信息，系统将认购款从投资人基金资金账户中扣除，在申请表打印申请单编号、在两联《代理基金申/认购申请表》打印有关信息，交投资人签字确认后出示账务处理，会计分录为：

（1）基金发行期内：

借：活期存款或活期储蓄存款
　　贷：待清算辖内往来——营业机构往来
借：待清算辖内往来——营业机构往来
　　贷：存放辖内款项——上存辖内备付金

（2）基金认购不成功：

将为中签或未配售成功的认购款退还投资人，会计分录为：

借：存放辖内款项——上存辖内备付金
　　贷：待清算辖内往来——营业机构往来
借：待清算辖内往来——营业机构往来
　　贷：活期存款或活期储蓄存款

3. 基金申购。

基金申购是指投资人在基金存续期的开放日向基金管理人申请购买入基金单位。基金交易采用未知价法，即基金申购遵循"金额申购"的原则，并以当日单位基金资产净值作为计价基础，投资人以营业网点公布最新基金资产净值作为参考。账务处理与基金认购的处理相同。

4. 基金赎回。

基金赎回是指投资人在基金存续期的开放日，要求基金管理人赎回投资人持有的基金单位。基金交易采用未知价法，即基金赎回遵循"数量赎回"的原则。

营业网点审核投资人提交的基金交易卡、TA基金账户卡、《代理基金赎回申请表》，审核无误后，根据赎回方式不同，分别通过赎回或预约赎回方式对赎回的基金份额进行冻结处理，在申请表上打印申请单编号，在两联《基金赎回申请表》上打印处理信息，两联基金赎回申请表交投资人签字，第一联加盖转讫章。《代理基金赎回申请表》第一联连同赎回回执第一联的附件由银行留存，第二联盖章后交客户，会计分录为：

借：存放辖内款项——上存辖内备付金
　　贷：待清算辖内往来——营业机构往来
借：待清算辖内往来——营业机构往来
　　贷：活期存款或活期储蓄存款

第五节　保证业务的核算

一、保证业务的基本规定

保证业务是指商业银行根据申请人的申请，以出具保函的形式向申请人的债权人（保函受益人）承诺，当申请人不履行其债务时，由银行按照约定履行债务或承担责任的行为。

（1）商业银行开办保证业务，严格遵循自主经营、授权经办和反担保保障原则。申请人申请保证的，经办行应要求提供反担保，反担保方式可以是质押、抵押、第三方保证或缴存保证金。

（2）交存保证金的，保证金必须存入保证金存款账户。保证期间，经办行依照"出具保函协议书"的约定，应加强对保证金存款的管理。保证金只能用于保证项下的支付，经办行有权拒绝被保证人对保证金的任何支付请求。

（3）保函不得转让、不得设定担保，不得擅自修改变更。保证期届满或保证义务履行完毕，保函即自动失效，商业银行应当要求被保证人或受益人将该保函退还。

（4）保证业务应按一定的费率收取收费。

二、保证业务的核算

（一）反担保的处理

（1）申请人采取缴存保证金方式提供反担保。经办行业务部门与申请人、反担保人正式签订《出具保函协议书》和相应的反担保的合同后，申请人交存保证金的，应提交有关支付票据及进账单一式三联。经办人审核无误后，以支付票据作借方记账凭证，进账单第一联加盖"转讫章"退申请人作回单，第二联作贷方记账凭证，第三联加盖"业务用公章"交业务部门。会计分录为：

借：活期存款——××申请人户
　　贷：单位保证金存款——××申请人户

（2）申请人采取质押、抵押、第三方保证方式提供反担保，经办行按照贷款业务核算的有关手续办理。

（二）收取手续费

《出具保函协议书》生效后，经办行应根据业务部门通知按照《出具保函协议书》的约定及时向被保证人收取手续费。填制"业务收费凭证"办理转账。会计分录为：

借：活期存款——××被保证人户
　　贷：业务收入——保证业务收入户

（三）出具保函

营业柜台收到业务部门出具的保函时，填制表外科目收入凭证，登记表外科目明细账：

收入：开出保函——××申请人户

（四）担保垫款的处理

（1）被保证人在合理时间内未能筹足偿债资金，而使经办行垫付款项时，应向被保证人和反担保人主张追索权及反担保债权。

①申请人采取缴存保证金方式提供反担保的，应首先全额扣划保证金，不足部分列"逾期贷款——担保垫款"科目核算。营业柜台根据有关原始凭证填制特种转账借、贷方凭证办理转账。会计分录为：

借：活期存款——××被保证人户

　　保证金存款——××申请人户

　　逾期贷款——担保垫款——××被保证人户

　　贷：活期存款——××保函收益人户

同时填制表外科目付出凭证，登记表外科目明细账：付出：开出保函——××申请人户

②申请人采取质押、抵押、第三方保证方式提供反担保的，经办行按贷款业务核算的有关垫款规定处理。

同时填制表外科目付出凭证，登记表外科目明细账：

付出：开出保函——××申请人户

（2）结计担保垫款利息收入。结计担保垫款利息收入时，按规定计算利息并填制"利息清单"一式三联。第一、第二联分别作借、贷方记账凭证，第三联退客户。会计分录：

借：应收利息——应收担保垫款利息——××被保证人户

　　贷：利息收入——担保垫款利息收入户

（3）收回担保垫款时，客户填制支付凭证偿还垫款，支付凭证第一联加盖"转讫章"后退客户。会计分录为：

借：活期存款——××被保证人户

　　贷：逾期贷款——担保垫款××被保证人户

　　　　应收利息——应收××垫款利息——××被保证人户

（五）保函到期或终止担保的处理

保证期届满经办行未承担保证责任的，或保证金存款用于保证项下的支付仍有余额的，经办行应在收回保函后，可根据被保证人的请求将款项从相关账户转出。退还时，申请人提交有关支付票据及进账单一式三联。营业柜台审核无误后，以有关支款凭证作借方记账凭证，进账单第一联加盖"转讫章"退申请人作回单，第二联作贷方记账凭证，第三联加盖"转讫章"交被担保人。会计分录为：

借：保证金存款——××申请人户

　　贷：活期存款——××被保证人户

同时填制表外科目付出凭证，登记表外科目账：

付出：开出保函——申请人户

第六节　保管箱业务的核算

一、保管箱业务基本规定

保管箱业务是指商业银行向客户出租保管箱用以保管贵重物品、重要文件、有价单证等

财物并向委托人收取手续费、保管费或租金的服务性项目。

（1）商业银行各分支机构开办保管箱业务，必须经总行批准，并报当地人民银行备案。各行开办保管箱业务，应根据工作时间和工作量配备足够的专门从事该项业务的工作人员，并实行双人管库制度。库房钥匙和密码必须分别设专人掌管，二人会同方可启闭大门。

（2）租用保管箱的客户可以是个人、单位或社会团体。经办行按规定向租用人收取保证金和租金，并分别开具收据。经办行向租用人提交事先密封好的保管箱钥匙两把，由租用人当面拆封、核对、收执。租用人或其被授权人每次开箱前需填写"保管箱开箱书"，同时出具本人身份证件。

（3）出租保管箱应收取租金及保证金；保管箱租期按年计算，租用人交清下期租金后，即可继续租用该保管箱。

（4）租用人退保管箱应填写"保管箱退租书"，退还钥匙，结清费用后办理退租。租用人在租期内要求换租箱位，必须同时办理退租手续和租箱手续。

（5）租用人或其被授权人办理挂失手续时应填写"保管箱印鉴、钥匙挂失申请书"，并出示本人身份证件。租用人因钥匙丢失申请凿箱的，由经办行统一安排，凿箱时租用人必须到场。因租用人逾期而凿箱的，经办行应与公证机关（县级以上）联系，办理公证凿箱手续，箱内所有财物按租箱规则有关条款处理。

二、保管箱业务的核算

（一）租用保管箱时的处理

经办人收到申请人提交的申请书、支款凭证及有关证件审核无误后，按规定预留租用人印鉴（密码），填制"业务收费凭证"一式三联和"保管箱押金收据"一式三联，向租用人收取押金和租金。第一联押金收据与申请书一起专夹保管，以有关支款凭证等作借方记账凭证。收费凭证第一联作借方记账凭证附件；收费凭证第二联作"保管箱业务收入"科目贷方记账凭证；另填制一联贷方记账凭证作"其他应付款"科目记账凭证，押金收据作附件，第三联收费凭证和第三联押金收据退申请人。会计分录为：

借：现金——××机构业务现金户

或：

借：××存款——××户

贷：业务收入——出租保管箱收入户

其他应付款——保管箱押金户

同时登记"保管箱租箱、退箱登记簿"。填制表外科目付出凭证，登记表外科目明细账：付出：重要空白凭证——印鉴卡在用户

（二）续租和退租

（1）续租。经办人收到租用人提交的申请书及有关证件等审核无误后，取出原申请书留存联，加盖"续租"戳记，登记"保管箱租箱、退箱登记簿"，同时，填制"业务收费凭证"一式三联向租用人收取租金。其余核算手续按"租用保管箱时的处理"进行办理。

（2）退租。经办人收到租用人提交的申请书、押金收据第二联及有关证件等审核无误，与原申请书留存联核对一致后，登记"保管箱租箱、退箱登记簿"。实际退还押金金额按原押金余额扣除逾期租金计算；提前退租的，租金不予退还。待租用人将保管箱物品全部取出

并交还两把保管箱钥匙后，将押金退承租人，填制一联借方记账凭证，以押金收据第一、第三联，申请书留存联等有关资料作借方记账凭证附件，另填制贷方记账凭证办理转账（如有扣收租用人逾期租金情况，则另填制业务收费凭证一式三联，第三联作借方记账凭证附件；第二联作"保管箱业务收入"科目贷方记账凭证；第三联退租用人。）会计分录为：

借：其他应付款——保管箱押金户

贷：业务收入——出租保管箱收入户（扣收逾期租金）

现金——××机构业务现金户

或贷：××科目——××户

（三）更换印鉴和挂失的处理

租用人因印鉴更换、钥匙丢失申请挂失的，应填写"保管箱印鉴、钥匙挂失申请书"（以"挂失申请书"代），并出具有关证明及有效身份证件。经办人根据留存资料进行审查，同意受理后即在规定的时间内冻结开箱。挂失申请书加盖"业务用公章"后，第一联专夹保管，第二联退租用人，第三联交业务部门，并按规定收取挂失手续费。填制"业务收费凭证"一式三联，第一联作借方记账凭证或借方记账凭证的附件，第二联作贷方记账凭证，第三联交租用人收执。会计分录为：

借：现金——××机构业务现金户

或借：××科目——××户

贷：业务收入——出租保管箱收入户

（四）凿箱和换锁的处理

（1）挂失凿箱或换锁。挂失期满，需要办理凿箱或换锁的租用人，凭挂失申请书办理凿箱或换锁手续，并交纳专用锁成本和换锁费用。经办行填制"业务收费凭证"一式三联，第一联作借方记账凭证附件，第二联作"保管箱业务收入"科目贷方记账凭证，第三联交由租用人收执；另填制一联贷方记账凭证作"库存物资"科目记账凭证，有关凭证作借方记账凭证办理转账。会计分录为：

借：现金——××机构业务现金户

或借：××科目——××户

贷：业务收入——出租保管箱收入户

库存物资——保管箱专用锁

（2）非正常凿箱。非正常凿箱是租用人因故逾期而发生的凿箱、司法执行凿箱及公证凿箱等。发生非正常凿箱时，经办人凭非正常凿箱证明，填制"业务收费凭证"一式三联，第一联作借方记账凭证附件，第二联作"保管箱业务收入"科目贷方记账凭证，第三联退租用人；另填制一联贷方记账凭证作"库存物资"科目记账凭证；如经办行支用保管箱押金时，填制两联特种转账借方凭证，一联作借方记账凭证，一联交租用人作扣款通知。会计分录为：

借：其他应付款——保管箱押金户

或借：现金——××机构业务现金户

或借：××科目——××户

贷：保管箱业务收入——出租保管箱收入户

库存物资——保管箱专用锁

（3）收取赔偿金。租用人因损坏箱体、丢失钥匙应交纳赔偿金时，经办行填制"业务收费凭证"一式三联，第一联作借方记账凭证或借方记账凭证的附件，第二联作贷方记账凭证，第三联交租用人收执。如经办行支用保管箱押金时，应填制两联特种转账借方凭证，一联作借方记账凭证，一联交租用人作扣款通知。会计分录为：

　　借：其他应付款——保管箱押金户

或借：现金——××机构业务现金户

或借：××科目——××户

　　　　贷：营业外收入——其他营业外收入——其他收入户

（五）收取滞纳金的处理

当超过保管期限而未办理退租或续租手续时，租用人应交纳滞纳金。收取滞纳金时，填制"业务收费凭证"一式三联，第一联作借方记账凭证或借方记账凭证的附件，第二联作贷方记账凭证，第三联交由租用人收执。会计分录为：

　　借：现金——××机构业务现金户

　　或：

　　借：××科目——××户

　　　　贷：营业外收入——其他收入户

第十一章　理财业务核算

第一节　理财业务概念和分类

一、理财业务概念

20 世纪 90 年代末，我国一些商业银行开始尝试向客户提供专业化的投资顾问和个人外汇理财服务，此后商业银行理财业务快速发展，理财产品日益丰富，理财资金规模日益壮大。2005 年，中国银行监督管理委员会（银监会）先后颁布《商业银行个人理财业务管理暂行办法》和《商业银行个人理财业务风险管理指引》。这是中国银行业理财业务规范发展的重要标志。

理财业务是指商业银行为企业和个人客户提供的财务分析、财务规划、投资顾问、资产管理等专业化服务活动。理财业务按不同的划分依据有不同的分类。

二、理财业务的作用

理财业务对商业银行有着积极的作用：

（1）有利于充分发挥商业银行现有的渠道优势和客户优势，拓展商业银行的创新发展空间，改善商业银行的资产债务结构，有效节约资本，使之满足资本充足率监管要求。

（2）可以增加商业银行中间业务收入来源，提高银行盈利水平。相对于传统的资产负债业务而言，为获取该类业务收入需要承担的风险比较低。同时，在设计和销售理财产品的同时也推广了银行传统产品，可带动银行其他类业务的发展。

（3）由各种产品组成的理财计划使各类金融业务之间的关系更为密切，为商业银行向多元化、全能化方向发展奠定基础。

（4）商业银行理财业务的实质是商业银行现代服务方式，有利于提高客户的忠诚度，吸引高端客户，改善商业银行的客户结构。

三、理财业务的分类

（一）按管理运作方式分类

按照管理运作方式不同，商业银行理财业务可以分为理财顾问服务和综合理财服务。

理财顾问服务是商业银行向客户提供的财务分析与规划、投资建议、投资产品推介等专业化服务。在理财顾问服务活动中，客户根据商业银行提供的理财顾问服务管理和运用资金，并承担由此产生的收益和风险。综合理财服务是商业银行在向客户提供理财顾问服务的基础上，接受客户委托和授权，按照与客户事先约定的投资计划和方式进行投资和资产管理的业务活动。在综合理财服务活动中，客户授权银行代表客户按照合同约定的投资方向和方式，进行投资和资产管理，投资收益和风险由客户承担或根据客户与银行按照约定方式承担。

（二）按理财结构分类

按理财结构不同分为结构性理财产品、代理理财产品和信用联结理财产品。所谓结构性理财产品是指商业银行运用国际金融市场的相关工具，特别是衍生工具技术，对企业或个人等客户的存款进行结构化组合所构成的理财产品。如光大银行的阳光理财 A 计划、A＋计划。代理理财产品是指面向企业或个人客户发行的，投资于资金市场上流通的某种单一金融工具的代客理财产品，其中金融工具包括但不限于国债、金融债券、央行票据、银行承兑汇票、信托计划、协议存款回购等。如阳光理财 B 计划、T 计划。信用联结理财是指面向企业或个人客户发行的，收益与某一或某组信用体的信用状况表现挂钩的本金不保证的理财产品。如阳光理财 C 计划及 A＋VIP 计划。

还有一些商业银行将储蓄品种进行整合构成新的储蓄组合，如交通银行的《理财宝》。

（三）按服务对象分类

按服务对象不同分为公司理财业务和个人理财业务。所谓个人理财业务是指商业银行为个人客户提供的财务分析、财务规划、投资顾问、资产管理等专业化服务活动。所谓公司理财业务是指商业银行为企业客户提供的财务分析、财务规划、投资顾问、资产管理等专业化服务活动。个人理财业务与公司理财业务的区别主要体现在以下方面：

（1）服务对象不同。个人理财业务的服务对象是个人，其独立承担所有经济行为的后果，风险承受能力相对较弱，在风险收益权衡时往往更强调安全性；公司理财业务的服务对象是企业，其一般拥有相对雄厚的财力，对经济行为承担有限责任，为追求更高的利润，有时候可能选择承担较高的风险。

（2）理财目标不同。个人理财业务是以提高个人生活质量，规避经济危机，保障终身的生活为目标；公司理财业务则通常是以资金募集和合理使用，规避财务风险，达到企业价值最大化为目标。

（3）理财决策影响因素不同。由于风险承受能力的不同，影响个人理财业务决策的因素主要来自于个人自身的偏好和家庭状况等；影响公司理财决策的因素来自于公司自身理念、治理结构和财务状况等。

（4）依据的法律法规不同。个人理财业务主要依据是《个人所得税法》以及社会保障、保险、遗产等方面的法规；公司理财业务遵守的是《公司法》、《证券法》以及税收、会计等方面相关的法律法规。

（5）理财时间周期长短不同。个人理财业务是以个人的生命周期为时间基础，在时间上一直计划到生命终止；公司理财业务往往基于公司持续经营的假设，即在可预计的将来企业不会终止营业。

本书按理财结构划分标准阐述理财业务核算。

第二节　对公理财业务的核算

一、单位代理理财产品会计核算

（一）核算科目

公代理理财产品是指面向企业客户发行的，投资于资金市场上流通的某种单一金融工具的代客理财产品，其中金融工具包括但不限于国债、金融债券、央行票据、银行承兑汇票、信托计划、协议存款回购等。如光大银行开展的 B 计划加 T 计划，就是一种对公代理债券理财业务，T 计划是一种对公代理信托基金理财业务。

会计科目一般使用"代理单位理财投资"、"代理单位理财基金"、"存放中央银行款项"、"系统内理财资金存放"进行核算。

（二）账务处理

1. 总行代理单位理财投资的处理。

资金部门按照分行计划募集金额做代理理财投资成交后，会计部门根据交易单和确认书，填制借贷方凭证出账：

借：代理单位理财投资
　　贷：存放央行款或相关科目

2. 募集期的处理。

（1）发售理财产品的处理：发售行与客户签订《某某银行单位理财协议》一式两联，收妥客户交易保证金后，填制借、贷方记账凭证各一联。《协议》第一联专夹保管，第二联加盖业务用公章后退交客户。会计分录为：

借：单位活期存款或相关科目
　　贷：代理对公理财基金

（2）理财产品起息日对活期利息的处理：理财产品起息日日终，银行电脑系统自动将客户购买日至起息日的活期存款利息按照起息日时的挂牌活期利率划入客户指定的收息账户，同时产生以下会计分录：

借：应付单位活期存款利息
　　贷：单位活期存款或相关科目

（3）理财资金上存的处理：经办行将募集资金上划时，在"系统内理财资金存放"下设置"××机构××产品××期次"专户核算，上级行在"系统内理财资金存放"下设置"××机构××产品××期次"专户核算。理财产品起息日日终，银行系统自动将各行发售理财产品所募集资金全额上划总行。会计分录为（系统内资金清算科目略，下同）：

借：系统内理财资金存放　　　　　　　　　　　　　　　发售
　　贷：系统内理财资金存放　　　　　　　　　　　　　　总行

（4）到期兑付的处理：付款日初，银行系统自动进行损益计提，有关账务处理略。当日系统自动进行系统内资金清算，收到总行的分配贷报单时，按协议收益率分别计算应支付给客户的收益和本行留存收入，不足部分作为其他营业支出。根据收益分配贷记报单和收益计算结果，填制借方记账凭证和贷方记账凭证，办理划转。会计分录为：

借：系统内理财资金存放　　　　　　　　　　　　　　　　总行

　　贷：系统内理财资金存放　　　　　　　　　　　　　　　发售行

待客户办理兑付手续时，填制借贷方凭证进行理财产品销户及本息的实际支付。本息兑付的账务处理如下：

客户端的处理

借：代理对公理财基金

　　待兑付对公理财资金

　　　贷：单位活期存款或相关科目

【例11-1】A银行推出"人民币理材月计划2号"，该产品投资币种为人民币，投资期限为一个月，投资起点金额5 000元，该投资收益与B现金富利基金收益相关，年收益为2.1%，客户某公司于4月2日投资20万元，购买人民币理财月计划2号，月底银行将收益和本金自动派发到投资者指定的活期存款账户。其账务处理为：

4月2日购买时：

借：活期存款——某某户　　　　　　　　　　　　　　　　200 000.00

　　贷：代理对公理财基金　　　　　　　　　　　　　　　　　　200 000.00

月底支付本息时：

兑付时应付收益：$200\,000 \times 1 \times 2.1\% \div 360 = 11.66$（元）

借：代理对公理财基金　　　　　　　　　　　　　　　　　200 000.00

　　待兑付对公理财资金　　　　　　　　　　　　　　　　　　　11.66

　　　贷：单位活期存款或相关科目　　　　　　　　　　　　　200 011.66

二、对公结构性理财产品会计核算

（一）核算科目

单位结构性理财产品是指我行运用国际金融市场的相关工具，特别是衍生工具技术，对企业等非金融机构客户的存款进行结构化组合所构成的理财产品。如光大银行阳光理财A计划、A＋计划。结构性理财业务中涉及的与境外交易对手及客户的衍生金融交易均由各商业银行总行按照有关衍生金融工具的会计核算办法进行账务处理。

单位结构性理财产品使用"单位结构性存款"、"应付单位活期存款利息"、"待兑付对公理财资金"和"系统内理财资金存放"科目核算。"待兑付对公理财资金"科目用于核算代理对公结构性理财产品支付给单位的收益。

（二）募集期的处理

1. 发售理财产品的处理。

发售行与客户签订《某某银行单位结构性理财协议》一式两联，收妥客户交易资金后，填制借、贷方记账凭证各一联。《协议》第一联专夹保管，第二联加盖业务用公章后退交客户。会计分录为：

借：单位活期存款或相关科目

　　贷：单位结构性存款

2. 理财产品起息日对活期利息的处理。

理财产品起息日日终，银行系统自动将客户购买日至起息日的活期存款利息按照起息日时的挂牌活期利率划入客户指定的收息账户，同时产生以下会计分录：

借：应付单位活期存款利息

　　贷：单位活期存款或相关科目

3. 理财资金上存的处理。

理财产品起息日日终，系统自动将各行发售理财产品所募集资金全额上划总行。填发贷报，会计分录为（系统内资金清算科目略，下同）：

借：系统内理财资金存放　　　　　　　　　　　　　　　　　　　发售行

　　贷：系统内理财资金存放　　　　　　　　　　　　　　　　　　　总行

4. 到期兑付的处理。

兑付日日初，系统自动进行损益计提，有关账务处理略。当日系统自动进行系统内资金清算，根据上级行发来的贷报，填制借贷方凭证进行账务记载，会计分录为：

借：系统内理财资金存放　　　　　　　　　　　　　　　　总行

　　贷：系统内理财资金存放　　　　　　　　　　　　　　　　发售行

客户办理兑付手续时，根据客户提交的协议，抽出留抵核对无误后，填制借贷方凭证进行理财产品销户及本息的实际支付。本息兑付的会计分录为：

借：单位结构性存款

　　待兑付对公理财资金

　　贷：单位活期存款或相关科目

5. 提前终止的处理。

提前终止分为全部客户提前终止与部分客户提前终止两种情况，有关处理均与到期兑付相同，只是在部分客户提前终止情况下，损益补提是在下一计提日进行，而不是终止日。

如涉及向客户收取提前终止手续费的，由系统自动扣收，并上划总行。会计分录为：

借：待兑付对公理财资金　　　　　　　　　　　　　　　　发售行

　　贷：代理理财中间业务收入（对公）　　　　　　　　　　　　总行

三、单位信用联结理财产品会计核算

（一）核算科目

单位信用联结理财产品是指面向企业等非金融机构客户发行的，收益与某一或某组信用体的信用状况表现挂钩的本金不保证的理财产品。如本办法适用于阳光理财 C 计划及 A + VIP 计划。

单位信用联结理财产品使用"信用联结理财定期保证金"、"应付单位活期存款利息"、"系统内理财资金存放"及"待兑付对公理财资金"科目核算。

（二）募集期的处理

1. 发售理财产品的处理。

发售行与客户签订《某某银行单位信用联结理财产品协议》一式两联，收妥客户交易资金转入保证金账户，填制借、贷方记账凭证各一联做账。《协议》第一联专夹保管，第二联加盖业务用公章后退交客户。会计分录为：

借：单位活期存款或相关科目

贷：信用联结理财定期保证金

2. 理财产品起息日对活期利息的处理。

理财产品起息日日终，系统自动将客户购买日至起息日的活期存款利息按照起息日时的挂牌活期利率划入客户指定的收息账户，同时产生以下会计分录：

借：应付单位活期存款利息

　　贷：单位活期存款或相关科目

3. 理财资金上存的处理。

理财产品起息日日终，系统自动将各行发售理财产品所募集资金全额上划总行。填制贷方报单，其会计分录为（系统内资金清算科目略）：

借：系统内理财资金存放　　　　　　　　　　　　　　　　发售行

　　贷：系统内理财资金存放　　　　　　　　　　　　　　　总行

4. 到期兑付的处理（未出现信用违约事件）。

若理财产品存续期内未发生关联债务的违约事件，到期兑付时将向客户支付约定收益及全部本金。兑付日日初，系统自动进行损益计提，有关账务处理略。当日系统自动进行系统内资金清算，填制转账借贷方凭证，会计分录为：

借：系统内理财资金存放　　　　　　　　　　　　　　　　总行

　　贷：系统内理财资金存放　　　　　　　　　　　　　　　发售行

待客户来办理兑付手续时，抽出留底的协议进行核对，无误后填制转账借贷方凭证，办理财产品销户及本息的实际支付，会计分录为：

借：信用联结理财定期保证金

　　待兑付对公理财资金

　　贷：单位活期存款或相关科目

5. 出现信用违约事件的处理。

若理财产品存续期内发生关联债务的违约事件，该理财产品在下一付息日自动终止，终止时将向客户支付约定收益，并根据本金损失比例扣收客户保证金。

终止日日初，系统自动进行损益计提，有关账务处理略。当日系统自动进行系统内资金清算，同时将应付客户基本存款利息部分结转至"待兑付理财资金"，以本金损失与应付客户担保费（和/或佣金）的差额计算应扣收客户保证金，并上划总行。待客户办理兑付手续时进行理财产品销户及本息的实际支付。

（1）系统内的处理：终止日日初，系统自动结清系统内理财资金本金、基本存款利息及手续费，账务处理同第4点。

（2）对客户端的处理：系统自动归集待兑付理财资金，填制转账借贷方凭证支付基本存款利息部分，其会计分录为：

借：应付单位定期存款利息

　　贷：待兑付对公理财资金

（3）本金损失与担保费（和/或佣金）差额部分，会计分录为：

借：待兑付对公理财资金　　　　　　　　　　　　　　　　发售行

　　贷：其他待处理贷方结算款项　　　　　　　　　　　　　总行

（4）向客户兑付理财资金：

借：信用联结理财定期保证金

　　待兑付对公理财资金

　　贷：单位活期存款或相关科目

【例11－2】某人民币理财产品最高收益率为2.2%，该投资产品收益与相关信用主体的信用挂钩，某公司于5月6日投资该产品50万元，在有效期内相关主体没有发生信用违约事件，公司可以获得2.2%的年收益。

购买该产品时：

借：活期存款——某某户　　　　　　　　　　　　　　　　　　500 000.00

　　贷：信用联结理财定期保证金　　　　　　　　　　　　　　　　500 000.00

得到收益时：

借：信用联结理财定期保证金　　　　　　　　　　　　　　　　500 000.00

　　待兑付对公理财资金　　　　　　　　　　　　　　　　　　　 11 000.00

　　贷：单位活期存款或相关科目　　　　　　　　　　　　　　　　511 000.00

第三节　个人理财业务的核算

一、对私代理理财产品会计核算办法

（一）核算科目

对私代理理财产品是指面向个人客户发行的，投资于资金市场上流通的某种单一金融工具的代客理财产品，其中金融工具包括但不限于国债、金融债券、央行票据、银行承兑汇票、信托计划、协议存款回购等。如光大银行阳光理财B计划（含E计划中的人民币产品，下同）、T计划。

会计科目一般使用"代理个人债券理财基金"、"代理个人信托理财基金"、"存放中央银行款项"、"系统内理财资金存放"进行核算。

（二）账务处理

1. 总行代理投资的处理。

资金部门按照分行计划募集金额做代理理财投资成交后，会计部门根据交易单和确认书填制借贷方凭证出账，会计分录为：

借：代理个人理财投资

　　贷：存放央行款或相关科目

2. 募集期的处理。

（1）发售理财产品的处理。

发售行与客户签订《个人代理理财产品协议》一式两联，收妥客户交易资金转入保证金账户，填制借、贷方记账凭证各一联做账。《协议》第一联专夹保管，第二联加盖业务用公章后退交客户。会计分录为：

借：活期储蓄存款或相关科目

　　贷：代理个人理财基金

（2）理财产品起息日对活期利息的处理。

理财产品起息日日终，系统自动将客户购买日至起息日的活期存款利息按照起息日时的挂牌活期利率划入客户指定的收息账户，同时产生以下会计分录：

借：应付储蓄活期存款利息

　　贷：活期储蓄存款或相关科目

借：活期储蓄存款或相关科目

　　贷：代扣利息税

（3）理财资金上存的处理。

理财产品起息日日终，系统自动将各行发售理财产品所募集资金全额上划总行。会计分录为（系统内资金清算科目略）：

借：系统内理财资金存放　　　　　　　　　　　　　　　　发售行

　　贷：系统内理财资金存放　　　　　　　　　　　　　　　总行

3. 到期兑付的处理。

兑付日日初，系统自动进行损益计提。当日系统自动进行系统内资金清算，对于卡内理财产品系统自动将应付客户本息划入客户指定账户；对于以权利凭证为介质的理财产品，待客户办理兑付手续时进行理财产品销户及本息的实际支付。本金兑付的账务处理如下：

（1）系统内的处理：

借：系统内理财资金存放　　　　　　　　　　　　　　　　总行

　　贷：系统内理财资金存放　　　　　　　　　　　　　　发售行

（2）客户端的处理：

借：代理个人理财基金

　　贷：活期储蓄存款或相关科目

（3）总行收到理财投资本金的处理：

借：存放央行款或相关科目

　　贷：代理个人理财投资

4. 提前终止的处理。

提前终止分为全部客户提前终止与部分客户提前终止两种情况，有关处理均与到期兑付相同，只是在部分客户提前终止情况下，损益补提是在下一计提日进行，而不是终止日。

如涉及向客户收取提前终止手续费的，由系统自动扣收，并上划总行。会计分录为：

借：待兑付对私理财资金　　　　　　　　　　　　　　　　发售行

　　贷：代理理财中间业务收入（对私）　　　　　　　　　总行

二、对私结构性理财产品会计核算办法

（一）核算科目

为了规范对私结构性理财产品的会计核算，根据有关业务管理办法以及业务开展的实际情况，本章所称的对私结构性理财产品是指商业银行运用国际金融市场的相关工具，特别是衍生工具技术，对个人客户的存款进行结构化组合所构成的理财产品。如阳光理财 A 计划、A＋计划。结构性理财业务中涉及的与境外交易对手及客户的衍生金融交易均由总行按照有关衍生金融工具的会计核算办法进行账务处理。

（二）募集期的处理

1. 发售理财产品的处理。

发售行与客户签订《个人代理理财产品协议》一式两联，收妥客户交易资金转入保证金账户，填制借、贷方记账凭证各一联做账。《协议》第一联专夹保管，第二联加盖业务用公章后退交客户。会计分录为：

借：活期储蓄存款或相关科目
　　贷：定期储蓄存款——个人结构性存款

2. 理财产品起息日对活期利息的处理。

理财产品起息日日终，系统自动将客户购买日至起息日的活期存款利息按照起息日时的挂牌活期利率划入客户指定的收息账户，同时产生以下会计分录：

借：应付储蓄活期存款利息
　　贷：活期储蓄存款或相关科目
借：活期储蓄存款或相关科目
　　贷：代扣利息税

3. 理财资金上存的处理。

理财产品起息日日终，系统自动将各行发售理财产品所募集资金全额上划总行。会计分录为（系统内资金清算科目略，下同）：

借：系统内理财资金存放　　　　　　　　　　　　　　发售行
　　贷：系统内理财资金存放　　　　　　　　　　　　　　总行

（三）到期兑付的处理

兑付日日初，系统自动进行损益计提，当日系统自动进行系统内资金清算，对于卡内理财产品系统自动将应付客户本息划入客户指定账户；对于以权利凭证为介质的理财产品，待客户办理兑付手续时进行理财产品销户及本息的实际支付。本金兑付的账务处理如下：

（1）系统内的处理：

借：系统内理财资金存放　　　　　　　　　　　　　　总行
　　贷：系统内理财资金存放　　　　　　　　　　　　　　发售行

（2）客户端的处理：

借：定期储蓄存款——个人结构性存款
　　贷：活期储蓄存款或相关科目

（四）提前终止的处理

提前终止分为全部客户提前终止与部分客户提前终止两种情况，有关处理均与到期兑付相同，只是在部分客户提前终止情况下，损益补提是在下一计提日进行，而不是终止日。

如涉及向客户收取提前终止手续费的，由系统自动扣收，并上划总行。会计分录为：

借：待兑付对私理财资金　　　　　　　　　　　　　　发售行
　　贷：代理理财中间业务收入　　　　　　　　　　　　　总行

三、对私信用联结理财产品会计核算办法

（一）核算科目

为了规范对私信用联结理财产品的会计核算，本章所称对私信用联结理财产品是指面向个人客户发行的，收益与某一或某组信用体的信用状况表现挂钩的本金不保证的理财产品。如阳光理财 C 计划及 A + VIP 计划。

（二）募集期的处理

1. 发售理财产品的处理。

发售行与客户签订《个人代理理财产品协议》一式两联，收妥客户交易资金转入保证金账户，填制借、贷方记账凭证各一联做账。《协议》第一联专夹保管，第二联加盖业务用公章后退交客户。会计分录为：

借：活期储蓄存款或相关科目
    贷：个人信用联结理财保证金（定期）

2. 理财产品起息日对活期利息的处理。

理财产品起息日日终，系统自动将客户购买日至起息日的活期存款利息按照起息日时的挂牌活期利率划入客户指定的收息账户，同时产生以下会计分录：

借：应付储蓄活期存款利息
    贷：活期储蓄存款或相关科目
借：活期储蓄存款或相关科目
    贷：代扣利息税

3. 理财资金上存的处理。

理财产品起息日日终，系统自动将各行发售理财产品所募集资金全额上划总行。会计分录为（系统内资金清算科目略，下同）：

借：系统内理财资金存放   发售行
    贷：系统内理财资金存放   总行

（三）到期兑付的处理（未出现信用违约事件）

若理财产品存续期内未发生关联债务的违约事件，到期兑付时将向客户支付约定收益及全部本金。兑付日日初，系统自动进行损益计提，当日系统自动进行系统内资金清算，对于卡内理财产品系统自动将应付客户本息划入客户指定账户；对于以权利凭证为介质的理财产品，待客户办理兑付手续时进行理财产品销户及本息的实际支付。本金兑付的账务处理如下：

（1）系统内的处理：

借：系统内理财资金存放   总行
    贷：系统内理财资金存放   发售行

（2）客户端的处理：

借：个人信用联结理财保证金（定期）
    贷：活期储蓄存款或相关科目

（四）出现信用违约事件的处理

若理财产品存续期内发生关联债务的违约事件，该理财产品在下一付息日自动终止，终

止时将向客户支付约定收益，并根据本金损失比例扣收客户保证金。

终止日日初，系统自动进行损益计提。当日系统自动进行系统内资金清算，同时将应付客户基本存款利息部分结转至"待兑付理财资金"，以本金损失与应付客户担保费（和/或佣金）的差额计算应扣收客户保证金，并上划总行。对于卡内理财产品系统自动将应付客户本息划入客户指定账户；对于以权利凭证为介质的理财产品，待客户办理兑付手续时进行理财产品销户及本息的实际支付。

1. 系统内的处理。

终止日日初，系统自动结清系统内理财资金本金、基本存款利息及手续费，账务处理同上。

2. 客户端的处理。

（1）系统自动归集待兑付理财资金：

基本存款利息部分：

借：应付定期储蓄存款利息

　　贷：待兑付对私理财资金

本金损失与担保费（和/或佣金）差额部分：

借：待兑付对私理财资金　　　　　　　　　　　　　　　　　　　发售行

　　贷：其他待处理贷方结算款项　　　　　　　　　　　　　　　　总行

（2）向客户兑付理财资金：

借：个人信用联结理财保证金（定期）

　　贷：待兑付对私理财资金

　　　　活期储蓄存款或相关科目

3. 总行的处理。

（1）总行收到平盘对手支付的担保费（和/或佣金）：

借：存放央行款或相关科目

　　贷：其他待处理贷方结算款项　　　　　　　　　　　　　客户收益部分

　　　　应收对私理财产品收益　　　　　　　　　　　　　（系统内点差）

　　　　应收对私理财产品收益　　　　　　　　　　　　　（总行点差）

（2）总行向平盘对手支付应承担的违约事件损失：

借：其他待处理贷方结算款项

　　贷：存放央行款或相关科目

（五）提前终止的处理

非因信用违约事件而发生的提前终止分为全部客户提前终止与部分客户提前终止两种情况，有关处理均与到期兑付相同，只是在部分客户提前终止情况下，损益补提是在下一计提日进行，而不是终止日。

如涉及向客户收取提前终止手续费的，由系统自动扣收，并上划总行。会计分录为：

借：待兑付对私理财资金　　　　　　　　　　　　　　　　　　　发售行

　　贷：代理理财中间业务收入（对私）　　　　　　　　　　　　总行

第十二章 内部财务的核算

第一节 固定、无形递延资产业务的核算

一、固定资产的核算

（一）固定资产的概念、分类和计价

1. 固定资产的概念、特征。

固定资产是指银行为生产商品、提供劳务、出租或经营管理而持有的，使用年限超过 1 年且单位价值在规定标准以上的有形资产。如房屋、建筑物；机器、办公设备；计算机；运输工具以及其他与经营有关的设备、器具、工具等。未作为固定资产管理的工具、器具等，作为低值易耗品核算。

固定资产是银行进行生产经营活动的主要劳动资料，具有以下基本特征：①使用年限超过 1 年或长于 1 年的 1 个营业周期，且在使用中保持原来的物质形态不变；②使用寿命是有限的（土地除外），在使用寿命周期内，其服务潜力随着资产的使用而逐步衰竭或消失；③用于生产经营而不是出售。

2. 固定资产的分类。

按照固定资产的经济用途和使用情况进行综合分类，可分为以下七类：在用固定资产；非经营用固定资产；未使用固定资产；租出固定资产；不需用固定资产；封存固定资产和土地。商业银行应当根据固定资产的定义、结合本企业的具体情况，制定适合于本企业的固定资产目录、分类方法、每类或每项固定资产的折旧年限、折旧方法，作为进行固定资产核算的依据。

3. 固定资产的计价。

（1）固定资产的计价方法。固定资产计价是固定资产管理核算的一个重要内容。根据固定资产不同的计价目的，固定资产的计价方法主要有以下三种：

①按原始价值计价。原始价值简称原值，是指购置、建造或以其他方式取得某项固定资产，在其达到可供使用状态前所发生的一切合理、必要的支出。

②按重置完全价值计价。重置完全价值又称重置价值，是指在当时的生产技术和市场状况下，重新购建同样的固定资产所需要的全部支出。

③按净值计价。净值也称折余价值，是指固定资产的原值减去已提折旧后的余额。

（2）固定资产的计价原则。为了正确反映增加固定资产的实际支出，保证投资的固定

资金能够得到如数的补偿，现行财务制度规定固定资产的具体计价原则如下：

①购入的固定资产按实际支出的买价、包装费、运杂费、安装成本和缴纳的有关税金等计价。采用分期付款方式购买的固定资产，且在合同中规定的付款期限比较长，超过了正常信用条件（通常在 3 年以上）的，购入资产的成本不能以各期付款之和确定，而应以各期付款额的现值之和确定。

②自建的固定资产。按建造过程中实际发生的全部支出计价。

③投入的固定资产。按评估确认的净值或合同、协议约定的价值计价。

④融资租入的固定资产。按租赁协议确定的设备价款、发生的运输费、途中保险费、安装调试费等支出计价。

⑤在原有基础上改建、扩建的固定资产，按原固定资产的账面原价，加上改、扩建而增加的支出，减去改、扩建过程中发生的收入计价。

⑥接受捐赠的固定资产，按同类资产的市场价格或根据所提供的有关凭据作为原价，接受捐赠时发生的各项费用，应当计入固定资产的价值。

⑦盘盈的固定资产，按重置完全价值计价。

此外，商业银行为取得固定资产而发生的借款利息及相关费用，在固定资产尚未交付使用或已投入使用而尚未办理竣工决算前发生的，应计入所购建固定资产的成本，在此之后发生的应计入当期损益；已投入使用但尚未办理移交手续的固定资产，可先按估价入账，待确定实际价值后，再进行调整；因购建固定资产而缴纳的耕地占用税等应计入固定资产的价值。

（二）固定资产增加的核算

为了组织对固定资产增加的核算，应设置下列总分类账户：

"固定资产"账户。该科目用来核算固定资产的原值。本科目借方反映增加固定资产的原值，贷方反映减少固定资产的原值，余额在借方表示现有固定资产的原值总额。

"累计折旧"账户。该科目用来核算固定资产在使用过程中已损耗的价值。本科目的贷方反映固定资产计提的累计折旧额，借方反映转出、报废等减少的固定资产的折旧额，余额在贷方表示现有固定资产已提取的累计折旧数额。商业银行可以通过"固定资产"账户的原值余额与"累计折旧"账户的累计折旧对比得出固定资产的净值。

"在建工程"账户。该科目用来核算商业银行进行各项工程，包括固定资产新建工程、改扩建工程、修理工程等所发生的实际支出。本科目借方反映银行购入为工程准备的物资、需要安装的设备、其他各项支出以及预付、补付出包工程价款等，贷方反映经验收交付使用的固定资产的实际成本，余额在借方表示未完成工程的支出和已完工尚未办理竣工决算的工程实际成本。

1. 外购固定资产的核算。

购入无需安装的固定资产，借记"固定资产"科目，贷记"银行存款"科目。购入需要安装的固定资产，先在"在建工程"科目核算，等安装完毕交付使用时，再转入"固定资产"科目。业务核算举例如下：

【例 12 - 1】甲商业银行购入轿车两辆，买价 600 000 元，装卸及运杂费等 12 000 元，开出转账支票付讫。其会计分录为：

借：固定资产   612 000

　　贷：银行财务往来　　　　　　　　　　　　　　　　　　612 000

　　【例12－2】甲商业银行购入电器设备一套，买价80 000元，运杂费等2 500元，开出转账支票付讫，货已验收并交付安装。其会计分录为：

　　借：在建工程　　　　　　　　　　　　　　　　　　　82 500
　　　　贷：银行财务往来　　　　　　　　　　　　　　　　82 500

　　【例12－3】上述电器设备安装过程中支付安装费3 500元，开出转账支票支付。其会计分录为：

　　借：在建工程　　　　　　　　　　　　　　　　　　　3 500
　　　　贷：银行财务往来　　　　　　　　　　　　　　　　3 500

　　【例12－4】上述电器设备安装工程完毕，验收合格交付使用。其会计分录为：

　　借：固定资产　　　　　　　　　　　　　　　　　　　86 000
　　　　贷：在建工程　　　　　　　　　　　　　　　　　　86 000

　　2. 自建固定资产的核算。

　　分自营方式与出包方式。其具体核算参见本节第二部分。

　　3. 投资者投入固定资产的核算。

　　收到其他单位投资转入的固定资产，应按投资各方确认的价值作为固定资产的入账价值，其会计分录为：

　　借：固定资产（投资各方确认的价值）
　　　　贷：实收资本（确认价值在注册资本中所占份额部分）
　　　　　　资本公积（差额）

　　4. 接受捐赠固定资产的核算。

　　接受捐赠固定资产，按不同的计价标准确认入账价值后，其会计分录为：

　　借：固定资产
　　　　贷：资本公积

　　5. 融资租入固定资产的核算。

　　融资租入的固定资产，根据具体情况可分为需要安装和不需要安装两种类型。

　　（1）租入不需要安装的固定资产，其会计分录为：

　　借：固定资产——融资租入固定资产
　　　　贷：长期应付款

　　（2）租入需要安装的固定资产，其会计分录为：

　　借：在建工程
　　　　贷：长期应付款
　　　　　　银行财务往来

　　或贷记有关账户。

　　安装完毕交付使用时，其会计分录为：

　　借：固定资产——融资租入固定资产
　　　　贷：在建工程

　　（3）融资租入的固定资产实际支付租赁费时，其会计分录为：

　　借：长期应付款

　　　　　　贷：银行财务往来

　　或贷记有关账户。

　　（4）租赁期满时，银行交清融资资金，将固定资产从"融资租入固定资产"明细科目转入"经营用固定资产"明细科目进行核算。其会计分录为：

　　　　借：固定资产——经营用固定资产

　　　　　　贷：固定资产——融资租入固定资产

　　6. 盘盈固定资产的核算。

　　在财产清查中盘盈固定资产时，其会计分录为：

　　　　借：固定资产

　　　　　　贷：累计折旧

　　　　　　　　待处理财产损溢——待处理固定资产损溢

　　报经批准后，作营业外收入处理，其会计分录为：

　　　　借：待处理财产损溢——待处理固定资产损溢

　　　　　　贷：营业外收入

（三）固定资产折旧的核算

　　企业应当根据固定资产的性质和使用情况，合理确定固定资产的使用寿命和预计净残值。

　　1. 固定资产折旧及其影响因素。

　　固定资产折旧是指固定资产在有效使用期内，通过损耗而转移到成本中的那部分价值。影响固定资产折旧的因素有：①折旧的基数，一般为固定资产原始价值。计提折旧时以月初应计提折旧的固定资产账面价值为依据，当月增加的固定资产，当月不提折旧；当月减少的固定资产，当月照提折旧，从下月起不提折旧。②固定资产的净残值，即估计的残余价值减去清理费用后的余额，一般按照固定资产原值的 3% ~ 5% 确定。③固定资产的使用年限，应在制度规定的使用年限区间合理确定固定资产的折旧年限。

　　固定资产预计净残值是指假定固定资产预计寿命已满并处于使用寿命终了时的预期状态，企业目前从该项资产处置中获得的扣除预计处置费用后的余额。新会计准则规定，企业至少于每年年度终了对预计净残值进行复核。

　　2. 固定资产折旧的计提范围。

　　在用的固定资产一般均应计提折旧，包括：房屋和建筑物；在用的各类设备；季节性停用和修理停用的设备；以融资租赁方式租入的和以经营租赁方式租出的固定资产。不提折旧的固定资产主要包括：以估价并单独入账的土地；房屋和建筑物以外的未使用、不需用的固定资产；在建工程交付使用前的固定资产；以经营租赁方式租入的固定资产；已提足折旧继续使用的固定资产；提前报废和淘汰的固定资产；破产、关停企业的固定资产以及国家规定其他不提折旧的固定资产。

　　3. 计提折旧的基本方法。

　　银行应根据固定资产有关的经济利益的预期实现方式，合理选择固定资产折旧方法。折旧方法可以采用平均年限法、工作量法、双倍余额递减法、年数总和法等。折旧方法一经确定，不得随意变更，如需变更，应当在财务报表附注中予以说明。

　　（1）平均年限法（直线法）：是将固定资产的折旧均衡地分摊到各期的一种方法。其计算公式为：

$$年折旧率 = (1 - 预计净残值率) \div 固定资产折旧年限 \times 100\%$$

$$月折旧率 = 年折旧率 \div 12$$

$$月折旧额 = 固定资产原值 \times 月折旧率$$

（2）工作量法：根据某项固定资产完成工作量来计算折旧额的一种方法。适用于使用寿命受工作量影响较大的固定资产。其计算公式为：

$$单位作业量折旧额 = 原值 \times (1 - 预计净残值率) \div 预计总作业量$$

$$各期折旧额 = 单位作业量折旧额 \times 各期实际作业量$$

（3）双倍余额递减法：是在不考虑固定资产残值的情况下，根据每期期初固定资产的账面余额和双倍的直线法折旧率，计算各期固定资产折旧的一种方法。要求在固定资产使用年限到期之前两年内，将固定资产折余净值平均摊销。其计算公式为：

$$年折旧率 = 2 \div 折旧年限 \times 100\%$$

$$月折旧率 = 年折旧率 \div 12$$

$$月折旧额 = 固定资产账面净值 \times 月折旧率$$

（4）年数总和法：又称合计年限法，是将固定资产的原价减去预计净残值后的差额，乘以一个逐年递减的分数以计算确定折旧额的一种方法。其计算公式为：

$$年折旧率 = 尚可使用年数 \div 年数合计数 \times 100\%$$

$$= 2（折旧年限 - 已使用年数）\div [折旧年限 \times (折旧年限 + 1)] \times 100\%$$

$$月折旧率 = 年折旧率 \div 12$$

$$月折旧额 = (固定资产原值 - 预计净残值) \times 月折旧率$$

4. 固定资产折旧的账务处理。

银行固定资产折旧业务的总分类核算，按月编制"固定资产折旧计算表"为依据，通过"累计折旧"账户进行总分类核算。计提折旧时，其会计分录为：

借：营业费用——固定资产折旧

　　贷：累计折旧

（四）固定资产处置的核算

为核算固定资产处置情况，应设置"固定资产清理"科目。该科目用来核算银行因出售、报废、毁损等原因转入清理的固定资产的净值及在清理过程中发生的清理费用和清理收入。本科目借方反映转入清理的固定资产的净值及在清理过程中发生的清理费用，贷方反映收回出售固定资产的价款、固定资产预计净残值或变价收入、应由保险公司或过失人赔偿的损失，余额反映固定资产清理后的净收益或净损失。

1. 固定资产出售、报废和毁损的核算。

（1）固定资产转入清理，其会计分录为：

借：固定资产清理（固定资产的净值）

　　累计折旧（已提折旧）

　　贷：固定资产（固定资产的原值）

（2）发生清理费用，其会计分录为：

借：固定资产清理（实际发生清理费）

　　贷：银行财务往来或有关科目

（3）收回出售固定资产的价款、残料款、变卖残值款，其会计分录为：

借：银行财务往来

  贷：固定资产清理

或借记有关科目。

（4）保险公司或过失人赔偿时，其会计分录为：

借：银行财务往来

  贷：固定资产清理

或借记其他应收款。

（5）计算因出售固定资产而应缴纳的营业税，其会计分录为：

借：固定资产清理

  贷：应交税金

（6）清理后的净损益，应作为营业外收支处理。

结转清理净损失时，其会计分录为：

借：营业外支出

  贷：固定资产清理

结转清理净收益时，其会计分录为：

借：固定资产清理

  贷：营业外收入

2. 固定资产盘亏的核算。

固定资产盘亏时应及时办理固定资产注销手续。其会计分录为：

借：待处理财产损溢——待处理固定资产损溢

  贷：累计折旧

    固定资产

盘亏的固定资产按程序批准转销时，其会计分录为：

借：营业外支出

  贷：待处理财产损溢——待处理固定资产损溢

如果固定资产盘盈作为前期差错处理。

二、在建工程的核算

（一）在建工程的概念和计价

在建工程是指因新建、改建、扩建、技改等原因所发生的尚未完工交付使用的各项建设工程。包括施工前期准备、正在施工中和虽已完工但尚未交付使用的建筑工程和安装工程。

在建工程应按建造过程中的实际成本计价。其中，自营工程按照直接材料、直接工资、直接机械施工以及所分摊的工程施工管理费计价；出包工程按照应支付的工程价款以及所应分摊的工程管理费等计价；设备安装工程按照所安装设备的原价、工程安装费用、工程运转支出以及所应分摊的工程管理费等计价。

（二）自营在建工程的核算

1. 发生在建工程支出的处理。

发生工程支出时，根据有关原始凭证填制"经费记账凭证"或借、贷方记账凭证办理转账。会计分录为：

借：在建工程——××工程

　　贷：银行财务往来

或贷记"××科目——××户"。

2. 发生在建工程收入的处理。

在建工程在交付使用前所取得的收入，冲减在建工程成本，冲减时，根据有关原始凭证填制"经费记账凭证"或借、贷方记账凭证办理转账。会计分录为：

借：银行财务往来

　　贷：在建工程——××工程

或借记"科目——××户"。

3. 工程完工交付使用的处理。

工程竣工交付使用时，根据工程实际成本填制借、贷方记账凭证办理转账，"财产交付使用明细表"等有关原始单证作借方记账凭证的附件。会计分录为：

借：固定资产——××固定资产

　　贷：在建工程——××工程

已投入使用但未办理竣工决算的固定资产估价入账，会计分录同上，待工程竣工决算时再按决算数调整估价和已提折旧。

（三）出包工程的核算

1. 预付出包工程价款的处理。

根据有关原始凭证填制经费记账凭证办理转账。会计分录为：

借：在建工程——××工程

　　贷：银行财务往来

2. 补付或补记工程价款的处理。

根据有关支付的原始凭证填制经费记账凭证办理转账。会计分录为：

借：在建工程——××工程

　　贷：银行财务往来

3. 结转已完工成本的处理。

工程竣工交付使用时，根据工程实际成本填制借、贷方记账凭证办理转账，会计分录为：

借：固定资产——××固定资产

　　贷：在建工程——××工程

（四）在建工程报废或毁损的核算

在建工程发生单项或单位工程报废或毁损，将扣除残值和过失人或保险公司等赔偿后的净损失计入继续施工的工程成本；如为非常原因报废或毁损，或在建工程项目全部报废或毁损，其净损失在筹建期间计入开办费，在经营期间计入营业外支出。

1. 收回保险赔款和残料的处理。

根据收账通知和库存物资入库单填制"经费记账凭证"或借、贷方记账凭证办理转账。会计分录为：

借：银行存款

　　库存物资

　　贷：在建工程——××工程
　　2. 在建工程报废发生净损失的处理。
　　根据有关批准文件填制借、贷方记账凭证办理转账，会计分录为：
　　借：营业外支出——非常损失户
　　　　长期待摊费用——开办费户
　　　　贷：在建工程——××工程

三、无形资产的核算

（一）无形资产的概念和内容

　　无形资产是指金融企业长期使用而不具备实物形态的资产。它一般分为可辨认无形资产和不可辨认无形资产。可辨认无形资产包括专利权、非专利技术、商标权、著作权、土地使用权等；不可辨认无形资产是指商誉。但银行自创的商誉和不满足无形资产确认条件的其他项目，不能作为无形资产。

（二）无形资产的计价与摊销

　　1. 无形资产的计价。
　　无形资产按取得时的实际成本计价，但取得途径不同，其成本构成亦有所不同。
　　（1）购入的无形资产，按实际支付的价款作为实际成本。
　　（2）投资者投入的无形资产的成本，应按投资各方确认的价值作为实际成本。首次发行股票而接受投资者投入的无形资产，应按该项无形资产在投资方的账面价值作为实际成本。
　　（3）接受捐赠的无形资产，按同类资产的市场价格或根据所提供的有关凭据作为原价，接受捐赠时发生的各项费用，应当计入无形资产的价值。
　　（4）自行开发并按法定程序申请取得的无形资产，应按依法取得时发生的注册费、聘请律师费等费用作为无形资产实际成本。对符合规定条件的开发支出，可以资本化确认为无形资产。
　　2. 无形资产的摊销。
　　根据现行的规定，无形资产应当自取得当月起在预计使用年限内分期平均摊销。其摊销期限按以下原则确定：合同规定受益年限但法律没有规定有效年限的，按不超过受益年限的期限摊销；合同未规定受益年限但法律规定了有效年限的，按不超过法律规定的有效年限摊销；合同规定了受益年限、法律也规定了有效年限的，摊销期限不超过两者中较短者；合同法律均未作出规定的，按不超过 10 年的期限摊销；经营期限短于有效年限的，按不超过经营期的年限摊销。对于使用寿命不能确定的无形资产不再摊销，但至少应当于每年度终了进行减值测试。

（三）无形资产的核算

　　1. 无形资产取得的核算。
　　（1）购入的无形资产。
　　【例 12 - 5】甲商业银行从某科研单位购入专利权 A，以转账方式支付 20 万元。其会计分录为：
　　借：无形资产——专利权 A　　　　　　　　　　　　　　　　　　　200 000

　　贷：银行财务往来　　　　　　　　　　　　　　　　　　　　200 000

（2）投资者投入的无形资产。

【例12－6】甲商业银行收到投资方投入的土地使用权，经双方协议该土地使用权的价值为80万元，以转账方式。其会计分录为：

　　借：无形资产——土地使用权　　　　　　　　　　　　　　800 000

　　　　贷：实收资本　　　　　　　　　　　　　　　　　　　　800 000

（3）接受捐赠的无形资产。

【例12－7】甲商业银行收到大华公司一项专利技术B捐赠，大华公司提供经评估的该项专利技术的价值为10万元。其会计分录为：

　　借：无形资产——专利技术B　　　　　　　　　　　　　　100 000

　　　　贷：资本公积　　　　　　　　　　　　　　　　　　　　100 000

（4）自创并按法定程序申请取得的无形资产，其会计分录为：

　　借：无形资产

　　　　贷：银行财务往来

2. 无形资产摊销的核算。

银行无形资产摊销，应根据符合规定的摊销年限，计算出摊销额，借记"营业费用"账户的二级账户"无形资产摊销"，贷记"无形资产"账户。摊销的会计分录为：

　　借：营业费用——"无形资产摊销"

　　　　贷：无形资产

3. 无形资产转让的核算。

无形资产转让有出售和出租两种方式，其中，出售无形资产是转让无形资产的所有权，出租无形资产是转让无形资产的使用权。

（1）出售无形资产的核算。

确认无形资产出售取得收入：

　　借：银行财务往来

　　　　贷：其他营业收入

结转无形资产摊余价值：

　　借：其他营业支出

　　　　贷：无形资产

（2）出租无形资产的处理。

【例12－8】甲商业银行将一项专利权出租给他行，双方协商作价9万元。同时支付咨询费3 000元。

收到出租专利权所得价款时，其会计分录为：

　　借：银行财务往来　　　　　　　　　　　　　　　　　　　　90 000

　　　　贷：其他营业收入　　　　　　　　　　　　　　　　　　　90 000

支付咨询费时，其会计分录为：

　　借：其他营业支出　　　　　　　　　　　　　　　　　　　　3 000

　　　　贷：银行财务往来　　　　　　　　　　　　　　　　　　　3 000

四、其他内部资产的核算

(一) 库存物资的核算

1. 库存物资的内容。

库存物资是指银行库存未用的业务用品、办公用品以及为零星基建和固定资产修理等购进的设备、材料、低值易耗品和劳保用品等。

2. 库存物资的核算。

(1) 购进库存物资的核算。

购进库存物资验收入库时，会计分录为：

借：库存物资
　　贷：银行财务往来

或贷记其他科目。

(2) 领用库存物资的核算。

领用库存物资时，根据领用单证填制借、贷方传票办理转账。会计分录为：

借：营业费用或在建工程等科目
　　贷：库存物资

(3) 退回剩余库存物资的核算。

退回剩余库存物资，根据退回单证填制借、贷方传票办理转账。会计分录为：

借：库存物资
　　贷：营业费用或在建工程等科目

(4) 库存物资清查的核算。

在财产清查中盘盈库存物资时，根据估价填制借、贷方传票办理转账。其会计分录为：

借：库存物资
　　贷：待处理财产损溢——待处理流动资产损溢

报经批准后，作冲减费用处理，其会计分录为：

借：待处理财产损溢——待处理流动资产损溢
　　贷：营业费用

(5) 库存物资盘亏的核算。

库存物资盘亏时应及时办理库存物资注销手续。其会计分录为：

借：待处理财产损溢——待处理流动资产损溢
　　贷：库存物资

盘亏的库存物资按程序批准转销时，属于经营管理过程中合理损耗的，计入营业费用，其会计分录为：

借：营业费用
　　贷：待处理财产损溢——待处理流动资产损溢

属于非正常原因造成的损失，在扣除残值和保险公司及过失人赔偿后，计入营业外支出。其会计分录为：

借：库存物资（残值）
　　其他应收款（赔偿）

　　　　营业外支出——非常损失

　　　　　贷：待处理财产损溢——待处理流动资产损溢

（二）待摊费用的核算

1. 待摊费用的概念及内容。

待摊费用指已经支出，但应由本期和以后各期分别负担的费用。根据分摊期限长短可分为短期待摊费用和长期待摊费用。短期待摊费用指摊销期限不足 1 年（含 1 年）的费用，长期待摊费用指摊销期限超过 1 年（不含 1 年）的费用，如开办费、经营性租入固定资产改良支出、固定资产大修理支出、其他长期待摊费用等。

2. 待摊费用的核算。

（1）待摊费用的核算。

发生待摊费用时，根据有关原始单证填制"经费记账凭证"办理转账，会计分录为：

　　借：待摊费用

　　　　贷：银行财务往来（或其他有关科目）

摊销待摊费用时，根据摊销期限计算摊销额，会计分录为：

　　借：营业费用

　　　　贷：待摊费用

（2）长期待摊费用的核算。

发生待摊费用时，根据有关原始单证填制"经费记账凭证"办理转账，会计分录为：

　　借：长期待摊费用

　　　　贷：银行财务往来（或其他有关科目）

摊销待摊费用时，根据摊销期限计算摊销额，会计分录为：

　　借：营业费用

　　　　贷：待摊费用

五、资产减值的核算

（一）固定资产减值的核算

1. 固定资产减值准备的计提范围。

银行的固定资产，由于技术陈旧、损坏、长期闲置等原因导致固定资产可收回金额低于其账面价值的，应当计提固定资产减值准备。在资产负债表上，固定资产减值准备应当作为固定资产净值的减项反映。

存在下列情况之一的固定资产，应当全额计提减值准备：

（1）长期闲置不用，在可预见的未来不会再使用，且已无转让价值的固定资产。

（2）由于技术进步等原因，已不可使用的固定资产。

（3）其他实质上已经不能再给银行带来经济利益的固定资产。

银行的在建工程预计发生减值时，如长期停建并且预计在 3 年内不会重新开发的在建工程，也应当根据上述原则计提资产减值准备。已全额计提减值准备的固定资产，不再计提折旧。

2. 固定资产减值的核算。

固定资产应按单一项目计提减值准备。为了核算固定资产计提减值准备，应设置"固定资产减值准备"账户，其借方核算已计提减值准备的固定资产价值又得以恢复而增加的金额，贷方核算计提的固定资产减值准备，期末贷方余额为银行已提取的固定资产减值准备。具体账务处理如下：

当资产负债表日发生固定资产减值，计提减值准备时，会计分录为：

借：资产减值损失——计提固定资产减值准备

　　贷：固定资产减值准备

如果已计提减值准备的固定资产又恢复价值，会计分录为：

借：固定资产减值准备

　　贷：资产减值损失——计提固定资产减值准备

（二）无形资产减值的核算

1. 无形资产减值准备的计提范围。

银行的无形资产应当按照账面价值与可收回金额孰低计量，可收回金额低于账面价值的差额，计提无形资产减值准备。

存在下列情况之一的无形资产，应当计提减值准备：该无形资产已被其他新技术等所替代，使其为银行创造经济利益的能力受到重大不利影响；该无形资产市价在当期大幅下跌，在剩余年限内预期不会恢复；其他足以表明该无形资产可收回金额低于账面价值的情形。

存在下列情况之一时，应将该项无形资产的账面价值全部转入当期损益：该无形资产已被其他新技术等所替代，且已不能为银行带来经济利益；该无形资产不再受法律保护，且不能为银行带来经济利益。

无形资产减值准备一经计提，不得转回。

2. 无形资产减值的核算。

为了核算无形资产计提减值准备，应设置"无形资产减值准备"账户，其借方核算已计提减值准备的无形资产价值又得以恢复而增加的金额，贷方核算计提的无形资产减值准备，期末贷方余额为银行已提取的无形资产减值准备。具体账务处理如下：

当资产负债表日发生无形资产减值，计提减值准备时，会计分录为：

借：资产减值损失——计提无形资产减值准备

　　贷：无形资产减值准备

当期应计提的无形资产减值准备如果高于已提减值准备的账面余额，应按其差额补提减值准备；如果低于已提减值准备的账面余额，应按其差额冲回多提的减值准备，但冲减的无形资产减值准备仅限于已提减值准备的账面余额。

第二节　所有者权益业务的核算

一、实收资本的核算

所有者权益，是指所有者在企业资产中享有的经济利益，其金额为资产减去负债后的余额。银行的所有者权益是银行投资者对银行净资产的所有权，它是金融企业资金的主要来源之一，主要包括实收资本（或股本）、资本公积、盈余公积和未分配利润等。

（一）实收资本的概念及有关规定

实收资本是银行投资者按照银行章程，或合同协议的约定，实际投入银行的资本。按照我国法律规定：企业必须拥有一定的注册资本或法定资本，方可设立开业，且这部分资本不得随意抽减。实收资本按其来源不同可分为国家资本金、法人资本金、个人资本金、外商资本金等。

根据 2002 年实施的《金融企业会计制度》第七十九条的规定，股份制金融企业的股本，应按以下规定核算：

（1）股份制金融企业的股本应当在核定的股本总额及核定的股份总额的范围内发行股票或股东出资取得。发行的股票，按其面值作为股本，超过面值发行取得的收入，其超过面值部分，作为股本溢价，计入资本公积。

（2）境外上市公司以及在境内发行外资股的上市公司，按确定的人民币股票面值和核定的股份总额的乘积计算金额，作为股本入账。按收到股款当日的汇率折合的人民币金额与按人民币计算的股票面值总额的差额，作为资本公积处理。

非股份制金融企业的实收资本应按以下规定核算：

（1）投资者以现金投入的资本，应以实际收到或者存入企业开户银行的金额作为实收资本入账。实际收到或者存入企业开户银行的金额，超过其在该金融企业注册资本中所占份额的部分，计入资本公积。

（2）投资者非现金资产投入的资本，应按投资各方确认的价值作为实收资本入账。

（3）投资者投入的外币，合同没有约定汇率的，按收到出资额当日的汇率折合；合同约定汇率的，按合同约定的汇率折合。因汇率折合不同产生的折合差额，作为资本公积处理。

（二）实收资本的核算

为反映投资者的投入资本情况，其核算通过设置"实收资本"科目进行处理。该科目性质属于所有者权益类。银行收到投资者投入的货币资本，应以实际收到的金额借记"现金"或有关科目，贷记本科目；收到投资者非现金资产投资时，应按投资各方确认的价值，借记"固定资产"等科目，贷记本科目；银行按法定程序将资本公积、盈余公积转增资本时，借记"资本公积"、"盈余公积"科目，贷记本科目；投资者投入的资本，在银行经营期间，除依法转让外，一般不得抽回，在银行按法定程序报经批准减少注册资本时，借记本科目。期末贷方余额表示银行实际拥有的资本金总额。"实收资本"账户按投资人设置明细账。

【例 12-9】甲商业银行收到 A 公司按协议的规定投入资本 8 000 万元，当即入账。会计分录如下：

借：银行财务往来　　　　　　　　　　　　　　　　　　　　80 000 000
　　贷：实收资本——A 公司　　　　　　　　　　　　　　　　80 000 000

【例 12-10】甲商业银行收到国家投入的房屋一栋，价值 5 000 万元。

其会计分录如下：

借：固定资产　　　　　　　　　　　　　　　　　　　　　　50 000 000
　　贷：实收资本　　　　　　　　　　　　　　　　　　　　　50 000 000

【例 12-11】甲商业银行收到 B 企业以土地使用权的投资，双方确认价值为 100 万元。

其会计分录如下：

借：无形资产　　　　　　　　　　　　　　　　　　　　　　1 000 000

贷：实收资本——B 企业　　　　　　　　　　　　　　　　　1 000 000

【例 12 – 12】甲商业银行按规定将"资本公积"200 万元，"盈余公积"180 万元，转增资本。其会计分录如下：

借：资本公积　　　　　　　　　　　　　　　　　　　　2 000 000
　　盈余公积　　　　　　　　　　　　　　　　　　　　1 800 000
　　贷：实收资本　　　　　　　　　　　　　　　　　　　　3 800 000

二、资本公积的核算

（一）资本公积的概念及其组成

资本公积指金融企业取得的所有者共有的、非收益转化而形成的资本。资本公积在转增资本时，应按各个投资者在实收资本中所占的投资比例计算其转增的资本额。资本公积主要包括以下项目：

（1）资本溢价：是指投资人缴付的出资额大于其在注册资本中应占的份额部分。

（2）接受非现金资产捐赠准备：是指商业银行因接受非现金资产捐赠而增加的资本公积。

（3）接受现金捐赠：是指商业银行因接受现金资产捐赠而增加的资本公积。

（4）股权投资准备：是指商业银行对被投资单位的长期股权投资采用权益法核算时，因被投资单位接受捐赠等原因而增加的资本公积。

（5）外币资本折算差额：是指银行接受外币投资因采用的汇率不同而产生的资本折算差额。

（6）关联交易差价：是指上市的商业银行与关联方之间的交易，对显失公允的交易价格部分而形成的资本公积。这部分资本公积不得用于转增资本或弥补亏损。

（7）其他资本公积：是指除上述各项资本公积以外所形成的资本公积，以及从资本公积各准备项目转入的金额。债权人豁免的债务，也在本项目核算。

资本公积各准备项目不能转增资本（或股本）。

（二）资本公积的核算

为反映银行资本公积的增减变动情况，银行设置"资本公积"科目。该科目性质属于所有者权益类，贷方登记资本公积的增加数，借方登记弥补亏损或转增资本等原因减少的资本公积，余额在贷方，反映银行企业实有的资本公积。该科目应按资本公积形成的类别设置明细账。

1. 资本溢价的核算。

在银行初创时，出资者认购的出资额应全部记入"实收资本"账户。当商业银行进入正常经营期后，新加入的投资者的出资额不一定全部作为实收资本处理。这是因为商业银行正常经营期间的资本利润率一般要高于初创期间的资本利润率。而且，经过一段时间的经营运转，商业银行会结余一部分没有分配的利润，为了维护原有投资者的权益，新加入的投资者要付出大于原投资者的出资额，才能取得与原投资者相同的投资比例。

其会计分录为：

借：银行财务往来等科目（按实际收到的出资额）
　　贷：实收资本（按新投资者在注册资本中应占的份额）
　　　　资本公积（差额）

股份制商业银行中，在采用溢价发行股票的方式下，银行发行股票取得的收入，相当于面值部分记入"股本"账户，超过面值的收入部分记入"资本公积"账户。

借：银行财务往来（实际收到的股票发行收入）

　　贷：股本（股票面值）

　　　　资本公积（溢价收入扣除手续费等相关费用后的余额）

【例12-13】甲商业银行发行普通股股票100 000股，每股面值8元，以每股10元的价格溢价发行，股票全部认购足额，并如数收到股本，全部存入银行。其会计分录如下：

借：银行财务往来　　　　　　　　　　　　　　　　　1 000 000

　　贷：股本　　　　　　　　　　　　　　　　　　　　800 000

　　　　资本公积　　　　　　　　　　　　　　　　　　200 000

2. 外币资本折算差额的核算。

银行收到投资者以外币资本的出资时，应按合同约定的汇率折算资本。实际收到出资时应作会计分录如下：

借：银行财务往来（按收到出资当日的市场汇率折合为本位币的金额）

　　贷：实收资本（按合同约定汇率折合为本位币的金额）

　　　　资本公积（差额）

3. 接受捐赠资产的核算。

接受捐赠资产是商业银行从外部无偿取得的资产。捐赠人不是商业银行所有者，这种资金投入不形成商业银行的实收资本，应通过"资本公积"账户予以反映。当商业银行接受捐赠时，其应作会计分录如下：

借：现金（固定资产等科目）

　　贷：资本公积

4. 资本公积转增资本的核算。

银行以资本公积转增资本时，应借记"资本公积"科目，贷记"实收资本"科目。

三、盈余公积的核算

（一）盈余公积的概念及有关规定

盈余公积是银行按照有关规定从税后利润中提取的公积金。

根据《金融企业会计制度》第八十二条的规定，盈余公积包括法定盈余公积、任意盈余公积和法定公益金。其中，法定盈余公积是指银行按照规定的比例从净利润中提取的盈余公积，按税后利润的10%提取，当此项公积金达到注册资本的50%时，可不再提取；任意盈余公积是指银行经股东大会或类似机构批准按照规定的比例从净利润中提取的盈余公积；法定公益金是指银行按照规定的比例从净利润中提取的用于职工集体福利设施的公益金，一般按税后利润的5%~10%提取。法定公益金用于职工集体福利时，应当将其转入任意盈余公积。商业银行的盈余公积可用于弥补亏损、转增资本，符合条件的商业银行，也可用盈余公积分派现金股利。

（二）盈余公积的核算

为加强对盈余公积的核算和管理，设置"盈余公积"科目，该科目性质属于所有者权益类，贷方登记按规定从净利润中提取的盈余公积数额，借方登记盈余公积金的支用和减少的数额，期末贷方余额为提取的盈余公积结余数。

【例12-14】甲商业银行按规定比例从税后利润中提取法定盈余公积100万元。其会计分录如下：

借：利润分配　　　　　　　　　　　　　　　　　1 000 000

　　贷：盈余公积——法定盈余公积　　　　　　　　　　　1 000 000

【例12-15】甲商业银行按规定比例从税后利润中提取法定公益金50万元。其会计分录如下：

借：利润分配　　　　　　　　　　　　　　　　　500 000

　　贷：盈余公积——法定公益金　　　　　　　　　　　500 000

【例12-16】甲商业银行按规定以盈余公积180万元弥补上年度亏损。其会计分录如下：

借：盈余公积　　　　　　　　　　　　　　　　　1 800 000

　　贷：利润分配　　　　　　　　　　　　　　　　　1 800 000

【例12-17】甲商业银行经有关部门批准，决定以盈余公积200万元转增资本金。其会计分录如下：

借：盈余公积　　　　　　　　　　　　　　　　　2 000 000

　　贷：实收资本　　　　　　　　　　　　　　　　　2 000 000

第三节　损益业务的核算

一、营业收入的核算

（一）营业收入的构成

收入是指企业在销售商品、提供劳务及让渡资产使用权等日常活动中所形成的经济利益的总流入。商业银行提供金融商品服务所取得的收入，主要包括营业收入、投资收益、营业外收入等。其中，营业收入主要包括利息收入、金融企业往来收入、中间业务收入、汇兑损益和其他营业收入等。

（二）营业收入的确认

银行应当根据收入的性质，按照收入确认的条件，合理地确认和计量各项收入。银行提供金融产品服务取得的收入，应当在以下条件均能满足时予以确认：

（1）与交易相关的经济利益能够流入企业。

（2）收入的金额能够可靠地计量。

金融企业发放的贷款，应按期计提利息并确认收入。发放贷款到期（含展期）90天后尚未收回的，其应计利息停止计入当期利息收入，纳入表外核算；已计提的贷款应收利息，在贷款到期90天后仍未收回的，或在应收利息逾期90天后仍未收到的，冲减原已计入损益的利息收入，转作表外核算。

中间业务收入，应当在向客户提供相关服务时确认。

利息收入、金融企业往来收入等，应按让渡资金使用权的时间和适用利率计算确定。

（三）营业收入的核算

1. 利息收入的核算。

利息收入是银行办理各种贷款以及票据贴现而取得的利息，它在银行营业收入中占有较大的比重，在银行财务成果中也占有重要的地位。在核算时，设置"利息收入"科目进行核算。"利息收入"科目的明细科目可设置为：①短期贷款利息收入；②中长期贷款利息收入；③抵押贷款利息收入；④质押贷款利息收入；⑤担保贷款利息收入；⑥贴现贷款利息收入；⑦逾期贷款利息收入；⑧贷款罚息收入等。

（1）当期收到利息的核算。银行在计息当期收到利息时，应借记有关账户，贷记"利息收入"账户。

【例 12 – 18】甲银行向市机床厂贷款，第一季度贷款利息为 50 000 元，结息日如市机床厂有足够存款支付该笔利息，则银行可填制贷款利息结算凭证，办理转账。

借：活期存款——市机床厂　　　　　　　　　　　　　　　　　50 000
　　贷：利息收入——××贷款利息收入　　　　　　　　　　　　　　　　50 000

（2）计提应收利息的核算。应收利息是指应列为当期损益，而未实际收到的利息。银行计算应收利息是根据权责发生制原则的要求，凡属银行本期应收取的利息，应确认收入的实现，并按季度计提应收利息，计入当期损益。计提应收利息时，编制转账借、贷传票各一联，办理转账。会计分录为：

借：应收利息——××户
　　贷：利息收入

上述的应收利息，实际收回时，其会计分录为：

借：活期存款——××户
　　贷：应收利息——××户

【例 12 – 19】如例［12 – 18］中，若第一季度尚未收回利息款，此时应计提应收未收利息：

借：应收利息——市机床厂　　　　　　　　　　　　　　　　　50 000
　　贷：利息收入　　　　　　　　　　　　　　　　　　　　　　　　50 000

若第二季度收回这 50 000 元利息，则收回时作会计分录：

借：活期存款——市机床厂　　　　　　　　　　　　　　　　　50 000
　　贷：应收利息——市机床厂　　　　　　　　　　　　　　　　　　50 000

有些银行对逾期 90 天没有收回的贷款，转入"非应计贷款"科目，利息转作表外科目核算。

2. 金融企业往来收入的核算。

金融企业往来收入是指银行与其他金融企业发生业务往来而形成的利息收入，即指在同一银行系统内部的联行之间以及与中央银行或其他金融机构之间的资金往来所发生的利息收入、存贷款利差补贴收入等。与利息收入相比，金融企业往来收入一般数额较大，利率较低。它在营业收入中占较大份额，应设置"金融企业往来收入"科目予以反映，并按往来单位设明细账。

银行于本期实际收到金融企业往来收入，则银行应将收到的利息记入"金融企业往来收入"科目的贷方，同时按利息来源渠道，借记有关科目。

【例 12 – 20】某银行收到存于中国人民银行的款项利息 25 万元，则账务处理为：

借：存放中央银行款项　　　　　　　　　　　　　　　250 000

　　贷：金融企业往来收入——中央银行利息收入　　　　　　　250 000

【例12－21】某银行收到省分行划来的第三季度省辖联行利息收入50 000元，则应作会计分录：

借：辖内往来　　　　　　　　　　　　　　　　　　50 000

　　贷：金融企业往来收入——省辖清算资金往来利息收入　　　　50 000

3. 中间业务收入的核算。

中间业务收入是指银行在办理结算、咨询、担保、代保管等提供金融服务时向客户收取的费用所取得的收入。中间业务收入，应当在向客户提供相关服务时确认收入，对于其核算，银行应设置"中间业务收入"账户，并按其种类分设明细账。

【例12－22】某客户向其开户银行申请办理银行承兑汇票，按规定收取500元承兑手续费，其会计分录为：

借：活期存款——承兑申请人户　　　　　　　　　　500

　　贷：中间业务收入——银行承兑汇票承兑收入　　　　　　　500

4. 汇兑损益的核算。

汇兑损益是银行进行外汇买卖和外币兑换等业务而产生的损益。银行的外汇买卖及兑换通过"汇兑损益"科目进行核算，同时按外汇买卖外币种分设明细账。其买卖及兑换业务发生时，兑入的货币，借记有关科目，贷记本科目；同时兑出的货币借记本科目，贷记有关科目。期末按外汇买卖细目余额确认损益，如果外汇买卖科目人民币金额在贷方，则表明是汇兑收益。

确认汇兑收益时，会计分录为：

借：外汇买卖

　　贷：汇兑损益——××币种

5. 其他营业收入的核算。

其他营业收入是指银行除经营存款、贷款、中间业务、投资、外汇买卖、结售、代理业务以及金融企业往来以外的其他营业性收入，主要包括：咨询服务收入、无形资产转让收入、出租包装物和商品、销售材料、用材料进行非货币性交换（在非货币性资产交换具有商业实质且公允价值能够可靠计量的情况下）或债务重组等实现的收入。银行应设置"其他营业收入"科目进行核算，并按其种类设置明细账。

发生其他营业收入时，会计分录为：

借：存放中央银行款项（或其他科目）

　　贷：其他营业收入

6. 公允价值变动损益。

公允价值变动损益是指商业银行由于交易性金融资产、交易性金融负债以及采用公允价值模式计量的衍生金融工具、套期保值业务中公允价值变动形成的应计入当期损益的利得或损失。该业务设置"公允价值变动损益"科目，并按照交易性金融资产、交易性金融负债等进行明细核算。期末，将本科目余额转入"本年利润"科目，结转后本科目无余额。

（1）交易金融资产的公允价值变动。资产负债表日，若交易性金融资产的公允价值高于其账面余额，会计分录为：

借：交易性金融资产——公允价值变动

　　贷：公允价值变动损益

若交易性金融资产的公允价值低于账面余额，则会计分录与上相反。

出售交易性金融资产时，以实际收到金额入账，会计分录为：

借：存放中央银行款项

　　贷：交易性金融资产——成本（公允价值变动）

同时，按照"交易性金融资产——公允价值变动"科目余额，借记或贷记"公允价值变动损益"科目，贷记或借记"投资收益"科目。

（2）交易性金融性负债公允价值变动。资产负债表日，若交易性金融负债的公允价值高于其账面余额时，会计分录为：

借：公允价值变动损益

　　贷：交易性金融负债

若交易性金融负债的公允价值低于其账面余额，则作与以上相反的会计分录。

出售交易性金融负债时，以实际收到金额入账，会计分录为：

借：交易性金融负债（账面余额）

　　贷：存放中央银行款项（或投资收益）

同时，按照"交易性金融负债——公允价值变动"科目的余额，借记或贷记"公允价值变动损益"科目，贷记或借记"投资收益"科目。

（四）营业外收入的核算

营业外收入是指与商业银行的经营活动没有直接关系的各项净收入，包括处置非流动资产利得、非货币性资产交换利得、债务重组利得、罚没利得、政府补足利得、确实无法支付而按规定程序经批准后转作营业外收入的应付账款、捐赠利得、盘盈利得等。

对于上述业务，设置"营业外收入科目"核算，并按照营业外收入项目不同进行明细账核算，发生各项营业外收入时，会计分录为：

借：××科目

　　贷：营业外收入

期末，将"营业外收入"科目余额转入"本年利润"科目，结转后的"营业外收入"科目无余额。

二、商业银行成本、费用核算

商业银行的成本、费用是指银行在日常活动中发生的、会导致所有者权益减少的、与向所有者分配利润无关的经济利益的总流出。主要包括营业支出、营业税金及附加及营业外支出三部分。

（一）营业支出的核算

银行的营业支出，是指在业务经营过程中发生的与业务经营有关的支出，包括利息支出、金融企业往来支出、手续费支出、营业费用以及其他营业支出，包括卖出回购证券支出、资产减值损失、汇兑损失等。

利息支出是指银行向社会、个人、其他企事业单位，以负债形式筹集各类资金。

金融企业往来支出，是指商业银行与中央银行、商业银行系统内清算资金往来、同业往来之间因资金往来而发生的利息支出。

手续费支出，是银行支付给其他受托单位代办业务的费用，如代办储蓄手续费、其他银行代办业务手续费等。

营业费用是指银行在业务经营及管理工作中发生的各项费用，包括：固定资产折旧、业务宣传费、业务招待费、电子设备运转费、安全防卫费、企业财产保险费、邮电费、劳动保护费、外事费、印刷费、公杂费、低值易耗品摊销、职工工资、差旅费、水电费、租赁费（不包括融资租赁费）、修理费、职工福利费、职工教育经费、工会经费、房产税、车船税、土地使用税、印花税、会议费、诉讼费、公证费、咨询费、无形资产摊销、长期待摊费用摊销、待业保险费、劳动保险费、取暖费、审计费、技术转让费、研究开发费、绿化费、董事会费、上交管理费、广告费、银行结算费等。

（二）其他营业支出的核算

其他营业支出是指除利息支出、金融企业往来支出、手续费支出、营业费用、营业税金及附加以外的属营业方面的支出，它包括呆账准备金、固定资产折旧等费用支出。

1. 利息支出的核算。

按国家规定支付的利息，核算时应设置"利息支出"会计科目，并按负债的种类设置明细账户。

（1）预提应付利息的核算。按照权责发生制原则，属于本期的利息支出，虽然款项尚未付出，仍应作本期费用处理。如本期发生的存款利息，要在下期付出，则本期预提应付利息的会计分录为：

借：利息支出——××利息支出户

　　贷：应付利息——应付××利息户

【例 12 –23】某行年末根据单位定期存款和定期储蓄存款月平均余额，按利率档次计提利息 12 万元，则该行所作的会计分录为：

借：利息支出——定期存款利息支出户　　　　　　　　　　　　120 000

　　贷：应付利息——应付定期存款利息户　　　　　　　　　　　　120 000

（2）实际支付利息的核算。实际支付利息是指银行按利随本清和约定期限实际支付的利息。本期发生、本期支付的处理。如该笔业务是本期发生，其利息也是本期办理支付的，则银行应作如下分录：

借：利息支出

　　贷：现金（或其他有关科目）

【例 12 –24】某行于一季度结息日计算出应付单位活期存款利息 50 万元，则该行于结息日的次日应作如下会计分录：

借：利息支出——单位活期存款利息支出户　　　　　　　　　　500 000

　　贷：活期存款——××单位户　　　　　　　　　　　　　　　500 000

上期发生、本期支付的处理：如该笔业务利息是上期发生，但实际支付在本期，则银行应作如下会计分录：

借：应付利息——应付××利息户

　　贷：现金（或其他有关科目）

2. 金融企业往来支出的核算。

（1）预提金融企业往来应付利息的核算。金融企业往来支出可按实际情况进行预提，预提时的会计分录为：

借：金融企业往来支出——××利息支出户

　　贷：应付利息——应付××利息户

（2）实际发生金融企业往来利息支付的核算。本期发生、本期支付利息的处理，即该笔业务是本期发生的，利息也是本期支付的，则银行应作会计分录为：

借：金融企业往来支出

　　贷：存放中央银行款项（或其他有关科目）

【例12－25】某行向中央银行借款100万元，二季度结息日次日，收到借款利息通知回单，借款利息50 000元已扣，则该行应作会计分录：

借：金融企业往来支出——与中央银行往来支出　　　　　50 000

　　贷：存放中央银行款项　　　　　　　　　　　　　　　　50 000

上期发生、本期支付利息的处理，即该笔业务利息是上期发生的，但实际支付的利息是在本期办理的，则银行应作会计分录：

借：应付利息

　　贷：存放中央银行款项（或其他有关科目）

3. 手续费支出。

手续费支出一般有现金和转账两种方式，其支付时的会计分录为：

借：手续费支出

　　贷：现金（或活期存款等科目）

4. 营业费用。

营业费用是银行在业务经营及管理工作中发生的各种费用，包括业务招待费、业务宣传费、业务管理费等。

（1）业务宣传费的核算。业务宣传费是指银行开展业务宣传活动所支付的费用。按《金融保险业务财务制度》规定：业务宣传费在营业收入（扣除金融机构往来利息收入）的规定比例内掌握使用，银行为2‰，保险及其他非银行金融企业为5‰，业务宣传费应一律据实列支，不得预提。

发生业务宣传费，银行应作如下会计分录：

借：营业费用——业务宣传费

　　贷：现金（或其他有关科目）

【例12－26】某行全年营业收入为1 500万元（不包括金融企业往来收入），按2‰掌握，则该行全年业务宣传费不得超过30 000元。如该行实际发生宣传费支出为2 000元，则会计分录为：

借：营业费用——业务宣传费　　　　　　　　　　　　　2 000

　　贷：现金（或其他有关科目）　　　　　　　　　　　　　2 000

（2）业务招待费的核算。业务招待费是指银行为业务经营的合理需要而支付的业务交际费用。按《金融保险企业财务制度》的规定，业务招待费应按全年营业收入（扣除金融机构往来利息收入）的一定比例，分以下4个档次控制最高限额掌握：

①全年营业收入在1 500万元（含）以内的，业务招待费不超过5‰。

②全年营业收入超过 1 500 万元，不足 5 000 万元的，不超过该部分的 3‰。

③全年营业收入超过 5 000 万元，不足 1 亿元的，不超过该部分的 2‰。

④全年营业收入超过 1 亿元的，不超过该部分的 1‰。

如某行 1995 年业务招待费实际支出为 10 万元，则该行所作的会计分录为：

借：营业费用——业务招待费　　　　　　　　　　　　　　　100 000

　　贷：现金（或其他有关科目）　　　　　　　　　　　　　　100 000

与业务宣传费一样，业务招待费也一律据实列支，不得预提。

（3）业务管理费的核算。业务管理费是指银行因开办各项业务而发生的管理费用。它包括：电子设备运转费、钞币运送费、安全防卫费、保险费、邮电费、劳动保护费、外事费、印刷费、公杂费、低值易耗品摊销、理赔勘察费、职工工资、差旅费、水电费、租赁费（不包括融资租赁费）、修理费、职工福利费、职工教育经费、工会经费、税金、会议费、诉讼费、公证费、咨询费、无形资产摊销（不包括自行开发的无形资产摊销）、递延资产摊销、其他资产摊销、待业保险费、劳动保险费、取暖费、审计费、技术转让费、研究开发费、绿化费、董事会费等。

①职工工资的核算。职工工资是指在职职工工资、奖金、津贴和补贴。每月初，银行应按照规定的开支渠道，将本月应发放的工资按不同的开支项目或来源进行分配，通过“应付工资”科目进行核算，该科目属负债性质，其会计分录为：

借：营业费用——职工工资

　　贷：应付工资

根据工资表发放工资时，其会计分录为：

借：应付工资

　　贷：现金

②职工福利费的核算。职工福利费是按照工资总额的 14% 提取的，用于银行职工集体福利方面的开支。其核算设置“应付福利费”科目，该科目属负债性质。职工福利费主要用途为：职工的医药费（包括参加医疗保险缴纳的医疗保险费）、医护人员的工资、医务经费、职工工伤赴外地就医路费、职工生活困难补助费、职工浴室、理发室、幼儿园、托儿所人员的工资等。

提取职工福利费时，银行应作如下会计分录：

借：营业费用——职工福利费

　　贷：应付福利费

实际支付福利费时，其会计分录为：

借：应付福利费

　　贷：现金（或其他有关科目）

【例 12 - 27】某银行一季度工资总额为 10 万元，则提取职工福利费的会计分录为：

借：营业费用——职工福利费　　　　　　　　　　　　　　　14 000

　　贷：应付福利费　　　　　　　　　　　　　　　　　　　　14 000

③工会经费的核算。工会经费是银行按职工工资总额的 2% 计提的，拨交工会使用的经费。计提工会经费，通过“其他应付款”科目核算。

计提工会经费的会计分录为：

借：营业费用——工会经费
　　贷：其他应付款——工会经费户

工会实际支付经费时，其会计分录为：

借：其他应付款——工会经费户
　　贷：现金（或其他有关科目）

④职工教育经费的核算。职工教育经费是银行按照职工工资总额的 1.5% 计提的，用于职工教育方面开支的费用。计提职工教育经费，通过"其他应付款"科目核算。

计提职工教育经费的会计分录为：

借：营业费用——职工教育经费
　　贷：其他应付款——职工教育经费户

实际支付职工教育经费时，其会计分录为：

借：其他应付款——职工教育经费
　　贷：现金（或其他有关科目）

【例 12－28】某行全年工资总额为 18 万元，则应计提工会经费 3 600 元，计提职工教育经费 2 700 元，其会计分录为：

借：营业费用——工会经费　　　　　　　　　　　　　　　　　3 600
　　贷：其他应付款——工会经费户　　　　　　　　　　　　　　　　3 600
借：营业费用——职工教育经费　　　　　　　　　　　　　　　2 700
　　贷：其他应付款——职工教育经费户　　　　　　　　　　　　　　2 700

⑤劳动保险费的核算。劳动保险费是指离退休职工的退休金、价格补贴、医药费（含离退休人员参加医疗保险的医疗保险基金）、易地安家补助费、职工退职金、6 个月以上病假人员工资、职工死亡丧葬补助费、抚恤费、按规定支付给离休干部的各项经费以及实行社会统筹办法的企业按规定提取的退休统筹基金。

发生劳动保险费支出时，银行应作如下会计分录：

借：营业费用——劳动保险费
　　贷：存放中央银行款项（或其他有关科目）

⑥待业保险费的核算。待业保险费是为了解决职工在待业期间的基本生活需要而建立的职工待业保险基金。银行按照国家规定缴纳的待业保险基金由开户银行代为扣款，在接到开户行扣缴通知时，其会计分录为：

借：营业费用——待业保险费
　　贷：存放中央银行款项（或其他有关科目）

⑦税金的核算。营业费用中的税金是指房产税、车船税、土地使用税、印花税等应在成本中列支的税金。计提时，应通过"应交税金"科目进行核算。

车船税、土地使用税、印花税在期末计提时，银行应作会计分录为：

借：营业费用——税金
　　贷：应交税金——应交××税

实际缴纳上述各种税金时，其会计分录为：

借：应交税金——应交××税
　　贷：存放中央银行款项（或其他有关科目）

对于印花税的核算，可以不通过"应交税金"科目。因为银行缴纳的印花税，是由纳税人根据规定自行计算应纳税额，以购买并一次贴足印花税票的方法缴纳税款，由于缴纳印花税，既不存在应付未付税款的情况，无需预计应纳税额；又不存在与税务机关结算或清算问题，所以不用通过"应交税金"科目核算，银行缴纳印花税时，应作会计分录为：

借：营业费用——××税金

　　贷：现金（或其他有关科目）

如金额较大，可先记入"待摊费用"，在以后各期摊销。

除上列项目之外，业务管理费还包括无形资产摊销、递延资产摊销、差旅费、会议费、水电费、邮电费、印刷费、钞币运送费、劳动保护费、保险费、咨询费等。

期末应将"营业费用"科目的借方余额结转到"本年利润"科目中，结转后"营业费用"科目无余额。

5. 资产减值损失。

银行应根据资产减值等准则计提各项资产减值准备（包括坏账准备、长期股权投资减值准备、固定资产减值准备、在建工程减值准备、贷款损失准备、抵债资产跌价准备等）所形成的损失，对资产减值损失，银行设置"资产减值损失"科目，并按照资产减值损失的项目进行明细核算。期末，应将科目余额转入"本年利润"科目，结转后本科目无余额。

确定资产发生减值时，会计分录为：

借：资产减值损失

　　贷：持有至到期投资减值准备等

银行计提资产减值准备后，相关资产价值又得以恢复，应在原计提的减值准备金额内，按照恢复增加的金额冲回，会计分录与以上相反。

三、投资及其收益的核算

（一）投资及其基本分类

投资是指银行为通过分配来增加财富，或为谋求其他利益，而将资产让渡给其他单位所获得的另一项资产。按照不同的分类标准可将银行投资分为不同的类别，如根据投资持有时间的不同可分为短期投资和长期投资，其中，短期投资是指能够随时变现，持有时间不准备超过1年的投资，长期投资是指短期投资以外的投资。按照投资对象的性质不同可分为股权投资和债券投资。

（二）投资收益的核算要求

1. 债券投资收益的核算要求。

债券投资收益，是指进行债券投资所取得的收益。其具体核算要求如下：

（1）持有时间不准备超过1年的短期债券，按实际取得时的收益确认投资收益。

（2）持有时间在1年以上的各类投资性债券要按债券面值和规定的利率，计提应计债券利息，计入当期损益。

（3）中途转让未到期债券，实际收到的价款与债券面值和应收利息的差额，作为投资收益，计入当期损益。

（4）溢价或折价购入的债券，其溢价或折价应在债券存续期内分期平均摊销，在债券持有期间按月计提的应收利息扣除当期溢价摊销额，或债券持有期间按月计提的应收利息与当期折价摊销额合计，确认为当期损益。

2. 股权投资收益的核算要求。

股权投资收益，是指向其他法人进行股权投资而获得的收益。其具体核算要求如下：

（1）股权投资在投资时以实际支付的全部价款扣除已宣告发放尚未领取的股利计价。以放弃非现金资产（不含股权）而取得的长期股权投资，投资成本以所放弃的非现金资产的公允价值确定。公允价值超过所放弃的非现金资产账面价值的差额，扣除应缴税金后的部分，作为资本公积的准备项目；反之，确认为当期损失。

（2）长期股权投资采用权益法核算时，投资成本与应享有被投资单位所有者权益份额之间的差额，作为股权投资差额，按一定期限平均摊销，计入损益。

（三）投资收益的核算

1. 债券投资收益的核算。

（1）取得短期债券投资收益的处理。到期兑付或提前处置短期债券投资时，按实际取得的价款与短期债券投资账面余额的差额确认为投资损益；如果在处置时已计入应收项目的利息尚未收回的，应按扣除该部分利息后的金额确认为投资损益。会计分录为：

借：存放中央银行款项（或其他有关科目）
　　贷：短期债券投资——××户
　　　　应收利息
　　　　投资收益

发生投资损失时，会计分录为：

借：存放中央银行款项（或其他有关科目）
　　投资收益
　　贷：短期债券投资——××户
　　　　应收利息

（2）取得长期债券投资收益的处理。按面值取得的长期债券投资，在债券持有期间按期计提投资收益，会计分录为：

借：长期债券投资——应计利息
　　贷：投资收益

按溢价取得的长期债券投资，在债券持有期间按期计提投资收益并摊销溢价，会计分录为：

借：长期债券投资——应计利息
　　贷：长期债券投资——溢折价
　　　　投资收益

按折价取得的长期债券投资，在债券持有期间按期计提投资收益并摊销折价，会计分录为：

借：长期债券投资——应计利息
　　长期债券投资——溢折价
　　贷：投资收益

到期兑付或提前处置长期债券投资时，按实际取得的价款扣除其账面余额及已计入应收项目的利息后的差额，确认为当期损益。会计分录为：

借：存放中央银行款项（或其他有关科目）

  贷：长期债券投资——面值

      ——应计利息

   投资收益

发生投资损失时，会计分录为：

借：存放中央银行款项（或其他有关科目）

  投资收益

  贷：长期债券投资——面值

      ——应计利息

2. 股权投资收益的核算。

（1）确认或收到股权投资收益时，会计分录为：

借：存放中央银行款项

  应收股利——××被投资单位户

  （或其他有关科目）

  贷：投资收益

（2）处置股权投资时，会计分录为：

借：存放中央银行款项

  应收股利——××被投资单位户

  （或其他有关科目）

  投资收益——××户（若为损失）

  贷：股权投资——××户

    投资收益——××户（若为收益）

四、营业外收支的核算

（一）营业外收入的核算

1. 营业外收入项目。

营业外收入是指银行发生的与其经营业务活动无直接关系的各项收入和各项支出。营业外收入包括固定资产盘盈、处置固定资产净收益、处置无形资产净收益、处置抵债资产净收益、罚款收入等。这些收入的形成，并不是银行经营某项业务而产生的，和银行业务没有直接联系，因此归为营业外收入。

2. 营业外收入的核算。

银行应设立"营业外收入"科目核算，本科目按营业外收入项目进行明细核算。银行在经营过程中，若发生营业外收入，应根据收入项目按实际发生数作账务处理，其会计分录是：

借：××科目

  贷：营业外收入——××户

【例12-29】某银行在经营过程中，发生出纳长款10元，经批准作为营业外收入。

借：其他应付款——待处理出纳长款   10

  贷：营业外收入——出纳长款收入   10

（二）营业外支出的核算

1. 营业外支出项目。

营业外支出是指发生在银行业务经营以外又与银行经营活动无直接联系的各项支出。它包括固定资产盘亏、处置固定资产净损失、处置无形资产净损失、抵债资产保管费用、处置抵债资产净损失、债务重组损失、罚款支出、捐赠支出、非常损失等。

2. 营业外支出的核算。

银行发生的营业外支出应通过"营业外支出"科目核算，该科目借方登记发生的各项营业外支出数，平时余额在借方，期末将其结转到本年利润后即无余额。

（1）固定资产盘亏和毁损、报废净损失的核算（参见本章第一节的有关内容）。

（2）出纳短款的核算。出纳短款是指银行在办理现金收付业务活动中发生的短款支出。发生短款经当天未能查清和找回时，要经过一定的审批手续，作如下会计分录：

借：其他应收款——应收出纳短款
　　贷：现金

经调查确认属于责任事故的短款并确实无法找回时，按照规定的审批权限，转为银行损失，其会计分录为：

借：营业外支出——出纳短款
　　贷：其他应收款——应收出纳短款

但查明短款原因是贪污时，应追回全部短款，并按贪污案件处理。

（3）证券交易差错损失的核算。银行发生的证券交易差错损失核算比照出纳短款处理。

（4）职工子弟学校和技校经费支出的核算。银行如果自办职工子弟学校，其学校经费支出大于收入的差额和自办技工学校的经费支出，均属营业外支出，但兴建校舍不应列为营业外支出。

发生上述经费支出时，银行应作如下会计分录：

借：营业外支出——××户
　　贷：存放中央银行款项——××户

（5）非常损失的核算。非常损失是指非正常的、出乎意外的自然灾害造成的各项资产净损失，即受损资产扣除保险公司赔偿金及废料残值后的差额。

发生损失时，报经批准后，应将扣除残值和过失人、保险公司赔款后的净损失列作银行损失，其会计分录为：

借：营业外支出——非常损失
　　贷：待处理财产损溢——××户

（6）公益救济性捐赠的核算。公益救济性捐赠是指国内重大救灾或慈善事业的救济性捐赠支出。发生该项支出时，银行应作如下会计分录：

借：营业外支出——救济性捐赠支出
　　贷：现金（或其他有关科目）

（7）赔偿金、违约金的核算。赔偿金、违约金是指银行因未履行经济合同、协议而向其他单位支付的赔偿金、违约金等罚款性支出。发生该项支出时，银行应作如下会计分录：

借：营业外支出——违约金及赔偿金
　　贷：存放中央银行款项（或其他有关科目）

期末，银行应将营业外支出科目的借方余额结转到本年利润科目中，结转时的会计分录为：

借：本年利润

  贷：营业外支出

结转后，营业外支出科目应无余额。

五、税金的核算

（一）银行纳税的种类

税金是企业按照税法规定应向国家税务部门缴纳的各种税款支出。根据国家现行税法规定，银行应缴纳的税种有营业税、城市维护建设税、教育费附加、房产税、车船税、印花税、所得税等。其中除所得税为利润后缴纳外，其余均在利润前缴纳。

（二）税金的核算

1. 营业税金及附加的核算

营业税金及附加是指商业银行经营活动中发生的营业税、消费税、城市维护建设税、资源税、教育费附加等相关税费。

（1）营业税金及附加的计算。按照国家税法规定，商业银行应向国家税务机关缴纳营业税金（目前税率为5%）及附加，其计算公式为：

营业税 = 计税营业收入 × 营业税税率

城市维护建设税 = 营业税 × 适用税率

城市维护建设税按照纳税人所在地的不同，分为三个档次差别比例税率：所在地为市区的，税率为7%；所在地为县城、建制镇的，税率为5%；所在地不在市区、县城、建制镇的，税率为1%。

教育费附加（目前税率为3%）：

教育费附加 = 营业税 × 适用税率

（2）计提营业税金及附加的核算。银行在季末计提营业税及城市维护建设税时，会计分录如下：

借：营业税金及附加

  贷：应交税金——应交营业税

      ——应交城市维护建设税

计提教育费附加时，会计分录如下：

借：营业税金及附加

  贷：其他应交款——应交教育费附加

（3）实际缴纳营业税金及附加的核算。在实际缴纳上述税款时，银行应作会计分录：

借：应交税金——应交营业税

     ——应交城市维护建设税

  其他应交款——应交教育费附加

  贷：存放中央银行款项

（4）收到返还的消费税、营业税等原记入本科目的各种税费，按照实际收到金额，转入"营业外收入"科目，会计分录为：

借：存放中央银行款项

贷：营业外收入

（5）期末结转营业税金及附加的处理。期末，银行应将营业税及附加结转到"本年利润"科目，会计分录为：

借：本年利润

贷：营业税金及附加

2. 房产税、车船税、土地使用税、印花税的核算（参见本章第二节的有关内容）。

3. 所得税的核算。

根据《企业会计准则第18号——所得税》的规定，所得税费用应从当期利润总额中扣除。在业务核算中，财务会计和税收会计的核算标准有所不同，财务会计是按照会计制度核算收益、费用、损失、资产、负债等，而税收会计则是按照税收法规确定收益、费用、损失、资产、负债等。因此，按照财务会计方法计算的税前利润与按照税法规定计算的应税所得之间的结果不一定相同。

根据当前的企业会计准则，企业的所得税要以取得的资产负债时的金额确定其计税基础。资产、负债的账面价值与其计税基础之间的差异，应当按照会计准则规定确认所产生的递延所得税资产和递延所得税负债。资产的计税基础是指企业收回资产账面价值过程中，计算应纳税所得额时按照税法规定可以自应税经济利益中抵扣的金额；负债的计税基础是指负债的账面价值，减去未来期间计算应纳税所得额时按照税法规定可予以抵扣的金额。

对所得税费用的核算，银行应设置"所得税费用"科目，并设置"当期所得税费用"、"递延所得税费用"进行明细核算。

资产负债表日，银行按照税法规定计算确定的到期应缴所得税金额，记入"所得税费用"科目。会计分录为：

借：所得税费用——当期所得税费用

贷：应交税金——应交所得税

资产负债表日，根据所得税准则应予以确认的递延所得税资产大于"递延所得税资产"科目余额的差额，贷记本科目、"资本公积"等科目。会计分录为：

借：递延所得税资产

贷：所得税费用——递延所得税费用

资本公积——其他资本公积

若应予以确认的递延所得税资产小于"递延所得税资产"科目的差额，作相反的会计分录。

企业应予以确认的递延所得税负债，应当比照上述原则调整本科目、"递延所得税负债"科目及其有关科目。

期末将"所得税"科目余额结转到"本年利润"科目，借记"本年利润"科目，贷记"所得税"科目，结转后"所得税"科目无余额。

六、利润的核算

(一) 利润的构成及计算

利润是指银行在一定会计期间的经营成果，包括营业利润、利润总额和净利润。其中，营业利润是指营业收入减去营业成本和营业费用加上投资净收益后的净额。利润总额是指营业利润减去营业税金及附加，加上营业外收入，减去营业外支出后的金额。净利润，是指扣除资产损失后利润总额减去所得税后的金额。

计算公式如下：

$$营业利润 = 营业收入 - 营业成本 - 营业费用 + 投资净收益$$
$$利润总额 = 营业利润 - 营业税金及附加 + 营业外收入 - 营业外支出$$
$$净利润 = 扣除资产损失后的利润总额 - 所得税$$

(二) 利润及利润分配的核算

1. 结转损益的核算。

每个会计年度终了，银行都要结转利润，将各损益类账户余额全部结转到"本年利润"账户中去，即将收益类账户余额结转到"本年利润"的贷方，而成本费用类账户余额结转到"本年利润"的借方。"本年利润"科目如为贷方余额，即为本期利润总额。"本年利润"科目如为借方余额，则为本期亏损总额。前两节为了说明每一收入和支出账户核算的全过程，对每个损益类账户期末结转的会计分录都分别列示，但在实际工作中，银行对损益类账户是于年末结转的，其会计分录如下：

借：利息收入

中间业务收入

金融企业往来收入

汇兑损益

投资收益

其他营业收入

营业外收入等科目

贷：本年利润

借：本年利润

贷：利息支出

手续费支出

金融企业往来支出

营业费用

营业税金及附加

其他营业支出

营业外支出等科目

2. 本年利润的结转。

年度终了时，将"本年利润"科目结平，转到"利润分配——未分配利润"科目。

盈利时，会计分录如下：

借：本年利润

　　　　贷：利润分配——未分配利润

　　亏损时，会计分录如下：

　　借：利润分配——未分配利润

　　　　贷：本年利润

　　3. 利润分配的核算。

　　银行董事会或类似机构决议提请股东大会或类似机构批准的年度利润分配方案，在股东大会或类似机构召开会议前，应当将其列入报告年度的利润分配表。股东大会或类似机构批准的利润分配方案，与董事会或类似机构提请批准的报告年度利润分配方案不一致时，其差额应当调整报告年度财务报表有关项目的年初数。

　　（1）可供分配的利润及其分配顺序。

　　①抵补已缴纳的在成本和营业外支出中无法列支的有关惩罚性或赞助性支出。包括被没收的财物损失、延期缴纳的各项税款滞纳金和罚款、少缴或迟缴中央银行准备金的加息等。

　　②弥补连续5年税前利润尚未弥补完的以前年度亏损。银行历年提取的法定盈余公积金和任意公积金也可以用于弥补亏损。

　　③提取法定盈余公积，提取比例一般为当年实现净利润的10%，但以前年度累计的法定盈余公积达到注册资本的50%时，可以不再提取；法定盈余公积用于弥补亏损和转增资本后的余额，不得低于注册资本的25%。

　　④提取法定公益金，提取比例一般为当年实现净利润的5%～10%。

　　⑤提取各项准备金和基金。包括从事存贷款业务的金融企业，按规定提取的一般准备；外商投资商业银行按规定提取的储备基金、银行发展基金、职工奖励及福利基金等。

　　⑥可供投资者分配的利润及其分配。可供分配的利润减去提取的法定盈余公积、法定公益金等后，为可供投资者分配的利润，其顺序为优先股股利、提取任意盈余公积、普通股股利。

　　⑦未分配利润。可供投资者分配的利润经过上述分配后，为未分配利润（或未弥补亏损）。未分配利润可留待以后年度进行分配。银行如发生亏损，可以按规定由以后年度利润进行弥补。

　　（2）利润分配的核算。金融企业未分配的利润（或未弥补的亏损）应当在资产负债表的所有者权益项目中单独反映。

　　金融企业实现的利润和利润分配应当分别核算，利润构成及利润分配各项目应当设置明细账，进行明细核算。金融企业提取的法定盈余公积、法定公益金、分配的优先股股利、提取的任意盈余公积、分配的普通股股利、转作资本（或股本）的普通股股利，以及年初未分配利润（或未弥补亏损）、期末未分配利润（或未弥补亏损）等，均应当在利润分配表中分别列项予以反映。

　　为了加强利润分配的核算，银行应设置"利润分配"科目。该科目属于权益类账户，借方登记各种利润分配事项，贷方登记抵减利润分配的事项，年末借方余额表示未弥补的亏损总额，贷方余额表示累计未分配总额。本科目设置"提取盈余公积"、"盈余公积补亏"、"应付利润"、"未分配利润"等明细科目。

　　①盈余公积金提取、补亏。银行从税后利润提取盈余公积，会计分录如下：

　　借：利润分配——提取盈余公积

　　　　贷：盈余公积———一般盈余公积

　　银行用盈余公积弥补亏损时，会计分录如下：

　　借：盈余公积———一般盈余公积

　　　　贷：利润分配———盈余公积补亏

　　银行在按规定提取公益金时，会计分录如下：

　　借：利润分配———提取盈余公积

　　　　贷：盈余公积———公益金

　　②外商投资银行按规定提取储备资金、企业发展基金、职工奖励及福利基金时，其会计分录为：

　　借：利润分配———提取储备基金

　　　　　　　　———提取企业发展基金

　　　　　　　　———提取职工奖励及福利基金

　　　　贷：盈余公积———储备基金

　　　　　　　　　　———企业发展基金

　　　　　　　　　　———应付职工薪酬

　　③银行按规定提取一般风险储备金，会计分录为：

　　借：利润分配———提取一般风险储备金

　　　　贷：一般风险准备

　　④计算向投资者分配利润。当银行计算应付投资者或其他单位个人的利润时，会计分录如下：

　　借：利润分配———应付利润

　　　　贷：应付利润

　　（3）将利润分配转入"利润分配———未分配利润"。年度终了将"利润分配"科目下所有明细科目的余额转到"未分配利润"明细科目中，其会计分录如下：

　　借：利润分配———未分配利润

　　　　贷：利润分配———提取盈余公积

　　　　　　　　　　———提取公益金

　　　　　　　　　　———提取一般风险准备金

　　　　　　　　　　———应付利润

　　借：利润分配———盈余公积补亏

　　　　贷：利润分配———未分配利润

　　经过利润分配后，如"利润分配"科目还有贷方余额，即为当年未分配利润；借方余额，表示未弥补的亏损。

第十三章　年终决算与决算报表

第一节　年度决算概述

一、年度决算的概念及意义

根据会计制度的规定，我国商业银行的会计年度采用日历年度制，每年从 1 月 1 日起至 12 月 31 日止为一个会计年度，每年的 12 月 31 日为年度决算日。会计年度终了，凡实行独立核算的行、处必须办理年度决算。非独立核算单位的处、所，则通过并账或并表方式，由其管辖行负责合并办理年度决算。

商业银行的年度决算，是根据日常会计记录，运用会计核算资料，通过报表数字，全面总结和分析全年商业银行各项业务活动情况和考核经营成果的一项综合性工作。真实、完整、及时地做好年度决算工作，对于分析了解全年业务和财务活动情况、考核计划完成情况、总结工作经验，提高商业银行经营管理水平，保证会计工作质量，充分发挥商业银行会计的作用，都具有重要的意义。

（1）做好年度决算工作，有助于提高商业银行经营管理水平。商业银行的年度决算，是在日常账簿记录的基础上，运用核实、整理、调整等方法，把会计核算资料变成具有内在联系的年度综合指标体系，然后通过报表形式和必要的文字说明反映出来的。年度决算，是对一年的商业银行业务活动和财务成果的总结和说明。根据年度决算，可以了解商业银行经营活动的全貌，掌握商业银行资产、负债及所有者权益的状况，可以检查各项计划的执行情况，可以分析资金的运用效益，预测业务的发展趋势，考核商业银行经济指标的完成情况，从而衡量商业银行工作所取得的成绩和存在的问题，以便总结经验、吸取教训、采取措施、改进工作，推动商业银行改善经营，提高管理水平。

（2）做好年度决算工作，有助于加强宏观控制和调节。商业银行是全国范围的信贷、结算、现金出纳和外汇收支的中心。因此，商业银行会计日常记录的各项业务活动资料，是国民经济各部门、各单位经济活动的综合反映。商业银行办理年度决算，不仅是商业银行本身一年来的会计核算总结，而且是与国民经济各部门、各单位密切相联系的。通过年度决算，将一年来的账簿资料加以核实和整理，按全国统一会计科目进行归属，利用报表形式按行逐级汇总，可以集中地、系统地、全面地反映整个国民经济资金活动的综合情况，也可以通过对数据的分析，了解商业银行资金的供求变化，使商业银行资金更好地适应国民经济发展的需要，为国家宏观经济决策提供信息资料，从而充分发挥商业银行调节社会经济生活、控制经济运行的作用。

（3）做好年度决算工作，可以检查商业银行对党的方针、政策的贯彻执行情况。商业银行在办理各项业务核算过程中，直接体现党和国家的路线、方针、政策的贯彻执行情况。因此，通过系统整理的年度决算资料，可以检查商业银行贯彻执行党和国家的路线、方针、政策的情况，也可以为党和国家制定路线、方针、政策和指导工作提供参考数据。

（4）做好年度决算工作，可以检查商业银行对国家的方针、政策的贯彻执行情况。商业银行在办理年度决算过程中，要对全年商业银行业务活动和财务活动进行一次全面的核实和整理。所谓核实，是指账簿记录的内容同实际情况进行核对，包括商业银行与各开户单位对账，以及商业银行内部账据核对、账实核对、账账核对、账款核对和利息核对等。所谓整理，就是根据核实结果，发现差异，查明原因，进行调整，使会计记录与实际相一致。然后根据核实、整理的资料，编制数字真实和内容完整的年度决算报表，并使账表一致，完全相符。

从核实、整理日常核算资料到编制年度决算报表的全过程，实际上就是对日常会计工作进行总结检查的过程。通过总结检查，肯定日常会计工作的成绩，发现存在的问题，提出改进会计工作的措施，就可以进一步提高会计工作的质量。

二、年度决算的步骤和要求

商业银行年度决算，按照工作的步骤，大体可分为两部分：一部分是决算准备工作，另一部分是决算日办理结账、轧计损益和编制财务报表。由于年度决算是商业银行一项全局性的工作，是会计工作的全面总结，涉及面广，政策性强，工作量大，质量要求高。因此，对年度决算提出以下基本要求：

（1）坚持集中统一领导，各方密切配合的原则。商业银行的年度决算，是商业银行的一项综合性工作。它的数据资料、考核指标、报表体系，涉及会计、计划、信贷、出纳、行政等各个职能部门。因此，商业银行的年度决算必须由行长集中统一领导，以会计部门为主，在各职能部门密切配合下进行。

（2）坚持会计资料的真实性、准确性和可靠性。会计核算的数字、资料必须真实、准确地反映商业银行业务和财务活动。绝不能篡改会计数据，伪造会计资料，搞虚假的会计平衡。因此，会计资料必须保证真实、准确和可靠。

（3）坚持财务报表编制的完整性、及时性和统一性。财务报表是年度决算的数字说明，必须按照财政部门和商业银行统一规定的要求进行编制。无论是全国统一规定的财务报表，还是商业银行内部规定的财务报表，都要真实、完整、及时地编报，不能任意取舍，不能漏填、漏报，而且必须在规定时间内编制完成，及时报送。

第二节　年度决算工作的内容

一、决算准备

为了保证年度决算按时按质完成，一般在每年第四季度开始后即着手进行年度决算的准备工作。其中总行要颁发办理当年决算工作的通知，提出当年决算中应注意的事项和相应的处理原则或要求，以便各基层行处统一遵循，保持上下一致。各分行则应根据总行通知精神，结合辖内具体情况，提出年度决算的具体要求，组织和督促辖内各独立会计核算单位，正确、及时地办理年度决算。基层商业银行除按总行和分行下达的通知和要求布置办理外，应着重做好下列各项准备工作：

（一）清理资金

1. 清理贷款资金。

年度决算前，会计部门要与信贷部门密切配合，对各项贷款进行全面核对，力争如期收回或办理转期手续。如有逾期的，要通知信贷员下户催收，对无法收回的呆滞贷款，应按上级行有关规定办理。

2. 清理结算资金。

年度决算前，应对发出的和代收的委托收款、托收承兑、商业汇票、代签商业银行汇票、应解汇款等结算资金进行全面清理。该划出的款项要及时划出，应收回的要积极催收。对于应解汇款，则应积极联系解付，如经多方查找，确实无法解付并超过规定期限的，应按规定办理退汇。

3. 清理存款资金。

在各类存款中，由于多种原因，有的存款户长期不发生收付活动。对这类存款户，要逐户清理，查清原因，主动与有关部门联系，及时妥善处理，办理并户和销户手续。如对确实无法联系的"不动户"，可按商业银行有关规定，转做其他应付款。

4. 清理内部资金。

清理内部资金，主要是指清理其他应付款、其他应收款、待摊费用等。

决算前，要逐项进行清理，该上缴的上缴，该收回的收回，该报损的报损，该转收益的转收益，该摊销的摊销，使内部资金减少到最低限度。经过清理，暂时无法解决的，要注明原因，以备日后查考和清理。

（二）清理账务

1. 全面检查会计科目的运用情况。

会计科目是各项业务核算分类的依据。只有正确运用，才能通过会计记录，正确、真实地反映商业银行业务活动和财务收支状况，保证统一的核算口径和统一的会计核算指标，为领导和经济管理工作者提供切实可靠的有关数据。在年度决算前，要检查当年各科目的运用情况。若发现科目运用不当，应立即进行调整。

2. 全面核对内外账务。

为了保证决算质量，真实反映各项业务和财务活动情况，商业银行的内外账务必须做到真实、准确，切实做到账账、账款、账据、账实、账表、内外账务六相符。年度决算前，要对商业银行内部所有的账、簿、卡、据进行一次全面检查和核对。检查和核对的内容是：各科目总账与分户账的金额是否相符，贷款余额与借款借据金额是否相符，金、银、外币等账面记载与库存实物是否相符，各存、贷款科目余额与单位账余额是否相符，库存现金账面结存数与实际库存现金结存数是否相符。如发现不符，应及时查明情况，在决算前予以更正。

3. 清理联行账务。

对清算资金往来应认真进行清理，以达到账卡相符。对其他商业银行之间的跨系统转汇款项，应及时办理清算，以防积压。若有问题，应及时查清。联行对账中的未核销报单款项，应抓紧清理，及时与电子计算中心和对方行进行查询查复，为年度决算打下基础。

（三）清理财产物资

1. 清查实物库存。

对出售的凭证、有价单证和重要空白凭证，进行一次全面清查，库存余额与实际库存要保持一致。如发现溢耗余缺等情况，应查明原因，按规定程序调整账面金额，做到账实相符。

2. 清理固定资产及低值易耗品。

对房屋、器具、设备等固定资产以及各种低值易耗品，应配合有关部门进行清查。凡未入账的应登记入账，已入账设卡的要逐一核对清楚。若发现余缺情况，应按规定予以处理，以保证账、卡、实物三相符。

（四）核实收支

1. 复查利息计算是否正确。

利息是商业银行财务收支的重要内容，关系到国家的方针政策，涉及商业银行、企业的经济核算和群众的切身利益。因此，计息必须正确无误。对应计息的存贷款，均应将利息结算到 12 月 20 日止，对以前各季已结算的利息，应进行复查或检查。检查利率使用、积数计算、利息计算是否正确。如发现错计、漏计、重计等情况，应予以补收或补付，以保证利息计算正确无误。

2. 检查各项费用。

费用开支直接关系到商业银行成本。在年度决算前，要对各项费用进行一次全面清查。主要检查费用是否按规定标准开支，费用列支项目是否正确，有无扩大开支范围、挤占业务支出的情况。如发现支付和摊销不符合制度或违反财经纪律，则要查明原因，予以纠正，以保证费用的正确核算。

3. 核实其他财务收支。

除营业收支外，对其他非营业收支、金融机构往来收支等也要进行一次全面清查核实。发现不符，及时调整账务。

（五）试算平衡

为了保证年度决算工作顺利进行，必须验证整个账务是否平衡。在资金、账务、财产、收支核实的基础上，各办理决算的基层行应根据 11 月底各科目总账的累计发生额和余额，编制试算平衡表，试算平衡。如果平衡，说明正确；如果不平衡，应查明原因，以求平衡，以利于为年终正式编制年度决算奠定坚实的基础。

二、决算日的工作

（一）处理当日账务

当决算日营业终了，全日账务处理结束后，商业银行仍须把各科目的总账与明细账进行全面核对，以保证账务正确无误。需要注意的是，决算日发生的业务，包括柜面收入的现金转账业务、收到的联行报单、同城票据交换、联行汇差轧算、同业往来业务等，都必须纳入当天账务，以正确反映全年的业务活动。

（二）计算结转外汇买卖损益

决算日营业终了，各家商业银行的总行需将各分支行划来的截至 11 月 30 日外汇买卖余额加计总行截至 12 月 31 日余额汇总后，计算外汇买卖损益。做法是利用"外汇买卖科目余额及损益计算表"（见表 13 - 1），将各种外币的外汇买卖账户余额，按决算牌价折成人民币，与人民币余额相比较，所得差额即为本年外汇买卖损益。

"外汇买卖科目余额及损益计算表"填列和计算方法如下：

（1）将"外汇买卖"科目各货币分户账余额填入该表的"人民币余额"栏和"外币余额"栏。

（2）将决算日各外币牌价填入"决算牌价"栏。

（3）用决算日牌价将外币余额折算成人民币数额，填入"外币余额折人民币"栏。

（4）用"外币余额折人民币"栏数字与"人民币余额"栏数字相比较，将两者之差记入"人民币损益"栏。

核算日常外汇买卖业务，买入外汇、外币，贷记"外汇买卖"科目；卖出外汇、外币，借记"外汇买卖"科目。年终"外汇买卖"科目外币余额为借方时，说明该会计期间卖出该外币数量大于买入数量。如果未来汇价上升，将卖多买少形成的差额补回，则需支付更多，因而形成外汇买卖损失；如果未来汇价下跌，补回差额则支付较多，因而形成外汇买卖收益。年终"外汇买卖"科目外币余额为贷方时，外汇买卖损益情况正好相反。现依据表 13 - 1 中的数据说明外汇买卖损益的计算：

美元余额在借方，形成外汇买卖收益，将外币余额折人民币借方 ￥54 603 506.63 与人民币余额贷方 ￥54 632 784.73 相比较，所得差额 ￥29 278.10 应填入"人民币损益"栏贷方。港币余额在贷方，形成外汇买卖损失，将外币余额折人民币贷方 ￥537 342.07 与人民币余额借方 ￥539 955.60 相比较，所得差额 ￥2 613.53 应填入"人民币损益"栏借方。日元、德国马克和瑞士法郎外汇买卖损益的计算，可依此类推。

计算出的外汇买卖损益应转入营业收入或支出，则会计分录如下：

借：外汇买卖　　　　　　　　　　　　　　　　　　　　￥16 537.59

　　贷：汇总收益　　　　　　　　　　　　　　　　　　　￥16 537.59

（三）结转全年损益

结算损益在会计循环中称为"结账"。商业银行年终需要结账的账户包括所有损益类账户，如利息收入、利息支出、中间业务收入、手续费支出、其他营业收入、其他营业支出、营业外收入、金融企业往来支出、投资收益、汇兑损益、营业费用、营业税金及附加、所得税等。根据各收入科目的分户账余额，按户分别填制转账借方传票，与"本年利润"科目的贷方对转；根据各支出科目的分户账余额，按户填制转账贷方传票，与"本年利润"科

表 13 - 1

外汇买卖科目余额及损益计算表

币别	人民币余额 借方	人民币余额 贷方	外币余额 借方	外币余额 贷方	决算牌价	外币余额折人民币 借方	外币余额折人民币 贷方	人民币损益 借方	人民币损益 贷方
美元	539 955.60	54 632 784.73	6 595 821.30		827.85%	54 603 506.63			29 278.10
港币				502 705.65	106.89%		537 342.07	2 613.53	
日元	62 660.35			939 850.20	6.69%		62 875.98		215.63
马克		1 015 479.25	1 025 512.86		485.01%	1 025 512.86		10 342.61	
法郎									
小计	602 615.95	55 648 263.98	55 629 028.49			55 629 028.49	600 218.05	12 956.14	29 493.73
损益	55 045 648.03						55 028 810.44	16 537.59	
合计	55 648 263.98	55 648 263.98	55 629 028.49			55 629 028.49	55 629 028.49	29 493.73	29 493.73

目的借方对转。各收入和各支出科目结转后，如果"本年利润"科目的余额在贷方，则为全年盈利数；反之，"本年利润"科目的余额在借方，则为全年亏损数。

（四）分配本年利润

上述工作完成后，商业银行当年损益已经计算出结果，或为盈利，或为亏损。应按有关规定，支付罚款和滞纳金，提取盈余公积、公益金，向投资者分配利润，若仍有余额，为未分配利润。

（五）办理新旧账页结转

各基层行、处在决算日全部账务核对相符和结出全年损益后，应及时办理新旧账页的结转，为新年度启用新账做好准备。办理新旧账页结转时，除套写的卡片账不办结转和储蓄、农贷等分户账因数量多、工作量大，可按规定继续使用外，其余的分户账以及总账均应办理结转，更换新账页。

第三节　财务会计报告体系的构成与编制

一、财务会计报告体系

（一）财务会计报告体系的含义

商业银行的财务会计报告是揭示或表述商业银行财务状况、经营成果和现金流量的书面文件，由财务报表、财务报表附注和财务情况说明书组成。商业银行对外提供的财务会计报告的内容、财务报表的种类和格式、财务报表附注的主要内容等，由《金融企业会计制度》规定；内部管理需要的财务报表由商业银行自行确定。

（二）财务会计报告的种类

商业银行的财务会计报告分为年度、半年度、季度和月度财务会计报告。月度、季度财务会计报告是指月度和季度终了提供的财务会计报告；半年度财务会计报告是指在每个会计年度的前6个月结束后对外提供的财务会计报告。年度财务会计报告是指年度终了对外提供的财务会计报告。其中，季度和月度财务会计报告统称为中期财务会计报告。

（三）财务会计报告的报表体系

财务报表是财务会计报告的核心，是把财务会计信息传递给商业银行利害关系人的主要手段。商业银行的财务报表是根据金融日常会计核算资料，按照一定的格式和科学的指标体系，定期编制的总括反映商业银行财务状况、经营成果的一种表格式报告文件。它是商业银行向外传递会计信息的主要途径。商业银行的财务报表包括资产负债表、利润表、现金流量表及其他附表。

为便于编报和运用财务报表，需要对商业银行财务报表进行分类，从而了解各种财务报表不同功能，商业银行的财务报表按不同的标准可分为以下各类：

（1）按照商业银行财务报表所反映的资金运动形态分类，可分为静态报表、动态报表和联结报表。

①静态报表。即反映"时点"或"时日"情况的报表，也就是说，它是指反映商业银行在某一时期终了时的资金情况的报表。如资产负债表，它是根据各有关科目的"余额"

来填制的。

②动态报表。即反映时期情况的报表，也就是说，它是反映商业银行某一时期内的资金运动和经营状况的报表。如利润表，它是根据有关账户的"发生额"或"累计发生额"来填制的。

③联结报表。即既反映资金运动的静态状况，又反映资金运动的动态情况的报表，如财务状况变动表。它是根据有关科目的"余额"和有关账户的"发生额"或"累计发生额"分析计算来填制的。

（2）按照商业银行财务报表所反映的经济内容分类，可分为经营成果报表和财务状况报表。

①经营成果报表。它是反映商业银行在一定时期的经营过程中的收入、费用和财务成果的财务报表，如利润表、利润分配表等。

②财务状况报表。它是反映商业银行在一定日期财务状况和某一时期财务状况变动及其原因的财务报表，如资产负债表、财务状况变动表。

（3）按照商业银行财务报表的编制时间分类，可以分为月份财务报表、季度财务报表和年度财务报表。

①年度财务报表（简称年报）。它是全面反映商业银行全年的经营、年内的财务状况以及年内财务状况变动情况的报表，是年度经济活动的总结性报表，每年年底编制一次。

②季度财务报表（简称季报）。它是反映商业银行某一季度的经营成果和季末财务状况的报表，每季季末编制一次。

③月份财务报表（简称月报）。它是反映商业银行某月份经营成果和该月末财务状况的报表，每月月末编制一次。

（4）按照商业银行财务报表的主从关系分类，可分为主要财务报表和附属财务报表。

①主要财务报表。它是指反映商业银行经营活动最基本的财务报表，如资产负债表、利润表和财务状况变动表。

②附属财务报表。它是指对主要财务报表的某些项目进行详细说明的财务报表，如利润分配表。

（5）按照财务报表编制的单位分类，可分为单位报表和汇总报表。

①单位报表。它是指商业银行在自身会计核算的基础上，对账簿记录进行加工而编制成的报表，是反映商业银行本身的财务状况和经营成果的报表。

②汇总报表。它是指由商业银行主管部门或上级机关，根据所属单位报送的报表，连同本单位报表汇总编制的综合性报表。

二、资产负债表的编制

（一）资产负债表的意义及作用

资产负债表，是反映商业银行在会计期末全部资产、负债和所有者权益财务状况的报表。它根据"资产＝负债＋所有者权益"的会计平衡公式，依据一定的分类标准和一定的次序，将某一特定日期的资产、负债和所有者权益的项目，予以适当的排列后编制而成。

资产负债表能够反映商业银行各项资产、负债和所有者权益的增减变化，以及各项目之间的相互关系。从中可以检查商业银行资产、负债和所有者权益的构成是否合理，考核各项资金计划的执行结果，并能提供分析商业银行偿还能力和财务前景的资料。

（二）资产负债表的格式和内容排列

资产负债表的格式，目前国际上通常采用账户式和报告式两种。

（1）报告式资产负债表，也称垂直式资产负债表。它是将资产负债表的项目，自上而下排列，首先列示资产的数额，然后列示负债，最后列示所有者权益的情况。报告式资产负债表使用的是"资产－负债＝所有者权益"的会计平衡公式。

（2）账户式资产负债表，又称平衡式资产负债表。它是将资产项目列在报表的左方，负债和所有者权益项目，列在报表的右方，从而使资产负债表左右两方平衡。

我国商业银行资产负债表，采用账户式（平衡式）资产负债表的格式，反映资产、负债和所有者权益三者之间的关系：

资产 ＝ 负债 ＋ 所有者权益

账户式（平衡式）资产负债表的格式，如表13－2所示。

表 13－2

资产负债表

编制单位：　　　　　　　　　　　年　月　日　　　　　　　　　　　单位：元

资　产	行次	年初数	期末数	负债及所有者权益	行次	年初数	期末数
流动资产：				流动负债：			
现金及银行存款	1			短期存款	46		
贵金属	2			短期储蓄存款	47		
存放中央银行款项	3			财政性存款	48		
存放同业款项	4			向中央银行借款	49		
存放联行款项	5			同业存放款项	50		
拆放同业	6			联行存放款项	51		
拆放金融性公司	7			同业拆入	52		
短期贷款	8			金融性公司拆入	53		
应收进出口押汇	9			应解汇款	54		
应收账款	10			汇出汇款	55		
减：坏账准备	11			委托存款	56		
其他应收款	12			应付代理证券款项	57		
贴现	13			卖出回购证券款项	58		
短期投资	14			应付账款	59		
委托贷款及委托投资	15			其他应付款	60		
自营证券	16			应付工资	61		
代理证券	17			应付福利费	62		
买入返售证券	18			应交税金	63		
待处理流动资产净损失	19			应付利润	64		
一年内到期的长期投资	20			预提费用	65		
流动资产合计	21			发行短期债券	66		

资产	行次	年初数	期末数	负债及所有者权益	行次	年初数	期末数
长期资产:				一年内到期的长期负债	67		
中长期贷款	22			其他流动负债	68		
逾期贷款	23			流动负债合计	69		
减：贷款呆账准备	24			长期负债:			
应收租赁款	25			长期存款	70		
减：未收租赁收益	26			长期储蓄存款	71		
应收转租赁款	27			保证金	72		
租赁资产	28			应付转租赁租金	73		
减：待转租赁资产	29			发行长期债券	74		
经营租赁资产	30			长期借款	75		
减：经营租赁资产折旧	31			长期应付款	76		
长期投资	32			其他负债	77		
减：投资风险准备	33			长期负债合计	78		
固定资产原值	34			负债合计	79		
减：累计折旧	35			所有者权益	80		
固定资产净值	36			实收资本	81		
固定资产清理	37			资本公积	82		
在建工程	38			盈余公积	83		
待处理固定资产净损失	39			其中：公积金	84		
长期资产合计	40			未分配利润	85		
无形、递延及其他资产:				所有者权益合计	86		
无形资产	41						
递延资产	42						
其他资产	43						
其他资产会计	44						
				负债及所有者权益总计	87		
资产总计	45						

单位负责人：　　　　　会计机构负责人：　　　　　　复核：　　　　　制表：

　　资产负债表的格式和内容排列：资产按流动性排列，即流动资产、长期资产、无形资产、递延资产及其他资产的顺序，在左方列示；负债也按流动性排列，即流动负债、长期负债、其他负债、所有者权益的顺序，在右方列示。资产负债表中各项目所需填列的数字为"年初数"和"期末数"两栏，分别反映上年年末和本年年末各项目的情况。

　　商业银行资产负债表中的资产分为三大类：

　　①流动资产。包括商业银行的现金及商业银行存款、贵金属、存放中央银行款项、存放同业款项、存放联行款项、拆放同业、短期贷款、应收进出口押汇、应收账款、其他应收款、贴现、短期投资、待处理流动资产净损失，以及当年到期收回的长期投资等。

　　②长期投资。包括中长期贷款、逾期贷款、长期投资、固定资产、在建工程、待处理固

定资产净损失等。

③无形资产、递延资产及其他资产。

商业银行资产负债表中的负债分为三大类：

①流动负债。包括短期存款、短期储蓄存款、向中央银行借款、同业存放款项、联行存放款项、同业拆入、应解汇款、应付账款、应付工资、应付利息、应交税金、预提费用、当年到期偿还的长期负债等。

②长期负债。包括长期存款、长期储蓄存款、存入保证金、发行长期债券、长期借款等。

③其他负债。

商业银行资产负债中的所有者权益分为四大类：

①实收资本。

②资本公积。

③盈余公积。

④未分配利润。

（三）资产负债表的编制

资产负债表反映的是商业银行在一定时期财务状况的报表。这是一份静态的财务报表，主要通过资产、负债和所有者权益的期末余额，反映企业的财务状况。总的来说，资产负债表是根据商业银行总分类账的期末余额编制的。根据"表从账出"的原则，编制资产负债表时，应当以总分类账或有关明细账的期末余额为依据。资产负债表中有关资产类的项目，应根据各资产科目借方余额填列；资产负债表中的负债类项目和所有者权益类项目，应根据各相应科目的贷方余额填列。但是，也有些项目不能直接根据有关科目的期末余额填列，而必须对有关账户资料进行调整计算后填列。

资产负债表中，"年初数"栏内各项数字，应根据上年末资产负债表"期末数"栏内所列数字填列。

如果本年度资产负债表规定的各个项目的名称和内容同上年度不相一致时，应对上年年末资产负债表各项目的名称和数字，按照本年度的规定，进行调整，并填入本表"年初数"栏内。

资产负债表各项目的内容和填列方法：

（1）"现金及银行存款"项目，反映商业银行库存现金的情况。本项目根据"现金"和"商业银行存款"科目的期末余额填列。

（2）"贵金属"项目，反映商业银行在国家允许的范围内买入的黄金、白银贵重金属。本项目应根据"贵金属"科目的期末余额填列。

（3）"存放中央银行款项"项目，反映商业银行按规定存入中央银行的往来款项和各项准备金存款。本项目应根据"存入中央银行款项"科目的期末余额填列。

（4）"存放同业款项"项目，反映商业银行与同业之间资金往来业务而存入于同业资金。本项目应根据"存放同业款项"科目的期末余额填列。

（5）"存放联行款项"项目，反映商业银行联行之间资金往来而存放于联行的款项。期末本项目应根据"存放联行款项"科目和"联行存放款项"科目互相对转后的差额进行反映。两科目对转后，如为"存放联行款项"科目的借方余额，则填列本项目；如为"联行存放款项"科目的贷方余额，则填列"联行存放款项"项目。

　　（6）"拆放同业"项目，反映商业银行与其他商业银行之间进行的资金拆借业务。本项目根据"拆放同业"科目的期末余额填列。

　　（7）"短期贷款"项目，反映商业银行对外贷出的期限在一年以内的各种款项，包括各种短期贷款。本项目应根据"短期贷款"科目中的有关明细科目的期末余额填列。

　　（8）"应收进出口押汇"项目，反映商业银行开展进出口押汇业务而发生的应收押汇款项。本项目应根据"应收进出口押汇"科目的期末余额填列。

　　（9）"应收账款"项目，反映商业银行因经营业务发生的各种应收款项，包括各种贷款的应收利息、应收手续费等。本项目应根据"应收利息"和"应收手续费"等科目以及"应收账款"科目的期末余额填列。

　　（10）"坏账准备"项目，反映商业银行按规定提取的尚未转销的坏账准备。本项目应根据"坏账准备"科目的期末余额填列。

　　（11）"其他应收款"项目，反映商业银行对其他单位和个人的应收及暂付的款项。本项目根据"其他应收款"科目的期末余额填列。

　　（12）"贴现"项目，反映商业银行对工业、流通等企业提出的票据，按一定的贴现利率予以贴现。商业银行已经再贴现的票据，应自本科目予以扣除。本项目应根据"贴现"科目的期末余额填列。

　　（13）"短期投资"项目，反映商业银行根据业务需要进行的短期投资。本项目应根据"短期投资"科目的期末余额填列。

　　（14）"待处理流动资产净损失"项目，反映商业银行在清查财产和经营中，查明尚待处理的各种材料物资和有价证券等流动资产的盘亏和毁损减盘盈后的净损失。如盘盈大于盘亏和毁损的，本项目用"－"号表示。本项目根据"待处理财产损溢"科目所属"待处理流动资产损溢"明细科目的期末余额填列。

　　（15）"一年内到期的长期投资"项目，反映商业银行长期投资中，将于一年内到期的债券投资部分。本项目根据一年内到期的"长期投资"科目的"债券投资"明细科目的期末余额分析填列。

　　（16）"中长期贷款"项目，反映商业银行对外发放的一年期（含一年）以上的贷款。本项目根据"中长期贷款"科目或"信托贷款"科目有关明细科目的期末余额计算填列。

　　（17）"逾期贷款"项目，反映商业银行对外发放的到期（含展期）后半年内尚未收回贷款。本项目根据"逾期贷款"科目或"信托贷款"科目有关明细科目的期末余额计算填列。

　　（18）"贷款呆账准备"项目，反映商业银行根据贷款期初余额的一定比例提取的呆账准备。本项目根据"贷款呆账准备"科目的期末余额填列。

　　（19）"长期投资"项目，反映商业银行不准备在一年内变现的投资。长期投资中，将于一年内到期的债券，应在流动资产类下，"一年内到期的长期投资"项目内单独反映。本项目应根据"长期投资"科目的期末余额扣除一年内到期的长期债券投资后的数额填列。

　　（20）"投资风险准备"项目，反映商业银行进行长期投资，按期末投资余额的一定比例提取的风险准备。本项目应根据"投资风险准备"科目的期末余额填列。

　　（21）"固定资产原值"、"累计折旧"、"固定资产净值"项目，反映商业银行所有自用的各种固定资产，包括使用的、未使用的固定资产的原价以及已提折旧和净值。"固定资产原值"和"累计折旧"项目，应根据"固定资产"和"累计折旧"科目的期末余额填列，"固定资产净值"项目应根据前两项的计算填列。

（22）"固定资产清理"项目，反映商业银行因出售、报废、毁损等原因，转入清理但尚未清理完毕的固定资产的净值，以及固定资产清理过程中所发生的清理费用和变价收入等各项金额的差额。本项目应根据"固定资产清理"科目的期末借方余额填列；如为贷方余额应以"－"号填列。

（23）"在建工程"项目，反映商业银行期末各项未完工程的实际支出和尚未使用的工程物资的实际成本。本项目应根据"在建工程"科目的期末余额填列。

（24）"无形资产"项目，反映商业银行各项无形资产的原价扣除摊销后的净值。本项目应根据"无形资产"科目的期末余额填列。

（25）"递延资产"项目，反映商业银行尚未摊销的开办费、租入固定资产改良及大修理支出以及摊销期限在1年以上的其他待摊费用。本科目应根据"递延资产"科目的期末余额填列。

（26）"其他资产"项目，反映商业银行除以上资产以外的其他资产。本项目应根据有关科目的期末余额填列。

（27）"短期存款"项目，反映商业银行接受企事业单位的1年期以下的各种存款。本项目根据"活期存款"、"定期存款"、"信托存款"科目的有关明细科目的期末余额计算填列。

（28）"短期储蓄存款"项目，反映商业银行接受居民个人的1年期以下的各种储蓄存款。本项目应根据"活期储蓄存款"和"定期储蓄存款"科目的期末余额填列。

（29）"财政性存款"项目，反映商业银行吸收的财政性存款。本项目应根据"财政性存款"科目的期末余额填列。

（30）"向中央银行借款"项目，反映商业银行从中央银行借入的款项。本项目根据"向中央银行借款"科目的期末余额填列。

（31）"同业存放款项"项目，反映商业银行与同业进行资金往来而发生的同业存放于本商业银行的款项。期末本项目应根据"同业存放款项"科目的期末余额填列。

（32）"联行存放款项"项目，反映商业银行联行之间往来发生的联行资金存放于本商业银行。期末本项目应根据"联行存放款项"科目和"存放联行款项"科目往来互相对转后的差额进行反映。两科目对转后，如为"联行存放款项"科目的贷方余额，填列本项目；如为"存放联行款项"科目的借方余额，填列"存放联行款项"项目。本项目应根据"联行存放款项"科目的期末余额分析计算填列。

（33）"同业拆入"项目，反映商业银行从其他商业银行借入的短期奖金。本项目应根据"同业拆入"科目的期末余额填列。

（34）"应解汇款"项目，反映商业银行从进行汇款业务收到的待解付的款项以及外地采购单位或个人临时性存款。本项目根据"应解汇款"科目的期末余额填列。

（35）"汇出汇款"项目，反映商业银行接受事业单位或个人的委托汇往外地的款项。本项目应根据"汇出汇款"科目的期末余额填列。

（36）"应付账款"项目，反映商业银行各种应付的账款。包括各种存款的应付利息、买入有价证券、接受劳务等应付的款项。本项目应根据"应付利息"或"应付账款"科目的期末余额填列。

（37）"其他应付款"和"应付工资"项目，分别反映商业银行各种应付的账款、其他应付及暂收的款项和应付未付的工资。这两个项目分别根据"其他应付款"和"应付工资"科目的期末余额填列。

（38）"应付福利费"项目，反映商业银行从成本中提取的用于职工个人的福利费。本项目应根据"应付福利费"科目的期末余额填列。

（39）"应交税金"和"应付利润"项目，分别反映商业银行的应缴未缴的各种税金和应付投资者的利润。本项目就"应交税金"和"应付利润"科目的期末余额填列。

（40）"预提费用"项目，反映商业银行从成本中预先提取但尚未支付的费用。本项目根据"预提费用"科目的期末余额填列。

（41）"发行短期债券"项目，反映商业银行发行的尚未偿还的各种一年期以内的债券本金。本项目根据"发行短期债券"科目的有关明细科目的期末余额填列。

（42）"一年内到期的长期负债"项目，反映商业银行一年期以下的贷款。本项目根据期末余额分析填列。

（43）"长期存款"项目，反映商业银行接受事业单位的 1 年期以上的长期存款。本项目应根据"定期存款"科目的有关明细科目或"信托存款"科目的期末余额填列。

（44）"长期储蓄存款"项目，反映商业银行接受居民个人的 1 年期以上的储蓄存款。本项目应根据"定期储蓄存款"科目的有关明细科目的期末余额填列。

（45）"保证金"项目，反映商业银行向客户收取的各种保证金。本项目应根据"保证金"或"租赁保证金"科目的期末余额填列。

（46）"发行长期债券"项目，反映商业银行发行的尚未偿还的各种 1 年期（含 1 年）以上的债券本金。本项目根据"发行长期债券"科目的有关明细科目的期末余额填列。

（47）"长期借款"项目，反映商业银行向金融企业及金融机构借入尚未归还的 1 年期以上的款项。本项目根据"长期借款"科目的期末余额填列。

（48）"长期应付款"项目，反映商业银行除长期借款和发行债券以外的长期应付款项。本项目应根据"长期应付款"科目的期末余额填列。

（49）"实收资本"项目，反映商业银行实际收到的资本总额。本项目应根据"实收资本"科目及各明细科目的期末余额分析填列。

（50）"资本公积"和"盈余公积"项目，分别反映商业银行的资本公积和盈余公积的期末余额。本项目根据"资本公积"和"盈余公积"科目的期末余额填列。

（51）"未分配利润"项目，反映商业银行盈利尚未分配的部分，本项目根据"本年利润"和"利润分配"科目的余额计算填列。未弥补的亏损应在本项目内用"－"号表示。

三、利润表的编制

（一）利润表的意义及作用

利润表是反映商业银行在一定会计期间内经营成果情况的财务报表。通过利润表，可以反映商业银行在一定会计期间内实现的营业收入以及与收入相配比的成本费用等情况，并计算出商业银行的利润总额或亏损总额，用以考核商业银行利润计划的完成情况，分析商业银行利润增减变动的原因。

利润表是很重要的报表。其作用主要表现在以下几方面：

（1）它是评价、考核商业银行管理水平和经济效益的依据；

（2）它是商业银行依法缴纳各项税金的主要依据；

（3）通过分析利润表，可以对商业银行未来的经营情况及获利能力进行科学的预测。

（二）利润表的格式

利润表是通过一定表格来反映商业银行的经营成果。利润表一般有两种格式：一种是单步式利润表；一种是多步式利润表。它们分别以不同的方式，反映商业银行利润的形成过程。

（1）单步式利润表。它是将本期所有的收入项目加在一起，然后将所有的费用支出项目加在一起，最后用全部收入减去全部支出，通过一次计算求出商业银行的利润（或亏损）总额。

（2）多步式利润表。它的损益是通过多步计算求出的，以反映收入与费用之间的内在联系。

商业银行主要采用多步式利润表的格式，并按照会计期间的营业收入、营业支出、营业费用、营业外收支等项目分别予以列示。利润总额的计算，分为两步：第一步，先计算出营业利润，即营业收入减去营业支出减去营业税金及附加，求出营业利润；第二步，计算出商业银行的利润总额，即营业利润加上投资收益、营业外收入减去营业外支出，求出商业银行的利润（或亏损）总额。再减去所得税后，为净利润。多步式利润表的格式，如表 13－3 所示。

表 13－3

利润表

编制单位：　　　　　　　　　　　　　　　　　年　月　日　　　　　　　　　　　　　　　　单位：元

项　　　目	行次	本　期　数	本年累计数
一、营业收入	1		
利息收入	2		
金融企业往来收入	3		
中间业务收入	4		
证券销售差价收入	5		
证券发行差价收入	6		
租赁收益	7		
汇兑收益	8		
其他营业收入	9		
二、营业支出	10		
利息支出	11		
金融企业往来支出	12		
手续费支出	13		
营业费用	14		
汇兑损失	15		
其他营业支出	16		
三、营业税金及附加	17		

续表

项　目	行次	本　期　数	本年累计数
四、营业利润	18		
加：营业外收入	19		
减：营业外支出	20		
加：以前年度损益调整	21		
五、利润总额	22		
减：资产损失总额	23		
六、扣除资产损失后的利润总额	24		
减：所得税	25		
七、净利润	26		

单位负责人：　　　　会计机构负责人：　　　　　复核：　　　　　制表：

（三）利润表的编制

编制利润表时，应当根据审查无误的会计账簿中有关资料进行编制。

在编报月报时，利润表中"本期数"栏，反映各项目的本月实际发生数；"本年累计数"栏，反映各项目自年初起至本月止的累计实际发生数。

在编报年报时，利润表中"本期数"一栏应改成"上年数"，"本年累计数"应填列上年全年累计发生数。

如果上年度利润表的项目名称和内容，同本年度利润表不一致，应对上年度报表项目的名称和数字按本年度的规定进行调整，然后填入本表"上年数"一栏。

本表各项目的内容和填列方法：

（1）"营业收入"项目，反映商业银行经营业务各种收入的总额。本项目根据"利息收入"、"商业银行往来收入"、"中间业务收入"、"汇兑收益"、"其他营业收入"等项目汇总计算填列。

（2）"利息收入"项目，反映商业银行贷出款项的利息收入或商业银行存款的利息收入。本项目应根据"利息收入"科目期末结转利润科目的数额填列。

（3）"商业银行往来收入"项目，反映商业银行同其他金融企业之间业务往来发生的利息收入。本项目应根据"金融企业往来收入"科目期末结转利润科目的数额填列。

（4）"中间业务收入"项目，反映商业银行各项业务应收取的中间业务收入。本项目根据"中间业务收入"科目期末结转利润科目的数额填列。

（5）"汇兑收益"项目，反映商业银行进行外汇买卖或外币兑换等业务而发生的汇兑收益。本项目应根据"汇兑收益"科目期末结转利润科目的数额填列。

（6）"其他营业收入"项目，反映商业银行其他营业收入，如咨询服务收入等。本项目根据"其他营业收入"科目期末结转利润科目的数额填列。

（7）"营业支出"项目，反映商业银行各项营业支出的总额。本项目根据"利息支出"、"金融企业往来支出"、"手续费支出"、"营业费用"、"汇兑损失"、"其他营业支出"等项目汇总计算填列。

（8）"利息支出"项目，反映商业银行各项借款的利息支出。本项目根据"利息支出"科目期末结转利润科目的数额填列。

（9）"金融企业往来支出"项目，反映商业银行同其他金融企业之间业务往来发生的支出。本项目根据"金融企业往来支出"科目期末结转利润科目的数额填列。

（10）"手续费支出"项目，反映商业银行委托其他企业代办业务而支付的手续费。本项目应根据"手续费支出"科目期末结转利润科目的数额填列。

（11）"营业费用"项目，反映商业银行为经营业务而发生的各种业务费用、管理费用以及其他有关的营业费用。本项目根据"营业费用"科目期末结转利润科目的数额填列。

（12）"汇兑损失"项目，反映商业银行进行外汇买卖或外币兑换等业务而发生的汇兑损失。本项目应根据"汇兑损失"科目期末结转利润科目的数额填列。

（13）"其他营业支出"项目，反映商业银行其他营业支出。本项目根据"其他营业支出"科目期末结转利润科目的数额填列。

（14）"营业税金及附加"项目，反映商业银行按规定缴纳应由经营收入负担的各种税金及附加费。包括营业税、城市维护建设税、教育费附加等。本项目应根据"营业税金及附加"科目期末结转利润科目的数额填列。

（15）"营业利润"项目，反映商业银行当期的经营利润，发生经营亏损也在本项目，用"－"号表示。

（16）"营业外收入"和"营业外支出"项目，反映商业银行业务经营以外的收入和支出。必须严格区分营业和非营业的界限，不能将营业收入和支出列入营业外收入和支出。这两个项目应根据"营业外收入"和"营业外支出"科目期末结转利润科目的数额填列。营业收支各明细项目，还应在本表补充资料内详细列示。

（17）"利润总额"项目，反映商业银行当期实现的全部利润（或亏损）总额。如为亏损，则以"－"号在本项目内填列。利润总额的计算公式如下：

$$利润总额 = 营业收入 - 营业支出 - 营业税金及附加 + 营业外收入 - 营业外支出 + 以前年度损益调整$$

（18）"净利润"项目，反映利润总额减去资产损失总额和所得税后的余额。

四、现金流量表的编制

（一）现金流量表的意义和作用

现金流量表是反映会计主体一定期间内现金的流入和流出，表现企业获得现金或现金等价物能力的报表。现金流量表是以现金收付制为基础编制的财务状况变动表，它以现金的流入和流出反映企业在一定期间内的经营活动、投资活动和筹资活动的动态情况，反映企业现金流入和流出的全貌，表明企业获取现金和现金等价物的能力。

现金流量表对会计信息使用者的作用在于：其一，能说明企业一定期间内现金的流入和流出的原因；其二，能说明企业偿债能力和支付能力，它完全以现金收支为基础，清除了虚假的获利能力和支付能力；其三，能分析企业未来获取现金的能力；其四，能分析企业投资和理财活动对企业经营成果和财务状况的影响，是连接资产负债表和利润表的桥梁；其五，能提供不涉及现金的投资和筹资活动信息。

（二）现金流量表的编制基础

编制现金流量表的基础是薪金及现金等价物。现金是指企业库存现金以及可以随时用于支付的存款；现金等价物是指企业持有的期限短、流动性强、易于转换为已知金额现金、价值变动风险很小的投资。

现金流量表所称的现金流量，是指某一段时期内企业现金流入流出的数量。现金流量从产生的原因上看，分为经营活动、投资活动和筹资活动引起的数量。

经营活动，是指企业投资活动和筹资活动以外的所有交易和事项。商业银行经营产生的现金流量主要包括：①对外发放贷款和收回贷款；②吸收存款和支付存款本金；③同业存款及存放同业款项；④向其他商业银行拆借的金融资金；⑤利息收入和利息支出；⑥收回已于前期核销的贷款；⑦经营证券业务，买卖证券所收到或支付的现金；⑧融资租赁所收到的现金。

投资活动，是指企业资产的长期购建和不包括在现金等价物范围内的投资及其处理活动。商业银行投资活动产生的现金流量主要包括：①收回投资所收到的现金；②分得股利或利润所收到的现金；③取得债券利息所收到的现金；④处置固定资产、无形资产和其他长期资产而收到的现金净额（如为负数，应作为投资活动现金流出项目反映）；⑤购建固定资产、无形资产和其他长期资产所支付的现金；⑥权益性投资所支付的现金；⑦债权性投资所支付的现金。

筹资活动是指导致企业资本及债务规模和构成发生变化的活动。商业银行筹资活动产生的现金流量主要包括：①吸收权益性投资所收到的现金；②发行债券所收到的现金；③借款所收到的现金；④偿还债务所支付的现金；⑤发生筹资费用所支付的现金；⑥分配利润或股利所支付的现金；⑦偿还利息所支付的现金；⑧融资租赁所支付的现金；⑨减少注册资本所支付的现金。

（三）现金流量表的格式和内容

按我国《企业会计准则——现金流量表》的规定，现行的现金流量表采用报告式格式。全表共由四大项现金流量和补充资料组成。其具体内容见表 13 - 4。

表 13 - 4　　　　　　　　　　　　现金流量表（参考格式）

编制单位：　　　　　　　　　　　年　月　日

项目	金额
一、经营活动现金流量	
1. 现金收入	
收回贷款本金	
同业存款	
向其他金融机构拆入资金	
利息收入	
收回已于前期核销的贷款	
……	
现金收入小计	
2. 现金支出	
支付存款本金	
对外发放贷款	
存放同业存款	
向其他金融机构拆出资金	
利息支出	

续表

项目	金额
……	
现金支出小计	
3. 经营活动现金流量净值	
二、投资活动现金流量	
1. 现金流入	
收回投资收到现金	
分得股利或利润收到现金	
取得债券利息收到现金	
处置固定资产收到现金	
……	
现金流入小计	
2. 现金流出	
购建固定资产支付现金	
权益性投资支付现金	
债权性投资支付现金	
……	
现金流出小计	
3. 投资活动现金流量净额	
三、筹资活动现金流量	
1. 现金流入	
吸收权益性投资收到现金	
发行债券收到现金	
借款收到现金	
……	
筹资活动现金流入小计	
2. 现金流出	
偿还债务付出现金	
分配股利或利润付出现金	
偿还利息付出现金	
……	
现金流出小计	
3. 筹资活动现金流量净额	
四、现金及现金等价物净增加额	
补充资料	
1. 不涉及现金收支的投资和筹资活动	
……	
2. 将净利润调整为经营活动的现金流量：	
净利润	
加：固定资产折旧	
……	

续表

项目	金额
3. 现金及现金等价物净增加情况：	
现金的期末余额	
减：现金期初余额	
加：现金等价物的期末余额	
减：现金等价物的期初余额	
现金及现金等价物净增加额	

（四）现金流量表的编制方法

编制现金流量表，列报经营活动现金流量的方法有直接法和间接法两种。

1. 直接法。

直接法是银行根据当期有关现金流量的会计事项，对经营活动的现金流入与流出逐项进行确认，以反映经营活动产生的现金流量。

就银行来说，经营活动产生的现金流量包括两大类：其一是与经营损益有关的现金流量，如利息收入、中间业务收入、其他营业收入等收到的现金，利息支出、手续费支出、营业支出、其他营业支出等付出的现金；其二是在业务活动中发生的与损益无关的现金流量，如吸收存款、收回贷款、拆入资金等流入的现金，提出存款、发放贷款、拆出资金等流出的现金。后者属于商业银行的经营范畴，其现金流量是随经营业务的发生而产生的，因此在编制现金流量表时，这部分现金流量只是根据各项业务的发生及增减变动添列即可；对于前者，由于损益项目是按权责发生制确认的，而现金流量表中的流量则是以收付实现制为标准的，这就需要进行调整。

直接法的主要特点是对银行经营活动中的具体项目的现金流入量进行详细的列报，所以这种列报方式的优点就是直观，经营活动通过各种途径取得的现金和通过各种用途流出的现金在按照直接法编制的现金流量表上一目了然，便于报告使用者了解企业在经营活动过程中现金的进出情况，有助于对企业未来的现金流量做出估计。因此，直接法是现金流量表编制的主要方法。

2. 间接法。

间接法是银行以利润表上的本期净利润为起算点，调整不涉及现金的收入、费用、营业外收支以及应收应付等有关项目的增减变动，将权责发生制下的收益转换为现金收付实现制下的收益。

在我国的现金流量表（包括银行现金流量表）中，以间接法编制的"经营活动产生的现金流量"被列为副表和补充资料。

间接法的基本原理是：银行由于经营活动而产生的与经营损益有关的现金流量与净利润有着非常密切的联系，其现金流入主要是营业收入现金，而现金流入主要是营业支出（包括各种营业费用）、营业税金、所得税等，这与银行净利润的形成非常类似。但是，经营活动产生的与经营损益有关的现金流量并不等于净利润，这是因为二者的计算基础不同，净利润的计算是以权责发生制为基础的，只要发生了收款的权利或付款的义务，就作为收入或者费用，并以此计算利润；而经营活动产生的与经营损益有关的现金流量的计算，则是以收付实现制为基础的，无论收入或费用，均要以收到或付出现金为准。这样，二者必然出现差额，而间接法就是根据差额产生的原因对其分别进行调整，将净利润调节为经营活动产生的与经营损益有关的现金流量。

在银行的经营活动现金流量中，除上述与经营损益有关的现金流量外，还有一部分是在其业务活动中发生的与损益无关的现金流量，只有将这一部分现金流量加减上去后，间接法才能完成将净利润调节为经营活动中产生的现金流量。这样的调整，便于报告的使用者分析理解银行账面利润与现金支付能力之间的差别。当然，间接法的编制结果应与按直接法编制的"经营活动产生的现金流量净额"的数字相等。

第四节　财务报表附注与财务情况说明书

一、财务报表附注

财务报表附注是对财务报表不能包括的内容，或者披露不详尽的内容所作的进一步的解释说明。作为会计表的补充，它有助于财务报表使用者理解和使用会计信息。按照《金融企业会计制度》的规定，商业银行财务报表附注至少包括以下内容。

（一）财务报告编制基准不符合会计核算基本前提的说明

财务报告的编制是以一定的基本前提为基础的，符合公认基本前提编制的财务报告一般无需加以说明，但如果编制的财务报告未符合公认的基本前提，则应予以披露。主要包括：

（1）财务报表不符合会计核算基本前提的事项。

（2）对编制合并财务报表的商业银行，应说明纳入合并范围的子公司名称、业务性质、注册地、注册资本、实际投资额、母公司所持有的权益性资本的比例及合并期间。报告期纳入合并范围的子公司有增减变动的，还应说明增减变动的情况以及合并范围变动的基准日。对纳入合并范围而母公司持股未达到50%以上的子公司，应说明纳入合并范围的原因。

（二）重要会计政策和会计估计的说明

会计政策是指商业银行在会计核算时所遵循的具体原则以及商业银行所采用的具体会计处理方法。会计估计是指商业银行对其结果不能确定的交易或事项以最近可利用的信息为基础所作的判断。对重要会计政策和会计估计主要应说明以下事项：

（1）说明贷款的种类和范围。具体说明划分短期贷款和中长期贷款的标准、确认逾期贷款、呆滞贷款和呆账贷款的方法，并说明如何按照行业和地区划分贷款的具体组成。

（2）说明计提贷款损失准备的范围和方法。根据个别贷款实际情况认定的准备，应说明认定的依据，如根据对借款人还款能力、财务状况、抵押担保充分性等的评价等。

（3）说明回售证券的计价方法、收益确认方法。

（4）收入确认原则。

（5）对于外汇交易合约、利率期货、远期汇率合约、货币和利率套期、货币和利率期权等衍生金融工具，应说明计价方法。

（6）会计年度、记账本位币、记账基础和计价原则、外币业务折算方法、外币报表折算方法、现金等价物的确定标准、合并财务报表编制方法、短期投资核算方法、坏账核算方法、存货核算方法、长期投资核算方法、固定资产计价及折旧方法、在建工程核算方法、委托贷款计价及委托贷款减值的确认标准和计提方法、无形资产计价及摊销政策、长期待摊费用的摊销政策、借款费用的会计处理方法、应付债券的核算方法、收入确认的方法、所得税的会计处理方法等。

（三）重要会计政策和会计估计变更的说明，以及重大会计差错更正的说明

为保证会计信息的可比性和一贯性，会计政策和会计估计发生变更，以及重大会计差错更正时，应披露以下内容：

（1）政策变更的内容和理由，包括对会计政策变更的简要阐述、变更日期、变更前采用的会计政策和变更后所采用的新会计政策及会计政策变更的原因。

（2）会计政策变更的影响数，包括采用追溯调整法计算出的会计政策变更的积累影响数；会计政策变更对本期以及比较财务报表所列各期净损益的影响金额；比较财务报表最早期间期初留存收益的调整金额。

（3）积累影响数不能合理确定的理由，包括在财务报表附注中披露积累影响数不能合理确定的理由以及由于会计政策变更对当期经营成果的影响金额。

（4）会计估计变更的内容和理由，包括会计估计变更对当期损益的影响金额，以及对其他各项目的影响金额。

（5）会计估计变更影响数不能合理确定的理由。

（6）重大会计差错的内容，包括重大会计差错事项陈述和原因以及更正方法。

（7）重大会计差错的更正金额，包括重大会计差错对净损益的影响金额以及对其他项目的影响金额。

（四）或有事项的说明

或有事项是指由过去的交易或事项形成的一种状态，其结果须通过未来不确定事项的发生或不发生予以证实。有些或有事项虽然不符合有关确认条件，不能在资产负债中予以确认，但从一定程度上它可能意味着商业银行在未来期间将要发生的经济利益流出的潜在义务。

1. 为防范金融风险，商业银行需要披露或有负债的类型及其影响：

（1）已贴现商业承兑汇票形成的或有负债。

（2）未决诉讼、仲裁形成的或有负债。

（3）为其他单位提供债务担保形成的或有负债（如银行为企业开立信用证、开立保函、签发银行承兑汇票等业务过程中承担的担保责任等）。

（4）其他或有负债（不包括极小可能导致经济利益流出商业银行的或有负债）。

2. 商业银行对或有负债应披露的内容：

（1）或有负债形成的原因。

（2）或有负债预计产生的财务影响（如无法预计，应说明理由）。

（3）或有负债获得补偿的可能性。

如商业银行或有资产可能会给企业带来经济利益时，则应说明其形成的原因和其产生的财务影响。

（五）资产负债表日后事项的说明

资产负债表日后事项是指自年度资产负债表日至财务报告批准报出日之间发生的需要调整或说明的事项，可分为调整事项和非调整事项两类。虽然非调整事项是资产负债表日后才发生的事项，不涉及资产负债表日存在状况，但为了对外提供更有用的会计信息，商业银行必须以适当方式披露这部分信息。例如商业银行应说明股票和债券的发行、对一个企业的巨额投资、自然灾害导致的资产损失以及外汇汇率发生较大变动等非调整事项的内容，并估计对财务状况和经营成果的影响；如无法作出估计，应说明其原因。

已经作为调整事项调整会计表有关项目数字的，除法律、法规以及其他会计制度另有规定外，不需要在会计表附注中进行披露。

（六）关联方关系及其交易说明

在财务和经济决策中，如果一方有能力控制另一方或对另一方施加重大影响，它们则被视为存在关联关系。

（1）在存在控制关系的情况下，关联方如为企业，不论它们之间有无交易，都应说明如下事项：企业经济性质或类型、名称、法定代表人、注册地、注册资本及其变化（包括年初数和本年增加数、本年减少数和年末数）；企业的营业业务；所持股份或权益及其变化。

（2）在商业银行与关联方发生交易的情况下，商业银行应说明关联关系的性质、披露关联方交易的总量及重大关联方交易的情况。关联方交易的性质是指关联方与本企业的关系，即关联方为本企业的子公司、合营企业、联营企业、主要投资者个人、关键管理人员、主要投资者个人或关键管理人员关系密切的家庭成员等。重大关联方交易是指交易金额在3 000万元以上或占有商业银行净资产总额1%以上的关联方交易。关联方交易应说明交易类型及交易要素，包括交易的金额或相应的比例、为结算项目的金额或相应比例、定价政策（包括没有金额或只是象征性金额的交易）。

（3）关联方交易一般分关联方以及交易类型予以说明，类别相同的关联方交易，在不影响会计报表使用者正确理解的情况下可以合并说明。

（4）对于关联方交易价格的确定如果高于或低于一般交易价格的，应说明其价格的公允性。

（七）重要资产的转让及其出售的说明

资产是商业银行从事经营活动的物质基础，如果商业银行转让、出售重要资产，势必会影响商业银行今后的发展及盈利能力，为使投资者、债权人及时了解金融业资产的变动情况，商业银行应披露重要资产的转让及出售情况的信息。如商业银行本期转让子公司的情况，以及转让价格、所得收益等。

（八）企业合并、分立的说明

企业合并是指两家以上的企业依法定程序变为一个企业的行为，其实质是控制，而不是法律主体的解散。合并的形式主要有三种：一是吸收合并，即一家企业接受一家或一家以上的企业加入，加入后解散并取消法人资格，本企业继续存在下去；二是新设合并，即企业与一家或一家以上的企业合并成立一家新的企业；三是控股合并，即一家企业购买另一家企业有投票表决权的股份达到控股比例，原企业保留法人资格。企业分立是指一家企业依法分为两家以上的企业，分立的形式主要有两种：一是企业以其部分财产和业务另设一个新的企业，原企业保留；二是企业以全部财产分别归入两家以上的新设企业，原企业解散。由于商业银行合并、分立是其经营活动中的重大事项，必须在财务报表附注中予以披露，通常需要揭示的信息主要有：合并或分立企业的名称和简况；企业合并或分立所运用的会计方法；合并或分立协议中规定的可能发生的付款、期权或承诺事项以及可能的会计处理方法等。

（九）财务报表中重要项目的明细资料

主要包括以下内容：

（1）分类列示存放中央银行款项、披露计算依据。

（2）按存放境内、境外同业披露存放同业款项。

（3）按拆放境内、境外同业披露拆放同业款项。

（4）按贷款性质（如信用、保证、抵押、质押等）披露短期贷款。

（5）按性质（如国债、金融债券回购）披露回购证券。

（6）按信用贷款、保证贷款、抵押贷款、质押贷款分别披露不同期限的中长期贷款。

（7）按信用贷款、保证贷款、抵押贷款、质押贷款分别披露贷款的期初数、期末数。

（8）按贷款风险分类的结果披露贷款期初数、期末数。

（9）披露贷款损失准备的期初数、本期计提、本期转回、本期核销、期末数、一般准备、专项准备和特种准备应分别披露。

（10）按境内、境外披露同业拆入期初数、期末数。

（11）披露存入承兑汇票保证金、信用证开证保证金、外汇买卖交易保证金等短期保证金期初数、期末数。

（12）披露发行的短期债券的名称、面值、发行日期、到期日、发行金额。

（13）披露银行承兑汇票、融资保函、非融资保函、贷款承诺、开出即期信用证、开出远期信用证、金融期货、金融期权等表外项目，包括它们的年末余额及其他具体情况。

（14）披露委托交易的期初数、期末数。

（15）披露金融工具的风险头寸，如信贷风险、货币风险、利率风险、流动性风险等。

（16）未决赔款准备金估计的基础、未到期责任准备金的计提方法、对采用贴现方法提取准备金的计提方法、寿险责任准备金和长期健康险责任准备金的精算方法及采用的主要精算假设。

（17）关于投资联结产品，应披露保单持有人账户财务状况、经营成果、净资产变动状况及保单持有人账户资产估值方法、单位净资产、单位卖出价、买入价等情况。

（18）关于万能寿险产品，应披露保单持有人利益等情况。

（19）分红保险产品，应披露可供分配分红产品收益、公司留存的分红产品收益、分红比率等。

（20）投资型财产险，应披露保证收益率等情况。披露自营证券分类、记价依据以及自营证券成本结转方法。

（21）分类披露代买卖证券款的期初数、期末数。

（22）按承销方式披露代发行证券款的期初数、本期承购数、本期支付发行人数和期末数。

（23）按债券种类披露代兑付债券的期初数、本期收到兑付资金、本期已兑付债券、本期抵扣中间业务收入和期末数。

（24）应从事信托投资业务的商业银行自身责任导致的信托资产损失等。

二、财务情况说明书

财务情况说明书是对商业银行一定会计期间内经营状况、利润实现和分配、资金增减和周转情况的综合性说明。作为说明财务状况应带有总结性的情况报告，财务情况说明书是财务会计报告的重要组成部分。它全面扼要地提供了商业银行的财务活动情况，分析总结了经营业绩和不足之处，是财务会计报告使用者了解和考核商业银行经营业务活动开展情况的重要资料。

按照《金融企业会计制度》的规定，财务情况说明书至少应对下列情况作出说明。

（一）商业银行经营的基本情况

商业银行通常需要反映以下经营活动的基本情况：

（1）商业银行所处的行业及其在本行业中的地位。

（2）商业银行员工的数量及其专业素质情况。

（3）经营中出现的问题或困难及其解决方案和对策。

（4）对商业银行业务有影响的知识产权的有关情况。

（5）经营环境的变化、新年度的业务发展计划，如经营的总目标拟采取的措施。

（6）开发、在建项目的预期进度、配套资金的筹措计划。

（7）需要披露的其他业务情况与事项等。

（二）利润实现和分配情况

商业银行利润的实现和分配情况，对于判断企业的未来发展前景至关重要，是企业的经营者和投资者都非常关心的问题。虽然每期财务报表均提供一定的信息，但难以满足决策者的需要，仍有必要对本年实现的净利润及其分配情况加以说明。如本年度实现的净利润是多少；加上年初未分配利润后可供本年度分配的利润是多少；在利润分配中提取的法定盈余公积金、法定公益金以及从净利润中提取的各项准备金各有多少；采用何种形式向投资人分配利润（或股利），各分配多少；是否有动用盈余公积转增资本（或股本）、分派股利的情况等，如有应加以详细说明。

（三）资金增减和周转情况

资金增减和周转情况对商业银行财务报告使用者了解企业的资金变动情况具有重要的意义，应着重说明本年度内各项资产、负债、所有者权益、利润工程项目的增减变动情况并分析其产生原因，从其周转速度快慢数据和综合效益指标方面加以集中表述。